Dados Internacionais de Catalogação na Publicação (CIP)
(Câmara Brasileira do Livro, SP, Brasil)

Tolstoi, Léon (Espírito).
Homens notáveis / ditado por Léon Tolstoi ;
[psicografado por] Cirinéia Iolanda Maffei. –
Catanduva, SP : Boa Nova Editora, 2006.

ISBN 978-85-99772-11-9

1. Contos espírita 2. Espiritismo
3. Psicografia I. Maffei, Cirinéia Iolanda.
II. Título.

06-1059 CDD-133.93

Índices para catálogo sistemático:
1. Contos espíritas 133.93

Impresso no Brasil/*Presita en Brazilo*

Cirinéia Iolanda Maffei

ditado por Léon Tolstoi

Homens Notáveis

Histórias da Palestina nos Tempos de Jesus

boanova

Instituto Beneficente Boa Nova
Entidade coligada à Sociedade Espírita Boa Nova
Av. Porto Ferreira, 1.031 | Caixa Postal 143
Catanduva/SP | CEP 15809-020
www.boanova.net | boanova@boanova.net
Fone: (17) 3531-4444

1ª edição
10.000 exemplares
Maio/2007

Capa
Direção de arte
Francisco do Espírito Santo Neto
Designer
Cristina Fanhani Meira

Revisão
Maria de Lourdes Pio Gasparin

Editoração eletrônica
Cristina Fanhani Meira

O produto da venda desta obra é destinado à manutenção das atividades assistenciais do Grupo de Estudos Espíritas Cairbar Schutel, de Porecatu, PR, e da Sociedade Espírita Boa Nova, de Catanduva, SP.

Sumário

Palavras da médium

No lugar onde moro – pequena cidade do Paraná –, o Espiritismo, se comparados aos demais segmentos religiosos, conta com uma minoria de adeptos. Por instrução dos mentores espirituais de nosso Grupo de Estudos Espíritas Cairbar Schutel, realizamos um jantar dançante para o lançamento do livro “Mulheres Fascinantes” procurando envolver toda a comunidade. Para nossa imensa surpresa, ao autografar o livro cedido a cada casal ou participante individual, cerca de trezentas pessoas, muitos homens questionaram o porquê de a escolha privilegiar somente mulheres. Eles tinham razão! Relendo os demais contos, encontramos presenças masculinas dignas de louvor e, com a aquiescência do autor espiritual, Leon Tolstói, selecionamos algumas e lançamos “Homens Notáveis”.

Alexandre, o feiticeiro

"Curai os doentes, ressuscitai os mortos, purificai os leprosos, expulsai os demônios. De graça recebestes, de graça dai." (Mateus, cap. X, v. 8).

"A mediunidade é coisa santa, que deve ser praticada santamente, religiosamente."

"Procure, pois, aquele que carece do que viver, recursos em qualquer parte, menos na mediunidade; não lhe consagre, se assim for preciso, senão o tempo de que materialmente possa dispor. Os Espíritos levar-lhe-ão em conta o devotamento e os sacrifícios, ao passo que se afastam dos que esperam fazer deles uma escada por onde subam." (O Evangelho segundo o Espiritismo, cap. XXVI)

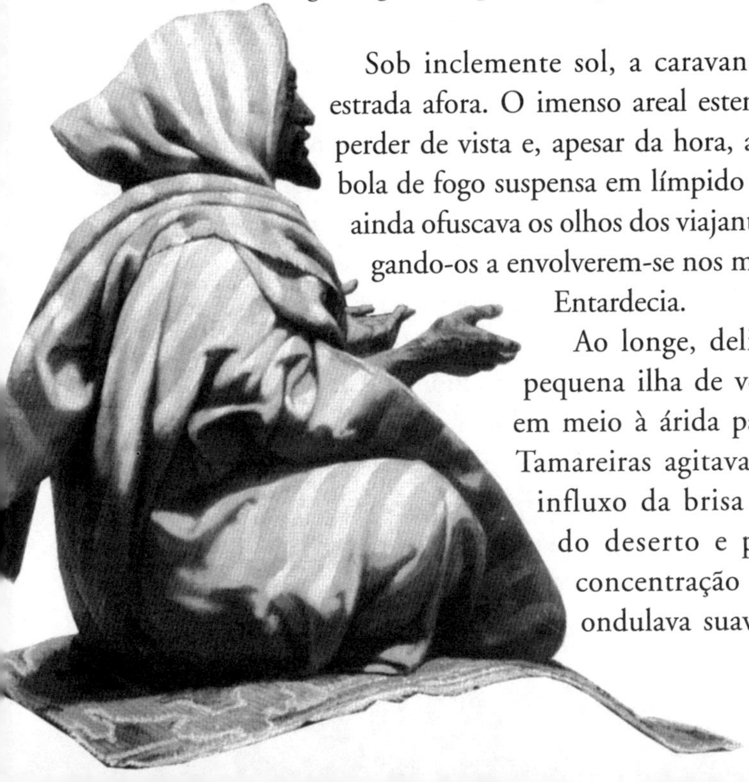

Sob inclemente sol, a caravana seguia estrada afora. O imenso areal estendia-se a perder de vista e, apesar da hora, a imensa bola de fogo suspensa em límpido céu azul ainda ofuscava os olhos dos viajantes, obrigando-os a envolverem-se nos mantos.

Entardecia.

Ao longe, delineou-se pequena ilha de vegetação em meio à árida paisagem. Tamareiras agitavam-se ao influxo da brisa ardente do deserto e pequena concentração de água ondulava suavemente.

Gritos de júbilo e suspiros de alívio e alegria saudaram a alvissareira visão. Finalmente a linfa cristalina e fresca, a sombra agradável dos leques das palmeiras, o frescor das gramíneas que circundavam o manancial, improvisados leitos para cansados e suarentos corpos!

Acelerou-se o ritmo da jornada; o cansaço desapareceu como que por encanto e até as alimárias, pressentindo nos ares a proximidade de água e verdes pastagens, apressaram o passo sem que os condutores tivessem a necessidade de forçá-las.

Nas distantes e estéreis paragens, o oásis representava o milagre da vida. Agora, o sol punha-se no horizonte, tingindo de vermelho e dourado os céus, em longas e caprichosas nesgas de luz e sombra. Rapidamente os homens armaram as coloridas tendas e acenderam o fogo para o preparo dos alimentos e a proteção noturna, tudo em meio a palavrório e risos.

Em uma das barracas, o velho deixou-se ficar indolente, aguardando com paciência que os preparativos do acampamento fossem consumados, pois bem conhecia os privilégios de que era alvo, acolhendo-os com a naturalidade do hábito e com a sábia indiferença adquirida com o passar dos anos. Breve as servas adentrariam a agradável penumbra, servindo-lhe a ceia com generosidade e capricho, destinando-lhe o melhor quinhão, somente superado pelo do proprietário da caravana, não obstante sua condição análoga à dos demais, simples viajantes como ele. Ajeitar-lhe-iam o leito, cuidando para que as almofadas protegessem o corpo magro, alquebrado pelo natural peso da idade.

O velho Melquíades suspirava, esperando a chegada de seu protegido e aprendiz, enquanto monologava à meia voz:

– Onde estará? Provavelmente entre as mulheres, em inúteis conversas, gracejando, divertindo-se, quando deveria preocupar-se com coisas mais importantes...

Um jovem de elevada estatura e extrema beleza física afastou os panos que vedavam a entrada da tenda, exclamando, entre irônico e bem-humorado:

– Como sempre, estais a censurar-me, mestre! Julgais que me envolvo com bobagens, todavia zelava tão somente por vossos interesses... Vede o que achei junto à fonte de águas, por detrás de enorme pedra! Felizmente outros olhos curiosos não a descobriram antes!

Exibia planta de exótica aparência, cuidadosamente envolta em trapos de linho. O agastamento do ancião desapareceu de imediato. Com surpreendente disposição, deslizou pelas almofadas, acercando-se do rapaz, retirando-lhe das mãos morenas e fortes o magnífico espécime botânico, os olhos brilhantes de curiosidade e expectativa.

– Com efeito, meu jovem, trata-se de uma raridade!

Com uma das mãos segurava a folhagem e com a outra rebuscava nervosamente em abarrotado baú, verdadeiro depósito de pergaminhos e papiros, localizando um, finalmente.

– Aqui está, Alexandre! Abre sobre o leito! Depressa, depressa... Vês? É ela sem dúvida alguma! Um verdadeiro achado, meu caro! Aproveitá-la-emos com muito cuidado e com certeza nos fornecerá milagrosos elixires... Ou será melhor em forma de poção? Ungüentos, talvez?

– Mestre, sabereis o que é melhor... Contudo, estáveis a condenar-me novamente, como se eu desse motivos para isso!

Os olhos do velho enterneceram-se ao notar o respeitoso desagrado do moço. Sua voz, comumente incisiva e autoritária, assumiu carinhosas conotações:

– Temo por ti, meu filho! Necessitas conscientizar-te de que, em nosso trabalho, somos alvos de mil tentações, a maioria delas encontrando respaldo em nossas imperfeições espirituais. Gostaria de que fosses menos atraente, de que não impressionasses tanto as mulheres... Sem falar no fascínio que tens pelo poder, pelo dinheiro... Conheço-te... Corres o sério risco de fugir a sagrados compromissos, enveredando por caminhos de difícil volta, invalidando ou desrespeitando dignificantes impositivos da tarefa para a qual te candidataste ao renascer. Compreendes?

– Não muito bem, mestre. Certamente não com o alcance que vós conseguis perceber.

– Esta caravana... Vejamos o caso dela... Grande, luxuosa, com mercadores importantes e muitos servos e escravos... Prestaste atenção no chefe? Criatura desagradável, que nos observa com cúpidos olhos, talvez acreditando sejamos guardiões de segredos e dons que satisfaçam seus interesses puramente materialistas! Acercou-se de ti, não foi assim? Que promessas fez?

O jovem aprendiz olhou surpreso o velho. Como adivinhara o que acontecera minutos antes, junto às águas, sob o crepúsculo? Seguramente estava longe, confinado aos panos da tenda... O corpulento mercador acenara-lhe com riquezas e poder, em troca de certos filtros e poções.

Melquíades insistia:

– Há anos cuido de ti. Muito vivi e presenciei tristes derrocadas humanas. Sei que é bem difícil resistir quando nos acenam com poder, dinheiro e sexo, a menos que os tenhamos substituído por coisas de maior valor, as do espírito, e a consciência do dever fale alto em nós. Alexandre, mesmo que queiramos negar, detemos dons e faculdades que excitam a imaginação do vulgo, gerando falsas crenças, escusos desejos e ambições. És o filho que não tive... Conheces a história... Retirei-te de uma ruela em grande cidade. Falando com mais precisão, encontrei-te junto à Porta em que as infelizes abandonam seus rebentos por não poder ou não querer criá-los, talvez porque constituam denunciadoras provas de ilícitas ligações amorosas. A riqueza dos panos que te envolviam reforça-me a convicção de que ilustre mãe te colocou no mundo...

Os olhos verdes do moço brilhavam, imersos em reprimidas lágrimas de revolta. Quase inaudível, sua voz implorou:

– Contai-me, mestre, uma vez mais, pois preciso ouvir novamente. Com detalhes! Rebuscai a memória traiçoeira, dela extraindo minucioso e completo relato. Um dia, pressinto-o, tais informações serão de grande valia.

O velho abandonou em um canto da tenda a planta, que ainda segurava com suas trêmulas mãos, e acomodou-se entre as almofadas, cerrando os olhos, mergulhando no passado. Instantes depois, com voz pausada, iniciou o relato:

– Roma é uma bela e estranha cidade, meu filho. Rica e miserável... Dissoluta e pura... Selvagem e culta... Contrastes extremos! Um dia, conhecê-la-ás melhor e poderás compreender-me... Naquela noite do passado, voltava eu de atendimento a paupérrimo doente, em quem as tisanas e poções não haviam dado jeito, quando, junto à tristemente afamada Porta dos Enjeitados, escutei brando vagido, quase inaudível não fosse o grande silêncio que envolvia a cidade adormecida. Naquele momento, enorme lua logrou livrar-se das nuvens que a ocultavam, clareando o local, e lá estavas tu! Pobrezinho! Choravas tão baixinho! Contudo, a fragilidade do corpinho quase sem forças salvou-te! Tivesses bradado pela desnaturada mãe em altos choros, atrairias mais rapidamente os cães famintos que perambulavam por ali. Abaixei-me, alcançando um galho seco jogado ao solo, protegendo-me dos pobres e agressivos animais que já se achegavam, espantando-os vigorosamente, trêmulo de medo e indignação. Cruel mãe e desatinado pai os que te lançaram ao monturo!

Silenciou, as emoções de outrora sensibilizando-o, apertando nervosamente as mãos envelhecidas. Depois, prosseguiu:

– Estavas envolto em preciosa manta, bordada com fios de seda e enfeitada com fitas e rendas. Coisa muito linda e delicada, ainda recendendo suavemente a flores e madeira. Espera!

Lentamente, levantou-se, abrindo pequeno baú escondido entre as roupas de viagem, de onde retirou amarelada peça, sob os olhares ansiosos de Alexandre, que nunca a havia visto anteriormente. Melquíades abriu a coberta pequenina, revelando o primoroso bordado e, a um canto, as iniciais em relevo: MH. O rapaz adiantou-se, tocando o tecido receosamente, como se o contacto pudesse queimar-lhe as mãos. Até então o velho não revelara que a manta estava em seu poder! O tempo encarregara-se de roubar a alvura do pano e dos adereços, mas a seda dos bordados ainda rebrilhava à luz da candeia.

O ancião voltou ao leito, prosseguindo com fatigada voz:

– Peguei-te ao colo, aconchegando-te ao peito. Em casa, apazigüei minha ansiedade ao verificar que estavas bem, somente faminto e fraco. Localizei rapidamente caridosa criatura que se prontificou em repartir o leite do filho recém-nascido contigo, levando tua boquinha sequiosa ao seio farto.

Que linda criança eras! Mais calmo, constatei que contavas poucos meses de nascimento, impossível precisar quantos. Ao cresceres, percebi tua inteligência e sensibilidade; aprendias com rara prontidão e tornou-se um prazer ensinar-te tudo o que sabia, maravilhando-me com teu progresso intelectual.

– Por que saímos de Roma, mestre? Éreis conceituado, bem sei, tínhamos conforto, não vos faltavam clientes para os remédios, alguns riquíssimos...

– Filho, um homem é responsável pelos atos que pratica, não lhe sendo permitido alegar ignorância das leis divinas, principalmente porque o conhecimento aumenta e valida essa responsabilidade. Quando se torna conivente com desmandos e cúmplice de crimes, ainda que somente fornecendo os meios, é tão culpado quanto aqueles que os executam ou planejam. A magia, a alquimia e outras ciências afins constituem sublime oportunidade de trabalharmos em prol dos semelhantes, sempre e unicamente orientadas pelo bem. Não te esqueças! Infelizmente, minha fama espalhou-se à revelia de meus desejos, mercê das curas indevidamente consideradas milagrosas. O ônus não se fez tardar: romanos poderosos viram em mim um instrumento que lhes permitiria consolidar ambições e satisfazer paixões, procurando-me com nefastos planos, sombrios intentos. Recusei-me a negociar e conspurcar o trabalho e a faculdade de intercâmbio espiritual, sendo então lançado a infecto calabouço. Não te lembras porque eras pequeno e a ama-de-leite cuidou de ti enquanto eu amargava na masmorra. Dias angustiosos aqueles, em que julgava não mais sair para a luz do dia... Finalmente me libertaram e compreendi que fora somente um aviso para que amansasse, cedendo, concedendo-lhes os venenos com que eliminariam os desafetos, os filtros que privariam infelizes de seu livre-arbítrio, os corrosivos ungüentos que, adicionados a cosméticos por mãos dissimuladas, destruiriam incômodas formosuras... Antes que as coisas piorassem, embalei uns poucos pertences materiais e caí no mundo, levando-te comigo. Temos perambulado desde essa época, pois estranha sina insiste em perseguir-me, levando-me a assumir o anonimato para não ser forçado a prostituir o que tenho de mais sagrado: meu trabalho, minhas crenças! Tenho orado para que esta caravana deixe-nos em longínquas terras, onde finalmente sossegarei.

Retirou das mãos do silencioso rapaz a manta, guardando-a novamente no baú de cedro; depois, abraçou-o longamente, dizendo:

– És o filho de meu coração, Alexandre. Aquele que dará continuidade à minha obra... Durante anos, preparei-te , repassando toda a teoria, mas, acima de tudo, burilando teu caráter, fazendo de ti um homem de bem. Espero tê-lo conseguido! Agora, meu caro, durmamos! Sinto-me exausto e amanhã muito viajaremos!

Não houve amanhã para o ancião. As areias do deserto serviram-lhe de túmulo.

Subitamente investido nas atribuições de seu mestre e livre de qualquer cerceamento, Alexandre, após os primeiros dias de aturdimento e tristeza, realizou um retrospecto de sua existência, ensaiando projetos para o futuro. Melquíades instruíra-o com especial cuidado e o moço reconhecia que o cabedal de conhecimentos repassado durante anos era invejável, bastando para garantir-lhe o sucesso pessoal. Todavia, ao contrário de seu tutor, não pretendia seguir a senda de desapego material. Ansiava por riqueza e fama e desacreditava da forma como o pai adotivo encarara os relacionamentos com os poderosos. Considerava que o velho mago exagerara no zelo, gerando os males que o haviam afligido e, por tabela, a criança sob sua responsabilidade.

Roma! Lá certamente estariam as oportunidades de ascender socialmente, fugindo à vida de pobreza! Também havia a mãe, aquela que o abandonara... Sonhava conhecê-la e atirar-lhe ao rosto o desamparo a que o sujeitara, humilhando-a com a riqueza que teria conquistado, destruindo-a sem piedade... Agitavam-no anseios de poder, ímpetos de vingança, revolta...

Apesar dos insistentes apelos do ganancioso proprietário da caravana, em um dos primeiros pontos de parada junto à civilização abandonou o grupo, empreendendo viagem para a cidade dos césares, onde acreditava haver nascido.

A magnífica visão das sete colinas encheu-o de encantamento e júbilo. Instalou-se em humilde bairro, despendendo as parcas economias no aluguel de pequenina casa, onde, na sala da frente, montou a lojinha de poções e filtros.

Sua habilidades espalharam-se com rapidez. Ao contrário do velho mestre, não detinha escrúpulos em cobrar altos preços por seus serviços, inclusive dos mais pobres, muito menos em fornecer o que lhe solicitavam, compactuando com interesses e paixões escusos, despreocupado em analisar a justeza e a ética dos pedidos, fixando-se tão somente nas moedas que acompanhavam as transações. Amores não correspondidos? Adversários incômodos? Maridos indesejados? Esposas não amadas e controladoras? A bom e sonante preço, tudo se resolvia!

A fama surgia tão facilmente que ele ficou espantado. Com ela, o dinheiro! A pequena casa no humilde bairro mostrou-se inadequada, sendo substituída por formoso palacete em área nobre e loja instalada em estratégico ponto da cidade, discretíssimo e elegante, onde a clientela crescente poderia ser atendida sem o risco de ser importunada, guardando o sigilo sempre almejado e exigido.

Os clientes sucediam-se em um desfilar de problemas e solicitações altamente rentáveis para Alexandre, o mago. No seu entender, tudo corria admiravelmente!

Certo dia deveras cansativo trouxe-lhe uma surpresa. Desde cedo, sentira-se estranho, entorpecido, com calafrios por todo o corpo e um enorme peso na nuca; ao final da tarde, regressando à vivenda, deitou-se em um triclínio, ordenando aos solícitos servos que o deixassem em paz, procurando relaxar. A casa estava envolta em silêncio. Poderosa energia envolveu-o e uma voz autoritária e irônica sussurrou-lhe aos ouvidos:

– Deixa-me falar, deixa-me dizer o que pretendo! Não me cerceies a liberdade de expor meus desejos e idéias! Far-te-ei uma celebridade! Profetizarás, saberás coisas do passado e do futuro... Inspirar-te-ei! Serás rico e famoso como sonhas, muito mais do que és agora! Há muito tento revelar-me, mas o velho intrometido, com suas orações e pensamentos, impedia-me... E tu obedecias às ordens do santarrão! Falecendo, mesmo assim o desgraçado tenta expulsar-me! Agora, no entanto, vejo que criaste algum juízo e poderemos entender-nos... Trabalharemos juntos! Dar-te-ei o mundo, meu jovem!

O moço abanava a cabeça, assustadíssimo. Estaria louco? Mas a voz continuava, agora harmoniosamente e doce:

– Queres uma prova de meus poderes? Justo! Presta bem atenção: amanhã, um romano influente chegará a teu estabelecimento, um pouco antes da metade do dia. Levará ao pescoço pesada cadeia de ouro, adornada com precioso medalhão representando o deus Marte. Tratar-te-á com arrogância, como se fosses um servo qualquer, mas não deves humilhar-te, muito embora o desaforado jogue na mesa pesada bolsa de ouro que te fará brilhar os olhos. Ainda assim, deverás manter serena indiferença, como se nada disso tivesse importância, desdenhando a paga principesca. Conduzi-lo-ás à saleta azul, onde com ele sentarás à mesa. Eu falarei por tua boca, servir-me-ás de instrumento dócil, passivo! Se me obedeceres, não te arrependerás!

Singular letargia envolveu o jovem, fazendo-o adormecer pesadamente. Estranhas figuras e lugares povoaram-lhe os sonhos e, mesclada a tudo, a imagem do pai e tutor, em vão tentando lhe falar. Embora amasse Melquíades, queria fugir, afastar-se de seus conselhos, temendo ouvir verdades contundentes, revoltado com a imposição que imaginava estar por detrás do diálogo proposto. Despertou no dia seguinte, corpo dolorido pela incômoda posição no sofá, lamentando não ter-se recolhido ao leito amplo e confortável. Dirigiu-se à loja após as abluções e o desjejum farto, totalmente esquecido dos fatos do dia anterior.

Quase ao meio do dia, quando o sol ardia nas pedras do pátio, o homem entrou. Relembrou imediatamente as palavras da misteriosa entidade. Era ele, sem dúvida, o medalhão confirmava! Arrogante, jogou sobre a mesa grande bolsa, derrubando alguns frascos que sobre ela permaneciam.

– Por um filtro, um venenoso filtro de fulminante efeito!

O mago olhou o alforje, calculando mentalmente a quantidade de ouro nele contida, certamente muita, a julgar pelo tamanho e peso da sacola. As instruções da noite anterior contiveram-no a custo; executou ligeira reverência, convidando o romano a passar para a saleta azul, onde melhor conversariam; assentaram-se e ele notou a impaciência do importante personagem. Quando ia pronunciar as primeiras palavras, intensa onda vibratória envolveu-o: sentia-se flutuar, ouvia a própria voz bem de longe e não eram suas as frases.

– Por que quereis matá-la, nobre senhor?

A surpresa provocada pela pergunta incisiva e direta emudeceu o romano. Recuperando-se, energicamente bradou:

– Isso não te diz respeito, mago! Vejo que és muito jovem, o que não justifica um interrogatório com tamanho atrevimento! São negócios meus, basta que eu te pague pelo serviço!

Estrondoso riso irrompeu na saleta, distorcendo as feições do feiticeiro:

– Ah, sois orgulhoso, magnífico senhor... Julgais-vos acima de tudo e de todos... Desprezais-nos, crendo-vos superior... Poderia deixar-vos cair em irremediável erro, sinto-me terrivelmente tentado a fazê-lo... No entanto, o orgulho e a vaidade não são atributos vossos somente, eu também tenho uma reputação a zelar, um nome a valorizar. Vejamos! Podereis ser lançado às masmorras, correis o risco de perder a vida e a fortuna! Há meios muito mais sutis e inteligentes para conseguir o que almejais... Raciocinando melhor, compreendereis que estais condenando à morte a pessoa inadequada... Mas, se o desejais... Que veneno pretendeis?

O romano pensou por instantes e, mais cordato e gentil, indagou:

– Quem sois, afinal? Certamente assessorais o mago! Agora percebo que alguém fala por sua boca, provavelmente um espírito! Conseguis ler-me os pensamentos mais ocultos! Podeis prever o futuro?

A um afirmativo sinal de cabeça do médium, entusiasmou-se:

– Tenho que eliminá-la, caso contrário estarei preso a ela, irremediavelmente condenado a suportar sua presença por toda a existência... Até agora, era-me vantajoso tê-la como amante, contudo, tornou-se perigosa, muito perigosa! Conhece segredos que, revelados, poderiam levar-me à morte por traição ao Estado. Além do mais, já não possui a esplendorosa beleza de anos atrás e o fogo da paixão gelou-me nas veias. Não aceita o término de nosso relacionamento, mesmo recebendo ricas compensações, alegando amar-me... Ameaça-me, entendeis? Que posso fazer em tais circunstâncias?

– Conheceis muito bem os laços de parentesco de vossa amante com o imperador! Arriscar-vos-íeis a tanto? Ele costuma ser severo nessas questões... Andei a pesquisar e a moça é dissimulada; demonstra meiguice, inocência, doçura, dedicação... Tendes a ponderar que, vezes sem conta, serviu ela a Roma como intermediária em secretos conluios e maquinações, usando o leito de sedas para a consecução dos interesses do império e mesmo os de cunho pessoal do imperador... Criatura perigosíssima, ardilosa, bem o dissestes! Acreditais que seu assassinato seria ignorado? Jamais! O divino César moverá céus e terras para descobrir o autor da façanha considerada um atentado à sua vontade e ao bem do Estado, pois perderá uma das mais eficientes espiãs! Faremos melhor! Meu companheiro fornecer-vos-á poderosíssimo filtro de amor e pingareis uma única gota dele no vinho da mulher e de alguém mais, um homem que escolhereis para a trama. Apaixonar-se-ão perdidamente e com tamanho escândalo e insensatez que aborrecerão ao imperador! Os amantes serão exilados para bem longe de Roma... Livrar-vos-ei do problema diplomaticamente, sem correr riscos desnecessários. Logicamente, estarei em pessoa influenciando César a assim agir!

O pequenino frasco de transparente líquido substituiu o de veneno, inicialmente solicitado com tamanha arrogância, e um satisfeito cliente abandonou a loja, deixando a polpuda bolsa sobre a mesa e ostentando calorosa e reverenciadora atitude em relação ao jovem mago.

Os dias transcorreram sem que notícias houvesse. Ao cabo de quinze deles, o escândalo amoroso abalou Roma: comentava-se às escâncaras o comportamento afrontoso de um novo casal romântico, extrapolando os dilatados parâmetros morais do império e a segurança da nação, a ponto de o imperador, estranha e excessivamente irritado, decretar o exílio dos amantes.

O vinho e o alívio azeitaram a língua do entusiasmado romano; os mais íntimos souberam da façanha e breve o prestígio do jovem bruxo estava definitivamente selado. Tornou-se a novidade do momento: era de bom-tom visitá-lo, submeter-se à consulta do Oráculo tão decantado. A saleta azul transformou-se em palco de confabulações, onde segredos eram desvendados, ressentimentos revelados, paixões expostas. O pretenso profeta vaticinava, lançando obscuras luzes sobre o dia-a-dia dos romanos, estimulando-lhes as viciações, a vaidade, o orgulho, a inveja, fascinando-os com a conversação maliciosa e os conselhos astutos e nada éticos.

As mulheres levavam Alexandre às reuniões sociais, subtraindo-o à obscura plebe, lançando-o em uma sociedade inconseqüente e materialista. Sua presença tornou-se o ápice das festas, entretendo e seduzindo. À aura de mistério e poder juntava-se a beleza física, como temera Melquíades, o mestre. Incapaz de resistir, o moço embarcou de corpo e alma na atordoante experiência, secundado pelo espírito a ele ligado pelas afinidades vibratórias. À medida que o envolvimento era consolidado, impossível retornar aos princípios ensinados pelo pai adotivo, pois, para tanto, far-se-ia necessário abandonar o grupo social e deixar Roma, fugindo da notoriedade e do assédio... Jamais! Queria tudo aquilo, não importavam os meios! O assessor espiritual, criatura inteligente e aliciadora, encarregava-se de reforçar os pendores do jovem feiticeiro, ao mesmo tempo em que encantava os que não se detinham em analisar suas colocações, causando verdadeiro furor entre os tolos e fúteis, proporcionando soluções imediatistas e ao gosto dos que pagavam bem e não mediam conseqüências.

As festas sucediam-se. O verão atingia Roma com uma onda de calor incomum, o que provocava o surgimento de uma série de doenças sazonais, expulsando os patrícios para os campos, onde a vegetação abundante e as águas minoravam a canícula. Animavam-se as formosas e verdejantes vilas. Considerado imprescindível ao sucesso da temporada, disputavam-no, terminando o jovem por acompanhar uma das mais influentes famílias patrícias na qualidade de ilustre convidado. A exemplo do que ocorria na cidade, continuou sendo muito requisitado pelas mulheres nos eventos sociais, devido a sua beleza, inteligência, educação e, principalmente, pela forma indiferente com que se conduzia nas questões amorosas pessoais, exacerbando a vaidade e o orgulho femininos.

A formosa região convidava particularmente ao lazer e à meditação. Incrustada de suntuosas construções, dotadas de todo conforto, os níveos mármores rivalizando com flores e cristalinas quedas d'água, constituía cenário ideal para recepções e passeios, realizados ininterruptamente, caracterizando o translado do festivo fluxo da vida social de Roma para a região rural. Quanto à meditação, os companheiros de Alexandre não se mostravam nem um pouco nela interessados, apesar dos apelos da natureza; estavam preocupados em preencher cada momento inconseqüentemente, ao sabor das vontades e paixões.

Afastada da via pavimentada, mas ainda assim visível, por entre antigas e magníficas árvores, encantadora vivenda despertava a atenção dos visitantes de primeira viagem. A casa, sustentada por níveas colunas e graciosos arcos, onde terraços floridos debruçavam-se sobre murmurantes fontes e cristalinas piscinas artificiais, estava envolta em um ar de mistério e reserva intrigantes. Evidentemente habitada, guardava, no entanto, a serenidade dos locais intocados, longe do bulício de hóspedes e convivas. Seu proprietário jamais era mencionado ou notado nos infindáveis eventos sociais. Curioso por excelência, o jovem Alexandre mencionou a singular residência a seus anfitriões, surpreendendo-se com a resposta:

– Uma jovem de nobre família romana nela reside, meu caro. Desde que os pais e a única irmã morreram ela tem vivido só, afastada do mundo. No começo a convidávamos, insistindo para que se juntasse a nós, mas acabamos por desistir ao constatar que se desculpava sempre, evidenciando seu desinteresse. Talvez devêssemos ter persistido... Trata-se de uma moça belíssima! Seria disputada em nossas festas, dilacerando corações!

– Julgais que seria de bom alvitre uma visita minha, a pretexto de estabelecer bom relacionamento com os vizinhos? Afinal, os convites recusados não partiram de minha pessoa e posso muito bem omitir o fato de ter-vos questionado a respeito...

– Não vemos nenhum inconveniente! Se ela consentir em falar contigo, meu caro... Será difícil...

Durante dias o moço observou a casa, estranhando o receio

injustificável que lhe agitava a alma, impedindo imediata aproximação. Gradativamente foi aumentando a área de exame, inteirando-se dos detalhes da bela propriedade, encantado particularmente com um bosque de seculares árvores, reduto de cristalino regato. Encontrando-o sempre deserto, acostumou-se a sentar sob as imensas copas, entretido com seus pergaminhos, sem temer o aparecimento de alguém. Na solidão e tranqüilidade do refúgio, nas tardes quentes e ensolaradas, dedicava-se à meditação e ao estudo, retornando às origens abandonadas devido ao furor festivo dos romanos aos quais se juntara nos últimos tempos, observando os raios de sol que buscavam atravessar a massa compacta e luxuriante das folhas, sentindo o frescor da mata.

Agradável tarde, de suaves brisas e perfumosos odores, proporcionou-lhe o tão esperado encontro.

O regato recebia finalmente a visita de uma mulher de claras vestes e longos cabelos louros. O passeio fatigara-a, pois havia se reclinado em pequena elevação de macia relva, adormecendo. Contemplou-a extasiado. A bela criatura estivera a entretecer delicada guirlanda de flores do campo, com ela adornando os sedosos cabelos espalhados sobre o improvisado leito. Um chapéu de grandes abas jazia abandonado sobre o chão, transformado em cesta de flores e frutas silvestres. Delicadamente, Alexandre aproximou-se, tomando assento com cuidado para não despertar a celestial visão. As horas escoaram-se e a noite desceu lentamente, sem lua ou estrelas no céu de escuro azul. Pios de aves noturnas acordaram-na e ele escutou-a rir baixinho, tateando na escuridão com as delicadas mãos, provavelmente procurando pelo chapéu. Repentinamente, embora se mantivesse imóvel, a moça percebeu-lhe a presença e seus dedos encontraram-no. Imensa lua aparecia no céu, fugindo às nuvens, clareando a irreal cena. Ainda assim, ela não mostrou temor, limitando-se a indagar, com voz calma e suave:

– Que fazeis aqui, senhor? As terras pertencem-me e estais invadindo...

Jamais se sentira tão encabulado! Quis explicar, mas somente conseguiu gaguejar desculpas ininteligíveis. O embaraço do jovem parecia diverti-la, motivando educado comentário:

– Não são necessárias explicações, senhor! Melhor sigais vosso caminho e não retorneis, por gentileza, pois apreciamos solidão e privacidade.

Olhos nos pergaminhos deixados sobre a relva, ajuntou:

– Não esqueçais vossos instrumentos de estudos. Deduzo sejam preciosos, pela antigüidade que demonstram... Levai-os!

Sem aguardar resposta, com a facilidade dos que conhecem o terreno em que pisam, a jovem embrenhou-se entre as árvores, desaparecendo rapidamente na noite.

O moço ainda permaneceu no lugar, analisando o singular encontro. Linda? Seu anfitrião fora modesto no julgamento! Magnífica criatura, de gestos delicados, postura de rainha e semblante de anjo. Fora educada com esmero, evidentemente, pois outra teria gritado ou talvez se insinuado... A naturalidade com que o advertira e a gentileza com que o dispensara! Sem dúvida, pretendia conhecê-la melhor, compartilhar de sua existência, mas como? Qual o melhor modo de se aproximar?

Pensou no assistente espiritual, solicitando mentalmente sua presença. Inútil! Por mais que o chamasse, a criatura decidira emudecer na hora em que mais precisava de sua ajuda!

Estranhamente intimidado, receando ofendê-la, inviabilizando qualquer chance de futura aproximação, guardou distância da casa nos dias seguintes. Incrivelmente, o companheiro espiritual não apareceu, sequer se apresentando quando alguns clientes solicitaram atendimento. Muito estranho! Em situação normal, o fato tê-lo-ia preocupado, mas a cabeça e o coração estavam com a misteriosa mulher. De que cor seriam os olhos que não conseguira vislumbrar à luz do luar?

Discretamente iniciou minuciosa investigação junto aos serviçais da casa onde se hospedava e às pessoas que poderiam ter contacto com ela... Pouco conseguiu, mas soube que era descompromissada, extremamente rica, herdeira única de terras e significativo patrimônio dos familiares, todos falecidos. Falaram-lhe de trágico acidente no mar, quando a luxuosa galera na qual viajavam arrebentara-se de encontro a recifes. Ela, a única ausente na embarcação, optara por viver no campo, longe do bulício de Roma, recusando sistematicamente todos os partidos que lhe surgiram, alguns realmente apaixonados e outros atraídos por sua fortuna.

Alexandre perguntava-se o motivo do isolamento. Que segredos ocultaria a bela criatura? Desilusão amorosa? A doce calma que transmitia, a serenidade nos gestos e voz, tudo desmentia que algo a atormentasse. No entanto, vivia só, algo incomum para as mulheres de sua elevada condição social, sem falar na imensa riqueza que facilitaria um casamento vantajoso! Mesmo que fosse pobre, sua beleza abriria caminho...

Recordou as flores nos cabelos da jovem, o chapéu transformado em cesta... Certamente, apreciava-as! Chamou os servos, ordenando colhessem nas estufas as mais belas flores, arrumando-as em soberbos ramalhetes. Dissessem aos amos que fora ordem dele! De imediato obedecido, surpreendeu-se com o resultado: eram muitas! Para transportá-las, seria necessário um pequeno veículo. Nas cocheiras, localizou delicado carro, de douradas rodas e brancos assentos, nele depositando os buquês, compondo belíssimo e perfumado arranjo. Na calada da noite, os prestativos serviçais conduziram o florido carro até a propriedade da jovem, dispondo-o silenciosamente na varanda, em frente ao quarto de dormir da moça.

O gesto apaixonado repetiu-se nas semanas seguintes, em dias escolhidos ao acaso. Depois, vendo que ela não se manifestava, acompanhou os escravos, na esperança de que a moça aparecesse. Tudo em vão! As portas continuavam teimosamente cerradas, atestando a indiferença com que a jovem acolhia o pretendente a seu afeto.

Irritou-se, rebuscando mentalmente uma maneira de sensibilizá-la. Onde estaria o Oráculo ? Por que não o ajudava? Evocou-o inutilmente, embora sentisse sua presença por perto. Assustou-se. Teria perdido sua maior fonte de renda? Os filtros e poções que preparava eram o resultado de seus estudos e sua capacitação profissional, mas não dispunha da faculdade de, por si mesmo, desvendar mistérios, revelar segredos, predizer o futuro, mergulhar no passado. Isso cabia ao companheiro espiritual, ao Oráculo, como costumava chamá-lo. O que teria importunado a sensível criatura a ponto de fazê-lo sumir daquela maneira? Inquietou-se, contudo a figura da amada impunha-se, afastando para bem longe as preocupações, relegando ao esquecimento a entidade espiritual que lhe secundava o desempenho mediúnico.

A indiferença da moça forçou-o a uma abordagem direta, embora não lhe agradasse correr o risco de ser rejeitado. Amava-a, agora tinha certeza, pois não conseguia afastá-la do pensamento um instante sequer, com ela sonhando ao adormecer e com ela permanecendo na imaginação quando acordado. A manhã clara e límpida, após ligeira chuva noturna, pareceu-lhe ideal para o encontro! Selou belo animal, rapidamente vencendo a distância que o separava da amada. Servos acolheram-no, informando-lhe que a senhora realizava o passeio matinal pela propriedade. A intuição conduziu Alexandre às margens do riacho.

Não se enganara. Vestia azul, os compridos e louros cabelos trançados com fitas da mesma cor. Seus olhos eram também azuis, orlados de longos cílios escuros. Uma faixa de seda bordada com fios do mesmo tom da roupa cingia a cintura esbelta, marcando-a e recolhendo harmoniosamente os drapeados graciosos. Quantos anos teria? Não se tratava de uma adolescente, mas certamente era ainda muito jovem. Ouvindo os passos sobre as folhas secas que juncavam o solo, voltou-se, olhando-o sem nenhuma surpresa. Nas mãos, pequeno buquê de humildes flores azul-celeste colhidas pelo caminho.

Nada disseram, limitando-se ao olhar. Depois, como que movido por irresistível impulso, o rapaz aproximou-se, envolvendo-a em apaixonado abraço, colando os lábios à trêmula boca. O gesto parecia tão natural que o jovem mago sequer ponderou as conseqüências do arrebatamento, ou pensou que poderia ser rejeitado. Longo, terno e doce beijo, à sombra das enormes árvores, o canto dos pássaros enchendo os ares com melodiosa sinfonia... Uma eternidade durou o breve momento. A moça fugiu ao abraço, perdendo-se no bosque, em ágil e silenciosa carreira. Em vão tentou segui-la, embaraçando-se na vegetação. Finalmente resolveu volver à vivenda, onde acreditava que ela estaria. Contudo, os servos disseram que a senhora ainda não retornara, acedendo a seu pedido de esperar, pacientemente assentado em um dos confortáveis bancos da florida varanda. Entardecia quando finalmente admitiu que ela somente voltaria ao lar quando ele partisse. Nervoso, irritado, abandonou a encantadora vila rumo à residência de seus anfitriões. Recusou-se à costumeira reunião noturna, para desalento dos presentes, recolhendo-se aos luxuosos aposentos de dormir, onde se entregou a mil considerações e hipóteses.

Na manhã seguinte, o Oráculo finalmente apareceu! Vinha extremamente agitado, descontente com o relacionamento amoroso que seu instrumento desejava consolidar.

– Que fazes? Com tantas mulheres à tua volta, loucas por ti, desejosas de teu amor, tens que escolher uma que te desdenha, uma infeliz que vive escondida do mundo? Bem sei do segredo que aquele coração guarda, mas não te revelarei nada, ouviste? Nada! Não pediste meus conselhos para arrumares tamanha enrascada! No entanto, darei de graça o que cobras em ouro dos outros, um aviso: afasta-te dela! Não é para ti, causar-te-á a perda de tudo o que tens, induzir-te-á, em nome de uma loucura denominada amor, a mudar os rumos de tua existência feliz e despreocupada. Perderás privilégios, luxos, comodidades, riquezas... Serás desprezado, perseguido...

Perplexo com o rompante do invisível auxiliar, resolveu questioná-lo:

– Somente agora me procuras? Onde estavas quando te chamei?

Constrangido silêncio interrompeu a conversa. Instado a responder, após muitos rodeios, acabou por confessar:

– Não deixaram que me aproximasse de ti! Bem que tentei! Quem fez isso? Ora, adivinha! Aquele intrometido, o velho que te ensinou a misturar essa água suja que vendes! Melquíades! Ele e outros obstaram meus passos e tiveste culpa nisso... Somente pensavas na moça... Dia e noite, noite e dia, sem que eu tivesse acesso a teus pensamentos.

Nervoso, continuava:

– Afasta-te dela, repito! Ficarás pobre, perderás teu prestígio, sofrerás humilhações e ingratidões, serás perseguido e os deuses fulminar-te-ão com a ira dos céus!

E desapareceu, apesar das tentativas do rapaz em retê-lo, com a finalidade de extrair maiores informações. Agastara-se. Dali em diante, compareceria às consultas, costumeiramente desempenhando as funções de conselheiro, instigando rancores, estimulando paixões, mas peremptoriamente se negando a tecer qualquer comentário sobre o envolvimento afetivo do medianeiro, em claro manifesto de desagrado. Assim esperava desestimular o romance. Além disso, assediava espiritualmente as mais belas mulheres romanas, encaminhando-as a Alexandre, na direção de seu leito de moço solitário e belo.

Os planos da entidade, não obstante sua perseverança e empenho, malograram. Os breves momentos junto às águas não saíam da cabeça do rapaz. As outras moças, muito embora lindas e encantadoras, não lhe despertavam o interesse. Após um mês, colocou de lado o orgulho e decidiu procurá-la novamente. A lembrança do pai adotivo, amigo e professor, tornara-se insistente nos últimos dias, fazendo-o relembrar os conselhos probos, a dignidade e a honradez com que Melquíades sempre se conduzira nos assuntos profissionais e religiosos. A imensa fortuna amealhada já não lhe parecia tão importante! Uma pergunta martelava sua mente: por que o ancião afastara o Oráculo? Os conselhos de ambos perseguiam caminhos opostos, era bem verdade. Jamais o velho mentor enveredaria pelos escabrosos meandros de encontros amorosos ilícitos, ou receitaria venenos para solução de contendas, ou ainda se prestaria a servir de intermediário a maledicências e calúnias... Uma sensação de vergonha envolvia-o, como se flagrado em culposo ato. Resolveu acalmar-se, fixando o pensamento na mulher amada enquanto percorria a ampla estrada pavimentada, sob o cálido sol de verão.

O interior da casa era fresco, imerso em suave e tranqüilizante penumbra; os móveis luxuosos, mas discretos, agradaram-lhe, pois combinavam com a delicada beleza da moça e sua natural distinção. Imediatamente comparou o ambiente com o dos palacetes que costumava freqüentar: a diferença era gritante. Naqueles também havia luxo, contudo a ostentação predominava, de permeio com duvidosos gostos e muito exagero. Todavia, era na vibração ambiental que residia a distinção maior, pois eram vazios de elevação, paz, tranqüilidade, como se estivessem impregnados da agitação e do materialismo gritante de seus donos.

Conversaram.

Com incomum simplicidade e encantadora franqueza, ela também se declarou enamorada desde o primeiro encontro. Não obstante, mencionou que a maior restrição residia na atividade profissional do pretendente, nomeado mago de renome, hábil com filtros e poções, mercador do além. Seria verdade?

Como negar? Procurou minimizar o impacto das informações, dourando a verdade com meias palavras, mas os imensos e transparentes olhos azuis impediam-no de mentir. Estranhamente, pegou-se falando do abandono e das necessidades de reconhecimento e admiração que sentia de uma forma avassaladora, determinando a sede de prestígio, a ambição desenfreada. Alexandre relatou a história do encontro de Melquíades com a criança enjeitada, os ensinamentos do ancião, o desvio do que aprendera motivado pela fascinação do poder e do dinheiro, a idéia obsessiva de encontrar a mãe e mostrar-lhe que se tornara alguém... Remorsos? Sim, desde que a conhecera...

– Sinto-me envergonhado! Tenho consciência de que profanei algo muito importante, traindo a confiança do amigo e mentor que me restituiu à vida, educando-me primorosamente. A ambição cegou-me, fiz vista grossa às conseqüências de meus atos; fizestes com que eu recuperasse a razão, analisando friamente os que me cercavam e a mim mesmo. Sou o maior responsável pelos desmandos, pois tenho usado meus dons e conhecimentos para incentivar fantasias e paixões, fornecendo meios de praticar verdadeiros atentados contra as existências e o livre-arbítrio das pessoas. Onde sepultei a nobre e dignificante educação recebida, onde naufraguei os conceitos éticos e morais que deveriam nortear minha vida?

A moça escutava-o emudecida. À medida que ele narrava, intensa palidez tomava conta de seu rosto e incontrolável tremor agitava-lhe o corpo. Somente o encosto do móvel onde estava assentada impedia que deslizasse para o chão. A emoção não permitia que Alexandre percebesse seu estado e foi com um fio de voz que ela indagou:

– Dizeis que fostes retirado da Porta dos Enjeitados?! Em Roma?! Mencionastes também ricas vestes e uma manta, uma manta bordada, com fitas e rendas preciosas... Meu Deus, por acaso nela havia um monograma?!

– Sim, no canto direito. MH, para ser exato, entrelaçados...

– É a minha manta, a minha manta!

Desfaleceu antes que ele pudesse ampará-la. Imenso medo tomou conta do coração de Alexandre. Quem seria afinal aquela mulher que o destino colocara em seu caminho e por quem sentira amor desde a primeira vez em que a encontrara?

Solícita e assustada serva, alertada pelos brados do rapaz, irrompeu na sala com sais, ervas e água fria, com a qual molhou as faces descoradas da ama, despertando-a finalmente. Lágrimas resvalavam pelo rosto da jovem e soluços impediam-na de falar. O moço suplicava:

– Peço-vos, em nome dos deuses, contai-me a verdade. Sabeis quem sou? Toda a minha vida quis conhecer a mulher desnaturada que me colocou no mundo, atirando-me ao monturo para ser comido pelos cães... Conheceis minha mãe, certamente, até dizeis que sois dona da manta...

– Não a chameis de desnaturada, porque não lhe conheceis a história de dor e sacrifício! Jaz no fundo do mar, sob toneladas de água, mas sei que vela pelo filho, guiando-vos até mim.

Levantando-se, a moça caminhou até lindo móvel com tampo de níveo e reluzente mármore, dele retirando preciosa miniatura, onde estava estampada a figura de uma jovem belíssima. Quase menina, o autor captara com rara felicidade sua excepcional formosura. Sorria levemente, seus olhos eram grandes e verdes e os cabelos negros, contrastando com a pele alva e perfeita.

– Esta é vossa mãe, minha irmã! Nosso pai adotou-me quando ainda era bem pequenina, praticamente de colo. Ambos, o consangüíneo e o adotivo, serviam como elevados oficiais do exército de Roma. Meu pai verdadeiro sucumbiu em batalha, delegando ao amigo e superior a tarefa de acolher-me como filha, pois minha mãe havia falecido também. O pai substituto reservado por Deus não poderia ser melhor, jamais fazendo diferença entre a filha de sangue e a agregada, amando-nos de igual maneira. Vede! Diferimos fisicamente! Contudo, embora o mesmo sangue não nos corresse nas veias, éramos almas irmãs, afins e amorosas. Quando vim para a família, um bebezinho, a manta, aquela que guardais como preciosa e triste relíquia, envolvia-me, tendo sido confeccionada pelas mãos maternas. As iniciais pertencem-me: Márcia Helena... Na época, minha irmã já era uma menina linda e sonhadora. Quando eu contava seis anos de idade, a tragédia visitou-a na figura de um homem belo e inescrupuloso. Embora criança, lembro-me perfeitamente... Relatar-vos-ei a história de Flávia, vossa mãe.

..*

Os exércitos romanos haviam conquistado grandes regiões, dominando povos e espalhando o império por todos os lados. A nação hebraica, como tantas outras, sucumbira ao jugo da águia e, com o decorrer do tempo, suas cidades principais ostentavam as inconfundíveis marcas da cultura de nossa gente. Designado para uma delas, com a finalidade precípua de manter a ordem, meu pai adotivo mudou-se para a Palestina, levando consigo a esposa e as duas filhas. Criatura boa e íntegra, era, todavia, extremamente orgulhoso e com um conceito de honra severo e inflexível: exigia ilibada conduta de seus comandados e familiares, não aceitando de forma alguma os hábitos devassos da sociedade romana de então e a permissividade que medrava nas melhores famílias patrícias. Em casa, sempre gozamos de conforto, mas ele repudiava os modismos e as facilidades excessivas que, segundo sua maneira de pensar, somente serviriam para minar o espírito, enfraquecendo-o. Assim, as refeições eram equilibradas e frugais, as bebidas controladas; as festas, em moda na época e que geralmente descambavam em orgias, constituíam terminante proibição. Nossa convivência social era limitada a reuniões com seleto grupo de amigos, música, leitura de poemas selecionados... Como compartilhávamos de suas idéias, não nos sentíamos lesadas, levando existência feliz e produtiva: estudávamos, bordávamos, dedicávamos-nos à música e à leitura, passeávamos pelos jardins de nossa residência... Conto-vos esses detalhes para que percebais determinados aspectos do caráter de meu pai adotivo.

Rapidamente, adaptamo-nos aos costumes da terra, deslumbradas com os vibrantes coloridos e a diversidade de costumes. Aqueles eram dias de muitas mudanças, que ficariam indelevelmente marcados na história da Humanidade e em nossos corações, embora não o soubéssemos na época. Insatisfeito com o domínio estrangeiro, inconformado com a tirania e com os abusos perpetrados, os judeus ansiavam por um salvador, profetizado pelas Sagradas Escrituras como o Filho de Deus, aquele que estabeleceria na Terra o seu reinado e que, por extensão, permitiria que exercessem a supremacia sobre os demais povos. Para desespero de muitos que o esperavam com a magnificência de um rei, aos moldes terrenos, ei-lo que surge humilde e amoroso, com total e irrestrito desapego aos bens materiais e ao poder! Não tomou das armas para expulsar os invasores, mas sim recomendou o amor aos inimigos. Aconselhou que se desse a César o que de direito e a Deus o coração, onde Ele deveria ser adorado em espírito e verdade, único tabernáculo resistente aos embates e vicissitudes do tempo. Acolheu os pequeninos e condenou os hipócritas, exortando-os às imprescindíveis mudanças, apontando-os, primeiramente, entre os de sua própria raça. Pontificou o perdão, a humildade, a tolerância, a paciência, o amor...

Nós conhecemos esse homem pessoalmente!

Adorávamos andar pela praia, bem cedinho, recolhendo o que a maré lançara durante a noite às alvas areias: conchinhas, peixinhos ainda vivos que devolvíamos ao mar, pedrinhas e, de vez em quando, objetos, alguns bem interessantes. Acompanhava-nos sempre uma serva, atenta a tudo e a todos. Naquele dia, as areias estavam coalhadas de gentes, vindas de muitos pontos, alguns distantes. Os olhos verdes de minha irmã surpreenderamse com a pobreza e o sofrimento daquelas criaturas. Lembro-me de vê-la chorar! Quantos doentes, quantas deformidades, quantas criancinhas desnutridas ao colo de suas esquálidas e entristecidas mães! Acomodamo-nos à distância por ordem de nossa guardiã, muito embora desejássemos misturar-nos ao povo.

Os barcos voltavam da pesca. Em um deles, um homem destacava-se. Fechando os olhos, vejo-o ainda: de altaneiro porte, estava à frente de uma das embarcações e o sol incidia em cheio sobre Ele; os olhos eram claros, incomuns entre os de sua raça; os cabelos, cor de mel, daquele tom incrível que adquire quando o escorremos do pote, como se absorvesse a luz e a refletisse; o sorriso era doce e ao mesmo tempo enérgico e parecia dirigir-se a cada um dos presentes em especial, retirando-nos do anonimato; as mãos fortes e bronzeadas não tinham a rudeza daquelas que trabalham braçalmente; os dentes, alvos e perfeitos, entremostravam-se através da barba bem cuidada e à moda nazarena. Era belo, muito belo, e, à sua visão, nossos coraçõezinhos dispararam. Senti em minha mãozinha a de vossa mãe e ela estava trêmula... Ele não esperou que o barco ancorasse nas areias, descendo antes, os pés descalços mergulhados nas espumantes ondas, caminhando de encontro à multidão subitamente silenciosa e expectante. Na minha visão infantil e acostumada às crenças religiosas romanas, acreditei fosse um deus!

Jesus, assim o chamavam. Subiu em uma formação rochosa e de lá sua voz dominou a praia, milagrosamente amplificada. Contava histórias, lindas, singulares e singelas histórias, cujo alcance, então, eu restringia ao meu entender de criança. Muitos choravam, pois Ele penetrava o recôndito de suas almas em sofrimento, levando-lhes consolo e esperança, dissipando a ignorância, mal maior da Humanidade. Quando calou, misturou-se à turba, acolhendo os enfermos, curando-os com o toque de suas formosas mãos.

Voltamos ao mesmo lugar nos dias seguintes, encontrando-o sempre. Andava também pela cidade... Foi fácil convencer a serva de que deveríamos perseguir-lhe os passos. Estávamos encantadas! As crianças cercavam-no e Ele recebia todas com carinho, tocando-as com as mãos que realizavam milagres de amor!

– "Deixai vir a mim as criancinhas..."

Naqueles momentos inesquecíveis, não tínhamos a noção

do que estávamos aprendendo e de sua importância para nossos espíritos imortais e muito menos do quanto nossas memórias infantis estavam retendo. O futuro forneceria a comprovação das mudanças que tal encontro ocasionaria.

Quando o Rabi e seus discípulos partiram, a praia parecia haver perdido seu encanto, vazia e desolada sem sua presença forte e bela. Em nossa puerilidade, não compreendíamos que ela era tão somente o cenário ideal para a magnificência do Mestre.

Crescemos. Minha irmã tornou-se uma linda jovem, de longos e negros cabelos e estupendos olhos verdes, encantando muitos jovens e conquistando corações. Infelizmente, seu coraçãozinho ingênuo e sonhador interessou-se por garboso oficial romano, famoso por suas conquistas amorosas e temido por seu caráter leviano e inconseqüente. Pobre irmãzinha!

Nosso pai, austero e probo, indignou-se com a escolha de Flávia, dispensando o moço sumariamente, ignorando as lágrimas de vossa mãe, usando da autoridade paterna com ríspida energia. Talvez, se houvesse conversado, esclarecido as razões de sua oposição, mencionado casos acontecidos na cidade que envolviam o mesmo oficial, ouvido os motivos de minha irmã, compreendendo a paixão que a envolvia, quem sabe permitido o namoro para que ela mesma, devidamente protegida pela família, acabasse decepcionada com o caráter do jovem, o rumo das coisas seria diferente e menos trágico... Acredito que o rigor foi exagerado, impedindo que ela acatasse os conselhos e ordens com menos dor e revolta, impossibilitando que ela despertasse das ilusões da primeira paixão com seqüelas menos desastrosas.

Passado o impacto do primeiro momento de rejeição, o oficial romano acalentou idéias de vingança. Se não fosse por bem, seria por mal... A muitas seduzira, abandonando-as depois. Lágrimas, choros, gritos, desespero, nada o atingia, divertindo-se em relatar os lances aos companheiros de quartel.

Aconteceu tão facilmente que chegou a decepcioná-lo. Esperava maior resistência! Ingênua e pura, confiante e apaixonada, Flávia entregou-se de corpo e alma ao sedutor. Foram meses de relacionamento às escondidas, com encontros em lugares sigilosos, incluindo trocas de juras e promessas de amor eterno. Nossa ama percebeu o aumento de volume do ventre da mocinha que criara como filha, apavorando-se. Que seria de sua menina quando o pai soubesse? Surpresa e feliz com a novidade, a pobrezinha apressou-se em dar a notícia ao namorado, esperando alegria e manifestação do desejo de procurar novamente o intransigente genitor, agora solicitando a realização das núpcias o mais breve possível, o que o mesmo teria que aceitar, forçado pelas circunstâncias. Mal sabia ela que o interesse do volúvel conquistador já se desviara para nova e recente vítima! Temendo a reação de nosso pai, seu superior hierárquico, o irresponsável tratou de rapidamente conseguir, usando a influência de amigos a ele semelhantes, a transferência para local bem longínquo. Saiu do cenário sem qualquer justificativa, deixando minha irmã inconsolável. Com o auxílio de nossa velha ama, ela escondeu a gravidez o máximo que pôde, mercê de faixas que comprimiam-lhe o ventre e roupas de modelos largos. Alguns dias antes do nascimento, o segredo guardado com tamanho cuidado foi revelado por um subordinado do quartel. Em uma discussão, quando meu pai rigorosamente intentava discipliná-lo por embriaguez, o homem jogou-lhe nas faces aquilo que toda a soldadesca sabia e calava aos ouvidos do oficial orgulhoso e intransigente:

– Achai-vos o dono da razão? Senhor da vida e da morte? Mandais chicotear-me pela infração de bebida, mas não colocais ordem em vossa casa! Hipócrita! Vossa filha não passa de uma vadia qualquer, deitando-se com soldado... Para que tanta empáfia e orgulho?!

A notícia teve o efeito de uma explosão! Do inevitável acareamento, surgiu a verdade da adiantada gestação de Flávia, acelerando a hora do parto, tudo em meio a muita revolta e acerbos sofrimentos por parte de todos. Do pai da inocente criança ninguém sabia, pois se perdera no mundo, transferindo-se sucessivamente para evitar a responsabilidade do criminoso gesto de sedução e abandono. Nosso pai, a bem da verdade, não se esforçou muito em localizá-lo, pois sabia de seu péssimo caráter. Mal nascera a criança, encarregou um dos servos, que considerava esperto e confiável, de levá-la a Roma sigilosamente, entregando-a nas mãos de idosa parente, senhora de poucos recursos que concordara em dela cuidar em troca de determinada soma de dinheiro e de uma pensão mensal, que meu pai se comprometeu em enviar religiosamente.

Vosso avô, pois éreis aquela criança, com isso pretendia salvaguardar a própria honra, de acordo com seus pontos-de-vista. Não pretendia eliminar-vos, tanto que providenciou uma escrava recém-parida para que vos acompanhasse na viagem, garantindo o leite. Perderam-no o orgulho em demasia, o temor do escárnio, a vergonha... Quem somos nós para julgá-lo?

Embora desesperada, Flávia conformou-se, acatando as arbitrárias decisões paternas, até porque nossa mãe e a ama prometeram que um dia voltariam a Roma e, vendo o netinho crescido e lindo, o coração do avô abrandaria, concordando em recebê-lo como membro da família, perdoando-lhe pelos desgostos que causara. Quando partistes, minha irmãzinha enrolou-vos na manta que me envolvera ao ser levada para o lar adotivo e que ela zelosamente guardara entre seus pertences, dizendo:

– Para dar sorte, filhinho! Tende paciência, meu amorzinho, porque o tempo passa depressa e logo nos encontremos em Roma. Perdoai ao avozinho, pois ele é uma boa criatura, somente está muito magoado comigo. Jesus ensinou-nos a paciência, a fé, a esperança... Tudo dará certo e meu coração jamais se afastará!

O que aconteceu na viagem eu somente saberia tempos depois, ao voltar a Roma, pela boca da escrava que meu pai destinara ao vosso aleitamento. Localizei-a, após diligências incontáveis, em miserável bairro, abandonada e solitária. Havia gasto tudo o que o canalha lhe dera em troca de seu silêncio e o remorso atroz atormentava-a. Ela narrou-me que a travessia transcorrera calma e, já em terra, sobraçando a criança, o servo esbravejava repetidamente, impaciente com o choro e as necessidades da pobrezinha. Recebera a ordem de entregá-la à velha senhora, bem como o dinheiro que carregava em grande sacola, mas pensava em livrar-se do pequenino e desaparecer com a pequena fortuna. Repartiriam o dinheiro, seriam ricos, livres, jamais encontrados... Ela cedera à tentação, concordando com o plano terrível: deixar a criança na Porta dos Enjeitados! Disse-me ela que o bruto, olhando a pobrezinha, não se cansava de repetir, como a justificar o ato nefando:

– Vai morrer de qualquer modo, mulher! Olha! Tão fraquinho! Olha só! Para que desperdiçar bom ouro com isto?!

O miserável somente não mencionava que a criança estava faminta, sedenta e quase exausta de chorar, porque os dois somente estavam preocupados com o ouro, sem dela cuidar!

Enquanto isso tudo ocorria, nós, na Palestina, de nada sabíamos, julgando-vos em segurança em Roma!

Anos depois, finalmente nomeado para ambicionado posto na capital do império, nosso pai determinou que nos preparássemos para o regresso tão esperado. Às vésperas da viagem, com as bagagens embarcadas e data combinada para a assunção das novas atribuições, um imprevisto surpreendeu-nos. Apresentei-me febril, a pele coberta por erupções avermelhadas, com diagnóstico médico indefinido, assinalado simplesmente como doença contagiosa. Estava de quarentena! Na impossibilidade de postergar seus deveres profissionais, mesmo porque estava a bordo da galera, meu pai decidiu partir, deixando-me em Jerusalém, na casa de amigos dedicados que anuíram em me acolher. Devo acrescentar, meu querido, que não houve, por parte dele ou de meus familiares, descuido ou desamor. Eu seguiria mais tarde, assim que passasse o período de contágio, com servos da maior confiança.

Furiosa tempestade em alto-mar enterrou minha família no fundo das águas.

Profundamente abalada, empreendi a travessia de regresso, intentando contactar a parente incumbida de zelar por meu sobrinho, com a intenção de recuperá-lo e dele cuidar pessoalmente. A velha senhora surpreendeu-se com minha visita, principalmente porque ignorava que nosso pai houvesse ocultado de seus familiares o fato de ela jamais haver recebido a criança, fato que ela comunicara em preocupada missiva, onde detalhava o desaparecimento dos portadores da preciosa carga humana e do ouro que ele assumira o compromisso de enviar.

Na ocasião, mil idéias passaram-me pela cabeça. Que teria acontecido? Recusava-me a supor que os servos houvessem subtraído a vultosa quantia, dando um sumiço na criancinha! Apegava-me à alternativa de que algo ocorrera e estáveis bem... Em outros momentos, pensava que todos deveriam estar mortos... Bem pouco conhecia eu das pessoas! Como citei há pouco, as buscas acabaram por revelar a verdade sobre o abandono do sobrinho muito amado!

A tristeza invadiu-me o coração. Desaparecido o filhinho de minha adorada irmã, achava-me só no mundo, sem família e nenhum afeto sincero. Aconselharam-me a casar, estabelecendo um novo lar e vínculos afetivos, mas, embora num primeiro instante a sugestão causasse entusiasmo, logo me desiludi, pois a invejável situação financeira constituía sério empecilho, uma vez que a maior parte dos pretendentes visavam ao imenso patrimônio deixado por meu pai, do qual me tornara única herdeira. Tornei-me alvo de interesses espúrios e muito poucos foram os bem intencionados. Assim, afastei-me de todos, pois a idéia de realizar uma união alicerçada em conveniências econômicas ou tão somente em carências afetivas repugnava-me. Deliberei permanecer sozinha até que aparecesse o eleito de meu coração.

Roma resumia-se em festas e devassidão. Os convites sucediam-se, de acordo com minha privilegiada posição social e grande fortuna. A falta de pudor dos homens causava-me constrangimento e a triste situação das mulheres, consideradas simples objetos sexuais pela maioria ou então a chave de baú cheio de riquezas e vida mansa, inspirava em mim muito medo: medo de acabar aderindo à massa que pensava e agia em uníssono, medo de acabar iludida com algum pretendente falsamente apaixonado, medo da solidão que me rodeava, mesmo quando em meio a muitos...

O homem da praia, não obstante fosse muito jovem quando o conheci, jamais fora olvidado! Sua doutrina luminosa, verdadeiro manancial de serenidade e ternura, despertava em mim o desejo de relacionamentos embasados na real afeição, no amor por Ele preconizado. Jesus perecera na cruz, sempre exemplificando amor e perdão, e eu julguei por muito tempo que haviam sufocado a semente plantada com tanto sacrifício e dedicação, principalmente devido ao estado de isolamento em que vivia, mesmo quando meus pais adotivos eram vivos. Para minha surpresa, em Roma os seguidores estavam por toda a parte, embora em sigilo, devido às sérias restrições de Estado. Comecei a freqüentar as reuniões evangélicas, tornando-me cristã.

Então, os fatos ocorridos por ocasião da moléstia que me impedira de viajar com a família começaram a voltar à lembrança. Os acontecimentos relacionados com a morte de todos os que me eram caros e vosso sumiço haviam provocado o esquecimento momentâneo dos últimos dias que passara na Palestina; a enfermidade que providencialmente impedira minha viagem resistira a medicamentos e cuidados profissionais, somente cedendo quando dedicada serva trouxera um dos discípulos do Mestre e ele, em nome de Jesus, impusera as mãos sobre minha cabeça escaldante. Como eu pudera esquecer das palavras do servo do Mestre durante minha convalescença, uma vez que ele me visitava religiosa e diariamente? Contrastando com sua simplicidade e rude aparência, os conceitos profundos sobre imortalidade da alma, destinação do ser sobre a Terra, caridade e muitos outros causaram-me surpresa na época. Participando dos encontros cristãos, reencontrei tais conceitos nas palavras daqueles que propagavam a doutrina de Jesus na cidade dos césares!

A agitação da metrópole afligia-me; reuníamo-nos em locais secretos, resguardando-nos das proibições estatais; arriscávamo-nos à prisão, tortura e morte; sentia-me sozinha em meus temores, conquanto os companheiros de crença. Um dos anciãos, constatando-me a exacerbada ansiedade, aconselhou a transferência para o campo, onde provavelmente gozaria de maior tranqüilidade e menos pressão social, já que se tornara ponto de honra para muitos casar-me a qualquer custo. Assim, vim para esta encantadora vivenda, pertencente à família e herdada por mim, transformando-a em abençoado refúgio, dedicando-me ao estudo e à beneficência. Defendi com unhas e dentes a privacidade, recusando sistematicamente os convites da sociedade romana local e de passagem, ignorando suas cobranças, deixando bem clara minha posição de reclusa. Acabaram por deixar-me em paz!

Os anos continuaram a passar. Não pense que eu abandonei as buscas! Infelizmente, a amada criancinha desaparecera, envolta em profundo mistério. A razão sinalizava que estaria morta, mas meu coração jamais deixou de esperar que ela aparecesse!

* * *

O moço escutava a longa narrativa em silêncio, as lágrimas deslizando pelo rosto. Como fora injusto com a mãezinha! Profundamente comovido, falou:

– Vós não sabeis o quanto minh'alma está alegre em saber a verdade! Dor maior do que o abandono daquela que nos gerou não existe! Impede-nos de amar, pois passamos a encarar as criaturas como potencial e profundamente capazes de rejeitar! Culpei-a, fui injusto, mas o destino propiciou nossa reunião para que tudo se esclarecesse... Sinto-me em paz! Tendes idéia do que está acontecendo? Da beleza deste momento e do que relatastes? Tempo e espaço perderam sua importância, os elos de amor reataram-se! Muito pequena, participastes da trágica história de minha mãe; agora, conhecemo-nos, amamo-nos! Incrível! Pelos costumes de nossa época, seria normal que estivésseis casada e com filhos, todavia esperastes, pressentindo que o amor, aquele que une almas afins, surgiria!

O rosto da jovem entristeceu-se:

– Somos, no entanto, muito diferentes, meu querido. Será que o amor bastará para que superemos as diferenças? Viveis do comércio de vossas faculdades; mercadejais com o que o Mestre ordenou de graça ofertar, pois nada vos custou; manipulais e criais fórmulas que deveriam servir para curar, todavia são usadas para destruir as pessoas e constranger-lhes o livre-arbítrio. Sabeis que muitos dos que se denominam cristãos possuem semelhante dom? E que Jesus mencionou, vezes diversas, os fenômenos de comunicação com o mundo dos que se foram e até deles participou, conforme narram os Evangelhos? Eles, entretanto, usam suas faculdades para o bem e para a evolução das criaturas! Assusta-me o fato de que utilizeis algo tão sublime, redentora oportunidade de serviço em favor do próximo, para riqueza e engrandecimento próprios. Dissestes-me que uma entidade assessora vossos trabalhos, aconselhando os consulentes e até prescrevendo fórmulas... Que tipo de criatura recomendaria tais desmandos e tamanha insensatez? Perdoai-me a franqueza, mas não posso omitir-me em relação a tamanhos absurdos! Há muito sentis que os caminhos trilhados são tortuosos e escuros e a consciência procura alertar-vos... Sabeis que os frutos de vossas ações são amargos e venenosos, indicando a qualidade da árvore que os produz? A quem ouvis e seguis? Não podeis servir a dois senhores e viver em paz...

– Mas não sou cristão! Cobrais mudanças de tamanha profundidade, esquecendo que quase nada sei desse Mestre a quem vos referis... Parece-me que estais colocando esse mesmo Mestre como entrave entre nós! Sinto-me perdido em dúvidas... Por acaso compreendeis o custo resultante da aceitação dos princípios que acabais de colocar?

Alexandre retirou-se da casa de sua eleita com o coração apertado. Chegando à vila onde se hospedava, encerrou-se nos aposentos de dormir, fechando os pesados reposteiros, acreditando que a penumbra minoraria a terrível dor de cabeça que o afligia. Mal se lançara ao leito, escutou a risada zombeteira do Oráculo e sua voz sarcástica:

– Ora, ora... Estamos a sofrer... Bem que avisei! Tua santinha já está a mostrar as garras cristãs! Acreditam em sofrimento, dores, choros, ranger de dentes, caridade, pobreza... Por acaso julgaste que seria diferente? Pois eu te digo, parafraseando o tal Mestre, em verdade te digo, perderás tudo o que tens, amargarás penúria e abandono dos que realmente importam no mundo, serás apedrejado! E tudo por desejar uma mulher?! Cria juízo, meu amigo! Mulheres há aos montes! E sem os problemas que essa santinha causará!

Continuava, melíflua e maliciosamente:

– Ela insinuou que eu engano os consulentes? Mentira! Eu leio em suas almas o que desejam e simplesmente lhes dou o que querem, exploro aquilo que têm guardado no recôndito de suas consciências! Se tivessem coisas boas... E eu sou o culpado? E tu és o culpado, por me receberes, servindo de intermediário? Ora, que o anátema seja lançado a eles e não a nós, que somos meros intérpretes da vontade de cada um! Procuram-nos, solicitam, imploram! Encho-lhes os ouvidos com o que querem ouvir, predigo, desperto cega confiança em si mesmos e em nós... E te digo mais: se me perderes, nada serás!

O jovem impressionou-se profundamente com as ameaças do companheiro desencarnado, pois reconhecia muito lhe dever no que dizia respeito à confortável e lucrativa posição junto ao patriciado romano. Embora sujeito a freqüentes crises de remorsos, ainda assim não se encorajara a tudo abandonar, seduzido pelas riquezas e privilégios. Buscou e rebuscou formas de contornar o problema, mas sucumbiu à constatação da inutilidade de seus esforços. Imensa luta era travada em seu interior, dilacerando-o: de um lado, as ilusões terrenas; do outro, as verdades espirituais. Ao privilegiar a carne transitória, não mais poderia alegar ignorância das responsabilidades concernentes a um espírito encarnado! Embora com outras palavras e jamais tendo contacto com Jesus, Melquíades ainda vivo dissera as mesmas coisas, alertando-o no tocante aos tortuosos caminhos que ele insistia em trilhar. Uma pergunta crucial atormentava-o: será que poderia esquecer tudo e continuar adiante sem o auxílio do Oráculo?

Jesus!

Nada sabia a respeito do Rabi, a não ser as informações repassadas por Márcia, impregnadas de emoções da infância. Mereceriam crédito? Não seria Ele mais um falso profeta, como muitos que progrediam naqueles tempos difíceis, enriquecendo-se com a ignorância do povo e a ingenuidade dos simples e bem-intencionados? Precisava ter certeza!

Os dias seguintes revelaram maiores surpresas, suscitando mais dúvidas. Estranha figura aquela, que se entregara ao infame madeiro mesmo tendo o decantado poder de curar cegos e leprosos, restituir movimentos a paralíticos, multiplicar pães e peixes, andar sobre águas, ressuscitar! Teria realmente realizado tudo aquilo ou seriam meras lendas, reforçadas por sua morte e pelo fanatismo de seus seguidores? Quanto mais pesquisava, mais se confundia. Roma continuava a cultuar deuses de mármore, magníficas e frias estátuas espalhadas pela urbe, templos e lares, deuses com qualidades e imperfeições humanas... Os cristãos não se revelavam tão facilmente, pois temiam fatais represálias... Como descobrir a realidade? Por aquilo que assinalou como acaso, fatos e acontecimentos encadearam-se e ele chegou até os prosélitos do

Nazareno. Não obstante os éditos condenatórios, o temor de serem descobertos e mortos, as atrativas promessas de fácil felicidade das alvas e belas divindades de mármore, todas coniventes com as ilusões e anseios dos humanos, alguém marcara profundamente o coração daquelas pessoas, determinando surpreendentes escolhas e mudanças incríveis em suas existências! Insanos, loucos, temerários, ou detentores da Verdade?

Mais uma vez retornou à florida vivenda da jovem. Precisava conversar, dizer-se em conflito ainda, falar de seus temores... Ela recebeu-o com a confiante tranqüilidade dos que abraçaram sua opção com amor, envolvendo-o em caloroso abraço. Aguardou que desabafasse, lendo-lhe nos olhos a tempestade que ia na alma, compreendendo as dúvidas que o atormentavam.

– Há dias não trabalho, abstendo-me de atender importantes compromissos, sentindo-me inseguro, inepto. Vosso Mestre abalou-me as estruturas mais íntimas, roubando meu sossego. Maldito seja! Quero-vos, mas tão somente a vós, não a esse profeta, misto de feiticeiro e líder religioso! Se me amais, afastai-vos de tudo, rompei com essas crenças absurdas e vinde comigo! Casaremos, teremos filhos, seremos felizes...

Enquanto falava, perambulava pela sala, presa de franca agitação.

– Sois ingênua, tendes veneração pelo homem que conhecestes há muito tempo, talvez por estar relacionado com a irmã que muito amais e com o passado que desfrutastes com a família. Sequer conheceis o risco que enfrentais, ligando-vos aos cristãos, criaturas execradas, perseguidas pelas leis romanas! Sabeis o que acontecerá caso sejais presa? A soldadesca não respeita as mulheres lindas condenadas pelo crime de seguirem Jesus! Compreendeis-me? Acordai! Viveis em um mundo à parte, enclausurada nesta casa confortável e rica, longe das pessoas importantes, fugindo à vida... Credes que sereis bela para sempre? Que a solidão não vos angustiará com o passar do tempo? O verdadeiro mundo, aquele do qual fugis, é cruel. Necessitamos impor-nos, tomar posse daquilo que nos pertence com fortes mãos e firme cabeça, à força, se preciso! Não me interessa esse Jesus e muito menos o Deus que Ele tenta impingir-nos, único, sem estátuas para seu culto, que dá a seus filhos a cruz e o circo!

Como que tomado por estranha energia, obstava-lhe as palavras conciliadoras, prosseguindo:

– Não sei o que está acontecendo comigo, mas certamente não pretendo abdicar de tudo o que construí e possuo! A faculdade de servir como medianeiro entre dois mundos... Dizeis que devo utilizá-la para o proveito e bem dos outros, sem auferir lucros materiais... Por quê?! Não me disponho a trabalhar de graça para ninguém! Colocastes que a utilizo para forçar vontades e alimentar ilusões? Que seja! Que mal há em fazer isso? Somente atendo ao solicitado... Cobro por meu tempo! Até hoje, comportei-me assim e tenho me saído muitíssimo bem!

Esbarrou em pequena e preciosa estatueta, deixando-a em cacos sobre o piso, mas pareceu nada notar, continuando o agitado monólogo:

– Amo-vos sim, mas não quero, não desejo mudar, não pretendo renunciar a nada! Sou um mago, um feiticeiro, um conhecedor das forças ocultas... E dos bons! O melhor! Por mim fala um espírito e ele assessora-me, autorizando o ganho de muito ouro! Qual o problema?!

A moça chorava silenciosamente, reconhecendo a inutilidade de qualquer pronunciamento, aguardando que acalmasse, pois estava visivelmente transtornado, trêmulo, irreconhecível. Ah, se ele soubesse o quanto as criaturas humanas são influenciáveis! Repentinamente, nítida e providencial intuição segredou a Márcia paciência e cautela, pois ali se encontrava o espírito que com ele trabalhava, em tão sutil e perfeita simbiose que era quase impossível detectar sua presença. Com intensa emoção, compreendeu que a irmã desencarnada há anos fornecia o auxílio a ela e ao filho arrancado de seu seio ao nascer, passando-lhe as instruções:

– Pergunta-lhe, irmãzinha, se porventura outros espíritos manifestaram-se através dele, como quem faz aleatória indagação, sem importância maior. Dize-lhe que, caso ele permita, um espírito muito especial e querido breve entrará em contacto, estando destinados a juntos desempenhar importante tarefa.

A moça repetiu a mensagem, dando a impressão de havê-la pessoalmente formulado. De imediato, observou estranho esgar no rosto de feições másculas e belas, a ponto de enfeá-lo, e uma voz irritada respondeu:

– Podes desistir, minha santinha! Achas que deixaria outro qualquer chegar perto do corpo que me pertence por direito e conquista? Ele é meu, meu, entendes?! Meu! Tu deves cair fora, caso queiras continuar a gozar de boa saúde... Para teu próprio bem, afasta-te! Deixa-nos em paz!

A intuição retornou:

– Fala-lhe de Jesus, irmã. Coloca em tuas palavras a alma, sensibilizando-o!

Inicialmente indecisa, temerosa até, obedeceu, tecendo doces considerações, relembrando a figura luminosa do Mestre, sua ternura, seu amor, sua sabedoria, sua paciência, sempre esperando a decisão da criatura no sentido de mudança... Pouco a pouco, as tensas feições do jovem Alexandre asserenaram-se e ele pareceu recuperar parte do controle. Como que desperto de profundo transe, indagou:

– Que disse eu? Ofendi-vos? Sinto que deveria ter cuidado melhor das palavras, embora não as recorde em absoluto!

– Despreocupai-vos, meu caro. Estais ansioso, abalado com as novidades, nada de incomum. Hoje teremos uma reunião e estais convidado! Vereis que somos pessoas comuns e que Jesus é luz e libertação, jamais motivo de constrangimento. Não me peçais para abjurar a fé que abracei, pois de mim estareis tentando retirar o mais valioso, o pilar sobre o qual repousa o equilíbrio de minha existência .Embora não concorde com a maneira como conduzis a faculdade com a qual encarnastes, respeito-vos o livre-arbítrio. Acredito que, conhecendo-nos melhor, colocando em nosso coração a doutrina do Mestre, atingiremos um ponto harmônico na mútua convivência.

Silenciou a jovem sobre a irada comunicação do Oráculo, inclusive a respeito do disfarce providencialmente revelado pelo Mundo Espiritual, considerando melhor deixar os ânimos esfriarem. Alexandre nada recordava conscientemente e ela inferiu que, reportando ao acontecido, reataria os laços de pensamento entre o medianeiro e o astuto espírito comunicante, concluindo que seria mais sábio encaminhá-lo a novas e enriquecedoras experiências, consolidar seu contacto inicial com as verdades do divino amigo, fornecer-lhe o embasamento doutrinário para que pudesse construir uma fé racional e inabalável. Então sim, poderia esperar mudanças!

A noite apresentava-se enluarada e estrelas teciam faiscante dossel no escuro azul; brisas cálidas agitavam as copas das árvores e espalhavam perfumes do campo nos ares. O carro, puxado por dóceis e rápidos animais, venceu a distância que os separava de Roma, adentrando os arredores da cidade. Acompanhava-os um único e hercúleo servo, também adepto do Cristianismo. Deixaram o veículo em seguro e discreto local, tendo o cuidado de amarrar as rédeas a sólido sicômoro. Um caminho seguia disfarçado entre a vegetação, mal discernido sob o luar que se derramava argênteo, e os três por ele caminharam, notando que outros silenciosamente os precediam. Após meia hora, o casarão destacou-se contra o céu. Estava em péssimas condições, dir-se-ia definitivamente abandonado há muito; em outras e faustosas épocas, certamente servira de residência a nobres e ricos romanos, a julgar pelos resquícios de luxo que desafiavam o aniquilamento do tempo. Pelo portão entreaberto, esgueiraram-se, mergulhando na escuridão dos jardins esquecidos, onde a natureza semeara flores silvestres, unidas em extensos e belos tapetes coloridos e perfumados, que desciam pelas encostas, perdendo-se entre as enormes árvores. Pisando as folhas mortas que juncavam o chão, chegaram ao átrio, onde tremeluzia a chama de discreto archote. O servo, sempre à frente, conduziu-os a enorme salão; o moço observava os detalhes do prédio, neles reconhecendo traços da beleza que deveria ter sido aquele lugar. Quem teria ali residido? Que sonhos aqueles salões teriam guardado? Com sua aguçada sensibilidade mediúnica, esticou a mão, tocando primoroso painel, fechando os olhos e deixando a mente passear ao sabor das sensações. A voz sussurrante da jovem fê-lo retornar ao presente, sugerindo que se colocassem em um dos cantos menos lotado. Somente então constatou que a enorme sala estava praticamente tomada por silenciosas presenças, das quais, com surpresa constatou, muitas eram representadas por romanos de nobre estirpe, vestidos com simplicidade, misturando-se à plebe e aos escravos. A naturalidade com que todos se irmanavam impressionou-o sobremaneira, pois muito bem conhecia o rígido sistema de castas que comumente imperava.

Um homem de alvos cabelos e barbas destacou-se da multidão, assumindo posição em improvisada tribuna. O rosto tisnado pelo sol, as mãos fortes e rudes, as vestes rústicas e desataviadas, tudo dizia tratar-se de pessoa do povo, acostumada a labores braçais. Certamente não tivera instrução metódica e formal, depreendeu Alexandre, preparando-se para enfrentar uma palestra maçante e desprovida de conteúdo. A voz, ligeiramente titubeante a princípio, logo adquiriu firmeza, revestida de impetuosa energia, enquanto os olhos calmos e ternos percorriam os que se arriscavam para ouvir os ensinamentos de Jesus através de suas palavras de humilde discípulo. A inflexão da fala tinha algo familiar...

– Meus irmãozinhos, que Jesus esteja conosco, que sua paz permita a revelação, em nossos corações e cotidianos, daquilo que temos de melhor! Meus queridos, difícil é a existência do homem sobre a Terra quando dissociada dos sublimes ensinamentos do Mestre! Enquanto estamos no Mundo Espiritual na condição de espíritos libertos da carne, a consciência de nossos erros pretéritos, enganos profundamente lamentados, e o firme desejo de mudar fazem com que assumamos compromissos reencarnatórios edificantes, por nossa própria vontade e solicitação. Contudo, quando nos revestimos do receptáculo carnal, em contacto com antigos companheiros e comparsas do passado, diretamente mergulhados na psicosfera terrestre, torna-se fácil esquecer o que imploramos e prometemos, enveredando por caminhos diversos daqueles a que nos propusemos. Jesus, em suas prédicas a multidões e em colóquios com pessoas em ambientes mais restritos, não se cansava de alertar-nos sobre as quimeras e tentações do mundo, largas e permissivas portas a nos afastarem dos verdadeiros objetivos da existência terrena. Bens materiais e poder constituem dois dos maiores chamarizes ilusórios do homem! Ainda, em inúmeras circunstâncias, o Mestre deixou bem claro que os encarnados estão sujeitos à influenciação constante do chamado mundo invisível, o dos supostos mortos, que, embora tenham deixado a Terra, nem por isso adquiriram qualidades ou defeitos dos quais não dispunham quando encarnados, continuando os mesmos na Espiritualidade, alimentando idênticos sonhos de posse e grandeza e as mesmas ilusões que lhes nortearam a vida terrena. Persistem, pois, profundamente apegados à matéria! Desejando perpetuar as glórias deixadas para trás com a morte do corpo físico, muitos se utilizam de encarnados portadores de semelhantes vibrações, estabelecendo assim ligações estreitas e duradouras, onde comungam dos mesmos desejos, realimentando seus devaneios em um ciclo vicioso pertinaz, contínuo e extremamente prejudicial, uma vez que cerceia o crescimento espiritual de ambos, mantendo-os ligados exclusivamente à matéria. Orai e vigiai, dizia o Mestre! E eu acrescento: olhai bem para dentro de vós mesmos! Deixai cair as máscaras com as quais ocultais vossa verdadeira face! Conhecei-vos e sabereis a companhia espiritual que atraís! Vigiai para que o companheiro desencarnado que vos assiste não seja tão somente deplorável reforço para vossas imperfeições, fascinando-vos a ponto de nublar a visão dos fatos e coisas. Pobres seres humanos! Julgam-se donos de suas existências, proclamam independência, mas são muito mais controlados do que imaginam! Os espíritos inferiores e mal-intencionados aproveitam-se de suas fraquezas e imperfeições para manipulá-los!

Após breve pausa, em que sua cabeça pendeu levemente, continuou:

– Medianeiros, medianeiros do bem ou do mal, conforme permitirdes, lembrai-vos: vosso pensamento constitui o veículo pelo qual adentram os influentes. Examinai a cada instante o que pensais e como chegam até vós as comunicações do além, submetendo a rigoroso crivo o que vos dizem os mortos! Pelos frutos conhecereis a árvore, ensinava Jesus! Se os espíritos causam destruição e dor com seus alvitres, jogando lama sobre a verdade, ceifando vidas e consciências, certamente constituem planta daninha, cujos pomos envenenam e matam, não sendo conveniente que os mistureis a vosso campo existencial. Por outro lado, vezes sem conta olvidais que sois espíritos em corpo de carne e, como tal, igualmente influenciareis outras pessoas com vossas palavras, atos e pensamentos. Em qualquer um dos casos, cabe-vos parcela de responsabilidade, tanto mais significativa quanto maior for vosso conhecimento.

O orador silenciou por instantes, fitando os ouvintes atentos a suas palavras, alguns demonstrando apreensão nos rostos, provavelmente por se identificarem nas colocações do ancião. Prosseguiu:

– Quanto pagais ao Senhor vosso Deus pelo dom recebido ao encarnar? Por acaso exige Ele pagamento? Então, com que direito cobrais de vosso irmão? Por que vendeis o que gratuitamente recebestes, mercadejando com a santa faculdade que permitiria auxiliar vosso próximo, transformando-vos a existência em fonte de bênçãos e verdadeira alegria? Abri vossos endurecidos corações e olhai os que choram e clamam pela graça que lhes subtraís, pois estais cobrando pelo intercâmbio espiritual, rebaixando-o a desprezível simulacro de profecia, semeando desgraça ao invés de luz, permitindo a ascendência de pobres espíritos menos evoluídos, afastando os benfeitores que almejariam convosco trabalhar!

O jovem mago sentia-se profundamente abalado. A verdade atingia-o com fulminante impacto! Jamais vira aquele homem antes, ele seguramente também não o conhecia, até porque estava perdido em meio a muitos. No entanto, as palavras pareciam diretamente dirigidas a sua pessoa. Aquele modo de falar, a autoridade revestida de amor...

O orador novamente tomava a palavra:

– Muitos dentre vós deveríeis estar prontos para o árduo trabalho na seara do Mestre, contudo ainda permaneceis atados aos ilusórios apelos da matéria. Dinheiro, poder, sexo inconseqüente... As tentações do mundo constituem chamamentos demasiado fortes, ameaçando a sagrada faculdade de servir como intermediário entre o mundo dos encarnados e o dos desencarnados, levando-vos a colocar preço no trabalho obrigatoriamente gratuito, expulsando as entidades evoluídas, que não se prestam a tais mercantilismos, cedendo lugar aos espíritos levianos e ignorantes, bem ao gosto dos que julgam poder servir-se do Mundo Espiritual. Grassa por toda Roma, especificamente falando, o culto do poder e do ouro, a idolatria do corpo, o exacerbamento das paixões; a febre dos oráculos espalha-se, determinando o conluio de espíritos infelizes, encarnados e desencarnados; mentiras camufladas com os ouropéis da vaidade e do orgulho são repassadas aos consulentes, incentivando desatinos. Analisai cuidadosamente e concordareis comigo! Relutais em abraçar a retificante tarefa com o Cristo e, enquanto isso, prestais-vos à intermediação de entidades imperfeitas, pretensos sábios da Espiritualidade, servilmente colaborando na disseminação de inverdades, conselhos infelizes, estultices e uma gama sem fim de inutilidades. O retinir do ouro e o bafejo inebriante das lisonjas anestesiam vossas consciências! É hora, homens de boa vontade, de eliminardes de vós as ilusões e abraçardes a tarefa edificante com amor e perseverança, sem receios ou dúvidas. Jesus estará convosco! Lembremos a Parábola do Filho Pródigo e tenhamos a humildade de retornar ao caminho reto, sabendo que o Pai certamente nos acolherá com alegrias e festas.

Que o Senhor nos ampare!

Vergonha, dor, espanto... O jovem mago observou que o palestrante descia da singela tribuna, abraçando uns e outros, colocando as mãos sobre cabeças, conversando, sorrindo. Precisava falar-lhe! Empurrando, afoitamente solicitando passagem, conseguiu aproximar-se, exclamando:

– Senhor!

Breve diálogo com o ancião bastou para que tivesse certeza de que não fora ele o autor das palavras de há pouco. Atreveu-se a inquiri-lo sobre o assunto, surpreendendo-se com a tranqüila simplicidade do homem:

– Um amigo, companheiro evoluído do além, auxilia-me, pois muito pouco sei por mim mesmo. Como podeis ver, sou humilde, sem estudos ou preparação. Tenho procurado evoluir, mas ainda assim deixo muito a desejar... Que fazer! Todavia, querido rapaz, as lições do Mestre sempre calaram fundo em meu coração e propus-me a divulgá-las, dispondo-me para tanto, não obstante a pobreza pessoal de recursos intelectuais e quiçá morais. Quando temos boa vontade e verdadeira disponibilidade para a tarefa, Deus coloca em nosso caminho benfeitores espirituais, mensageiros benditos que suprem nossas carências, permitindo-nos atuar como seus instrumentos!

– Sabeis quem são esses espíritos?

– Não me preocupo com isso, meu amigo. Basta-me também sejam discípulos de Jesus, dispostos a trabalhar e a servir em seu nome.

A volta para o campo foi silenciosa, abstendo-se ambos de comentários. A moça compreendia que o amado necessitava de um tempo para raciocinar e absorver as informações daquela noite. Também ficara perplexa com o tema central da palestra do ancião, intuindo o impacto causado em Alexandre. Vendo-o mergulhado em profundas cismas, deixou-o entregue a si mesmo.

Um furioso colega espiritual aguardava o rapaz nos aposentos de dormir, em casa de seus anfitriões, a ponto de assenhorear-se do instrumento com inusitada raiva, ordenando-lhe a destruição do primoroso quarto, tentando forçá-lo a jogar ao chão as preciosidades e pisotear as pobres flores que enchiam os vasos.. A muito custo, controlou-se, enquanto a entidade vociferava:

– Ingrato! Criatura abjeta! Vais aos cristãos, escutas-lhes as mentiras e absurdos e concordas com eles? Infeliz! Atreves-te a comparar-me com esses espíritos ditos ignorantes? Leio teus pensamentos! Não adianta negar! Quem te auxiliou, quem te tornou rico e famoso?! Eu! És obra minha e, como tal, a mim pertences, a mim! Não penses que me afastarei, antes prefiro destruir-te...

Súbito e intenso mal-estar acompanhava as maléficas colocações, fazendo o jovem transpirar, nauseando-lhe o estômago, entontecendo-lhe a cabeça, até que se viu obrigado a deitar-se no frio chão para não desfalecer. Uma pergunta torturava-o: que fazer para sair de tal situação? Até o presente, a relação entre ambos fora gentil e gratificante, amigável e respeitosa. Repentinamente, de uma forma jamais suspeitada, a coisa ameaçava fugir a seu controle e enveredar por rumos lamentáveis. O que poderia fazer para precaver-se contra os ataques do Oráculo, que se arvorava em feroz adversário? Lembrou-se das palavras da amada quando dissera que suas crenças e valores estavam naufragando irremediavelmente, com ela concordando. Realmente, dinheiro e poder cada vez mais deixavam de ser prioritários e ele ansiava por experiências mais ricas, menos materialistas... Foi então que os aposentos, imersos na penumbra de tênue candeia, iluminaram-se com safirina luz e Alexandre enxergou duas criaturas avançando suavemente até ele. Melquíades sorria, enquanto conduzia pela mão lindíssima jovem, cujos imensos e verdes olhos brilhavam em meio às lágrimas, envolta em alvas vestes, com os longos cabelos negros recolhidos em grossa trança entremeada de níveas e perfumadas florezinhas. O ancião falou:

– Filho, recordas as vezes em que te disse que o corpo físico anestesia o espírito, impedindo-o de ver claramente? Imagina a minha vergonha quando, ao desencarnar, encontrei aquela a quem eu imputava a ingratidão e o desamor por ti, aquela a quem eu chamei de mãe desnaturada, monstro de insensibilidade, criatura sem entranhas, descobrindo que a pobrezinha fora uma pobre vítima também! Julguei-a, repassei-te idéias errôneas... Fiz com que a odiasses! Fui cego! Perdoa-me a ausência de bom senso! Ela, felizmente, não se comportou tão mal comigo, estendendo-me os braços, agradecendo-me por haver-te criado dignamente, substituindo-a no papel de mãe! Juntos temos velado por ti. Sucumbiste, aliando-te a espírito imperfeito e vicioso. Ambos causastes muita desgraça! Todavia, nunca é tarde para reconhecer os erros e efetuar a necessária reparação. A sensação de que conhecias de algum lugar quem falava pela boca do orador desta noite não estava, de modo algum, equivocada. Reconheceste-me, embora temesses aceitar minha presença. Estranhas que eu conheça os ensinamentos de Jesus? Tolice! Reencarnamos em situações as mais diversas, em múltiplos e facetados papéis, mas as leis divinas estão insculpidas na consciência de cada um. Jesus veio relembrar essas leis, ensinando aos homens que as haviam deixado para trás, desviando-se dos verdadeiros caminhos evolutivos do ser. Agora, esta moça linda e doce, tua mãe, falará contigo...

– Tens medo, meu filho? Temes as represálias do espírito que acreditavas teu amigo e benfeitor? Asserena-te, pois mudanças de atitudes e pensamentos constituem vigorosos antídotos contra a manipulação de companheiros espirituais menos felizes. Raciocina, meu filho. É correto acreditar mais nos que ameaçam e fazem o mal do que nos mensageiros do bem? A partir do momento em que te dispuseres a servir a Jesus, entrarás em faixa vibratória que te defenderá das forças do mal e do assédio obsessivo. Teus pensamentos, voltados para o Mestre e sua seara, afastarão os que quiserem atingir-te. Há muito envidamos esforços no sentido de acessar-te como veículo espiritual, mas teu pensar, profundamente arraigado nos transitórios bens materiais, impedia-nos, como se constituísse envolvente couraça. O homem tem liberdade para trilhar os caminhos escolhidos por seu livre-arbítrio, todavia chega o inevitável momento em que sua consciência clama por mudanças e reparações, exercendo o papel de perseverante cobrador, relembrando a necessidade de retificação, impulsionando-o a evoluir espiritualmente. Surgem fatos, acontecimentos, conjunturas existenciais, tudo com a precípua finalidade de sacudir arcaicas estruturas, acomodamentos prejudiciais ao ser, forçando-o a um reposicionamento perante si próprio. Nesta fase, os conflitos são perfeitamente normais, inevitáveis e extremamente benéficos, constituindo o prenúncio de mudanças. O medo é saudável, na medida em que defende nossa integridade, mas a mudança, não obstante todas as instabilidades e inseguranças que a acompanham momentaneamente, torna-se imprescindível, entendes? Superar obstáculos, derrubar o que já não satisfaz, reconstruir, evoluir... Nesse processo todo, a decisão continua a ser pessoal e intransferível. Somente tu poderás empreender a caminhada, não podemos obrigar-te a nada, somente sugerir, aconselhar, esperar e amar...

A moça estreitou-o nos braços em longo e comovido abraço, murmurando palavras de carinho, como se Alexandre ainda fosse a criancinha roubada de seus amorosos braços muitos anos atrás. Depois, foram-se e o quarto ficou imerso em escuridão, pois a candeia sobre a mesinha com tampo de mármore apagara-se. Permaneceu no ar delicioso perfume de flores e incrível paz. Sentiu-se sonolento, a cabeça agradavelmente pesada. Adormeceu vestido como estava.

A manhã acolheu-o fresca e radiosa. Ligeira chuva durante a madrugada lavara a poeira das plantas e as gotas de água ainda tremulavam aqui e acolá, quais diamantes. Saiu para a extensa varanda. Todos dormiam ainda, refazendo-se da festiva noitada anterior, como acontecia dia após dia. Seu olhar acompanhou o declive suave do terreno, maravilhando-se com as flores do campo que o vento e as aves haviam semeado; ondulavam ao vento, em suave e ritmado bailado. Suspirou com alívio. Finalmente decidira o rumo que desejava para sua existência, sentindo-se leve, livre... Ainda não conhecia profundamente aquele Jesus tão amado por uns e tão execrado por outros, contudo, com toda a certeza, jamais tornaria a aviltar a faculdade que lhe permitia ser porta-voz espiritual e muito menos o trabalho que lhe fornecia o pão. A lembrança do pai adotivo, fugindo às perseguições dos poderosos, perseverando em sua honradez e integridade, negando-se a compactuar com crimes e desmandos, trouxe-lhe comovidas lágrimas aos olhos. Como o compreendia agora! Mudavam-se sempre, apesar de suas queixas de menino, porque o velho Melquíades precisava fugir do assédio daqueles que pretendiam colocar preço em seus dons espirituais, rebaixando-os! Uma sensação de remorso e arrependimento invadiu-o ao recordar como aceitara facilmente a influência e o domínio do Oráculo, permitindo o espúrio aconselhamento, a utilização de seu corpo para falar e agir a serviço do mal. A muitos prejudicara, não só aos que haviam sido diretamente atingidos pelos filtros e poções, pelas tramas repletas de ardis e criminosas, mas também aos que não foram alertados sobre o que pretendiam praticar contra seu semelhante... Como conseguiria reparar tantos danos?

Os caminhos conduziram-no à casa da bem-amada. Embora fosse muito cedo, encontrou-a esperando-o à beira do riacho, a cesta de vime com o desjejum para dois sobre a relva... No silêncio do bosque, somente quebrado pelo murmurar das águas e trinados dos pássaros, contou-lhe a experiência fantástica da noite anterior, acrescentando que quase nada sabia daquele Cristo que a encantava, mas isso não mais constituiria obstáculo ao relacionamento dos dois e à admissão dos erros cometidos até o momento. Fizera mau uso da faculdade e dos ensinamentos do pai adotivo, tendo decidido colocar um ponto final no vínculo com a entidade denominada Oráculo. Não se tratava de ingratidão, mas de reconhecimento da impropriedade de seus conselhos, na medida em que lesavam as pessoas, prejudicando todos os envolvidos. Dinheiro? Sim, era importante, mas não a ponto de coagi-lo ao erro. Viveria com menos, de forma honesta. Retornaria a Roma imediatamente, imprimindo novos rumos e critérios a sua atuação profissional. Se necessário fosse, imitaria Melquíades, mudando para ter sossego, recomeçando alhures, obscura e honradamente.

Rapidamente descobriu as dificuldades em tornar-se um homem melhor. A pressão social era intensa, a ponto de coibir transformações, exigindo e ameaçando. Estranho no ninho! Sentia-se assim, mesmo sendo cidadão romano por nascimento, com destacada posição e reconhecido nos melhores círculos da sociedade. Às primeiras recusas decorrentes da decisão de não mais adulterar a faculdade de intercâmbio com o mundo espiritual, Alexandre defrontou-se com agressões verbais, seguidas de ataques físicos e represálias. Seus anseios de preservar a honra e a honestidade profissional não interessavam à voluntariosa e rica clientela, preocupada apenas com o atendimento de seus desejos, sem questionamentos de ordem moral e ética. Desnecessário dizer que o Oráculo não mais apareceu, indo manifestar-se através de quem concordasse com suas idéias e modo de agir.

Como as pessoas não recebem sobre seus ombros cruzes acima de suas capacidades evolutivas, o antigo feiticeiro já havia superado, em grande parte, mercê de profundas transformações em seus sentimentos, o apego ao ouro e ao poder, aceitando com relativa tranqüilidade e resignação as duras provas, evidenciando o retorno aos compromissos assumidos antes da reencarnação, todos eles alicerçados em sua expressiva mediunidade. O Cristo, que relutara em aceitar, finalmente encontrou guarida em seu coração, preenchendo os espaços vazios e inúteis, deflagrando uma premente necessidade de atuar junto ao próximo com desinteresse e amor.

A cidade onde alcançara fama e riqueza transformou-se em palco de acerbas humilhações e intranqüilidades, levando-o à compreensão de que, caso não cedesse às exigências de muitos, acabaria seus dias em uma prisão infecta ou morto em traiçoeira cilada; pois acreditavam-no repositório de segredos e tramas tenebrosos, resultado dos tempos de convívio e conivência. A partir do momento em que se negava a continuar acompanhando-os nas trilhas da devassidão, colocava-se em lado oposto, constituindo sério risco para os envolvidos nas deletérias façanhas de antanho.

A situação agravou-se quando, visando a atingi-lo, influentes personalidades aprisionaram sua amada, acusando-a de compactuar com os cristãos em práticas religiosas proibidas pelo Estado, açambarcando o rico patrimônio da jovem. Frente ao desespero momentâneo do namorado, a quem excepcionalmente haviam permitido visitá-la na prisão, a moça limitou-se a dizer:

– Preocupais-vos com os bens?! Nada valem para mim... Se Deus permite que nossos algozes deles tomem posse, a única razão plausível deve repousar no fato de não serem necessários... Ou talvez não nos pertençam por direito moral... Quem sabe? Não importa! Somos fortes, saudáveis, cultos... Não precisamos do ouro acumulado por nossos ancestrais para viver! E muito menos para sermos felizes, meu amor!

Surpreso com a calma da jovem, ele ainda tentou objetar:

– Mas não é justo! Roubaram-vos!

– Na realidade, meu querido, nada de material pertence a nós... Muito menos os bens herdados, que foram ganhos com o suor e a força de vontade de outros. Somos somente depositários, cumprindo-nos o dever de bem gerenciá-los e revertermos as bênçãos do muito que temos em prol dos desfavorecidos. Até hoje, iluminada pelos ensinamentos de Jesus, assim tenho feito.

A partir de agora, desprovida de ouro, darei do pouco que obtiver com meu trabalho!

– Estais presa! Como saireis daqui, se motivos pessoais envolvem vossa prisão?!

– Confiai, meu amor. Confiai em Deus e Ele mostrará o caminho...

Três dias depois, as autoridades corruptas libertaram a jovem, acreditando que a lição houvesse sido relevante para dobrar a cerviz do casal. Retiveram-lhe o imenso patrimônio, apresentando para si mesmos a desculpa de que assim melhor capitulariam. Na mesma data da soltura, acobertados por escura e tempestuosa noite, Márcia Helena e Alexandre abandonavam Roma, decididos a anonimamente recomeçar bem longe dali, em paz e com dignidade.

A aldeia era pequenina e pobre. Sufocada pelo domínio romano, pagando caros impostos sobre o que produziam, pouco restava a seus habitantes. Havia fome e doenças, ignorância e desesperança. Receberam-nos com ares indiferentes, avaliando igual penúria por seus poucos pertences e roupas simples. Assim que o jovem casal começou a montar a também pequenina loja em casa abandonada, quase uma tapera na saída do vilarejo, a natural curiosidade manifestou-se. Nunca haviam visto tantos pergaminhos e vidros! Conquistados pela alegria e ternura de ambos, trouxeram presentes de boas vindas: queijo, pão, frutas, um pote de mel... Chegavam timidamente, depositando nas níveas mãos da moça o mimo, retirando-se rápido, embora morressem de vontade de perguntar para que servia toda aquela parafernália.

Instalada a modesta lojinha, aguardaram os primeiros clientes. Eles não chegaram na primeira semana, sequer na segunda, muito menos na terceira... O moço impacientava-se. Teriam errado de local? Pereceriam de fome? Talvez devessem fazer alguma propaganda ou quem sabe partir em direção a outros lados...

Naquela manha, trazendo ao colo uma criança, a mulher adentrou a sala impecavelmente limpa pela jovem esposa que também a adornara com flores silvestres colhidas bem cedinho. Fitou o moço alto e muito belo com angustiosos olhos, simplesmente estendendo o filho, em muda súplica. Nada mais poderia fazer por ele, embora seu coração de mãe assim o desejasse! Ao antigo feiticeiro de Roma bastou olhar o doentinho para ver os inequívocos estertores da morte.

A loja tinha uma porta interna que a ligava a singelo laboratório imerso em penumbra, conforme o recomendado para o preparo em andamento de determinados filtros e poções. Foi então que Alexandre viu Melquíades saindo do aposento escuro, sorrindo, dizendo-lhe com voz que somente ele escutava:

– Filho, por que te afliges, julgando não haver solução para o problema? No serviço do Mestre, jamais estamos sós e podemos muito mais com Ele do que imaginas! Vês o frasco à esquerda, na prateleira do meio? Pois bem, acrescenta-lhe o pó que está no frasco abaixo, agitando muito bem. Dá de beber à criança enferma metade do conteúdo. Dormirá profundamente, restabelecendo-se em dias. Quando ela acordar, terá fome... A mãe precisará de bom caldo para alimentá-la e não tem com que fazê-lo...

Piscando amorosamente os olhos, Melquíades acrescentou ao aparvalhado jovem:

– Tua esposa está a prepará-lo. Falei com ela antes de vir a ti...

Assim aconteceu. Atendendo a recomendações espirituais, o casal sabiamente calou sobre as manifestações dos espíritos benfeitores que o assistiam, limitando-se a fornecer os medicamentos e as instruções. Raramente recebiam em moeda, pois todos eram muito pobres, contentando-se com alimentos e utilidades de toda espécie. Quando a matéria prima para os medicamentos começava a escassear, providencialmente surgia algum abastado consulente, sempre de outra região, permitindo repor o que findava. Com o tempo, os dois compreenderam que jamais passariam por privações, muito embora não houvesse luxos ou supérfluos.

Suave e docemente, Jesus entrou na vida da pequenina comunidade e das cincunvizinhas, através dos ensinamentos ministrados pelo casal e da exemplificação. O trabalho despretensioso, anônimo e caritativo de ambos difundiu-se nos mundos terreno e espiritual, garantindo-lhes a assistência de uma plêiade de espíritos de escol e uma convivência com encarnados extremamente gratificante e transformadora. Muitos filhos advieram da feliz união, espalhando-se em novas famílias, todos apaixonados pelo Mestre da Galiléia, todos médiuns. Alguns sofreram perseguições por Ele e em nome dele, mas jamais dele abdicaram, cumprindo a tarefa escolhida no Além com alegria e amor.

Depoimento

A oportunidade de auxiliar bate-nos à porta de variadas maneiras, todas elas constituindo amorável apelo do Mestre, proporcionando-nos preciosas chances de elevação espiritual. Vezes sem fim ficamos cegos e surdos aos chamamentos, anestesiados que estamos com os interesses da matéria. Então, somos sacudidos pelas intempéries existenciais, à semelhança das tempestades que atingem os miasmas deletérios da atmosfera, expulsando-os para bem longe a fim de que o equilíbrio seja refeito.

Ainda assim e infelizmente, teimamos em fazer moucos ouvidos aos apelos de nossa consciência, escudando-nos em voluntária cegueira. A mediunidade, como a conheceis pelo ilustre e nobre Codificador Allan Kardec, constitui sagrado ensejo de servir, ferramenta bendita de trabalho concedida aos que descumpriram as leis divinas em pretéritas existências e candidataram-se ao resgate pelo bem. No planejamento reencarnatório, tendo analisado e constatado nossos erros e desvios, sentimo-nos imbuídos do profundo desejo de consertar o que destruímos, reparar crimes insensatamente cometidos ou aos quais nos acumpliciamos, reequilibrar o lançado por terra. Contudo, assim que o invólucro carnal entorpece a lucidez do espírito no tocante ao antes praticado, tendemos a enveredar pelos padrões comportamentais do passado, errando uma vez mais, falhando naquilo a que nos propusemos. Corremos o risco de desrespeitarmos a mediunidade, colocando-a a serviço de entidades menos felizes, mercantilizando o que de graça teríamos o dever e a alegria de conceder a nosso próximo!

Vós que me ledes, espíritas convictos, entendeis-me certamente. Muitos, no entanto, por falta de estudo e conseqüente aprofundamento da fé, confundem-se, julgando-se donos daquilo que não lhes pertence. Estão plantando tempestades para o futuro os nossos companheiros equivocados! E que dizer dos que, de maneira sistemática, recusam-se à instrução, acomodando-se em mesas mediúnicas, deixando de oferecer atendimento de qualidade aos desencarnados e encarnados, mergulhados em negligência, em preguiça? E os que banalizam o intercâmbio, usando-o para fins exclusivamente ligados à matéria, aliciando espíritos ignorantes, pobres e iludidos irmãos da erraticidade, a fim de usar seus préstimos, incentivando-os ao erro e ao estacionamento evolutivo? E vão por aí afora as incoerências, enganos e egoísmos, todos impedindo o crescimento real da criatura.

Que a mediunidade seja atrelada obrigatoriamente a Jesus! Faculdade do corpo físico, somente adquirirá sublimidade se a ela aliarmos sua excelsa doutrina, que pode resumir-se em uma única palavra: Amor.

Embora ainda não tenhamos condições de ostentar o amor em seu pleno e profundo sentido, procuremos aprimorá-lo nas santificadoras lides mediúnicas, lapidando nossos sentimentos de forma progressiva e perseverante, sempre com Jesus.

Alexandre

Daniel, o larápio

"Cesse de perturbar-se o vosso coração! Credes em Deus, crede também em mim. Na casa de meu Pai há muitas moradas. Se não fosse assim, eu vos teria dito, pois vou preparar-vos um lugar e, quando for e vos tiver preparado o lugar, virei novamente e vos levarei comigo, a fim de que, onde eu estiver, estejais vós também." (João, cap. XIV, v. 1 a 3).

"A casa do Pai é o Universo. As diferentes moradas são os mundos que circulam no espaço infinito e oferecem aos Espíritos que neles encarnam moradas correspondentes ao adiantamento dos mesmos Espíritos."

"A superioridade de inteligência, em grande número de seus habitantes, indica que a Terra não é um mundo primitivo, destinado à encarnação de Espíritos que acabaram de sair das mãos do Criador. As qualidades inatas que eles trazem consigo constituem a prova de que já viveram e realizaram certo progresso. Mas, também, os inúmeros vícios a que se mostram propensos constituem o índice de grande imperfeição moral. Por isso os colocou Deus em um mundo ingrato, para expiarem aí suas faltas, mediante penoso trabalho e misérias da vida, até que hajam merecido ascender a um planeta mais ditoso." (O Evangelho segundo o Espiritismo, cap. III).

O pequeno grupo de soldados romanos descia apressadamente as colinas, os últimos raios do sol poente destacando-lhes as silhuetas contra o céu, onde o azul se mesclava a largas faixas em vermelho e laranja. A noite caía. Os capacetes ornados de tremulantes plumas e os peitorais de dourado metal ainda rebrilhavam à luz cambiante, refletindo os derradeiros vestígios do dia. No silêncio da tarde quase finda, o tropel dos cavalos espalhava-se nos ares.

Haviam se deslocado de uma das muitas cidades da conquistada Palestina, famosa por sua prosperidade e beleza, amplo centro de comércio e serviços, em busca de um criminoso, reles ladrão, até o momento considerado autor de pequenos roubos e inumeráveis peripécias de menor importância. Enquanto o malfeitor incomodara simplesmente os moradores da terra, as autoridades romanas fizeram moucos ouvidos às reclamações, sorrindo complacentes. No entanto, na véspera o atrevido resolvera volver os cobiçosos olhos para os lados de rica moradia, pertencente a um dos dignitários de Roma, ousando incomodar a ele e à filha, encantadora jovem no esplendor da adolescência.

Protegido pelas sombras da noite, adentrara os caprichosos jardins, agilmente escalando os altos muros, esquivando-se das inúmeras sentinelas que montavam guarda ao palacete. Constataram-lhe as pegadas no piso de mármore dos amplos terraços, entre os vasos de flores e as trepadeiras de inebriante perfume. Os passos indicavam que se valera das muretas protetoras para alcançar os rijos galhos de uma das plantas, chegando ao quarto da jovem com relativa facilidade.

Os gritos da amedrontada mocinha alertaram as sentinelas, provocando grande confusão. Surpresos e irritados com a temeridade do invasor, puseram-se em seu encalço, todavia a noite parecia tê-lo engolido, pois não o localizaram, não obstante o significativo contingente de perseguidores. Fugira, sobraçando precioso cofrezinho repleto de jóias do mais alto valor.

O episódio causou grande constrangimento aos oficiais responsáveis pela segurança dos representantes do império romano naquela cidade, uma vez que passaram todos por tolos e incompetentes, recebendo enorme pressão tanto da parte do indignado pai da mocinha quanto de seus poderosos amigos. Nada bom! Assim, mal amanhecera, os soldados já estavam a postos, interrogando os comerciantes da praça do mercado, buscando informações sobre possível identidade e moradia do meliante, descrito pela jovenzinha com detalhes, pois bem pudera observá-lo à luz da candeia: jovem, alto, pele trigueira, negros cabelos e olhos. Além da descrição física, a moça sorrindo acrescentara: educado, gentil e muito bonito também!

Satisfeitos com a humilhação à qual o importante e nada simpático mandatário de Roma fora submetido, entre disfarçados risinhos de escárnio, limitaram-se os comerciantes a apontar prováveis paradeiros daquele que possivelmente seria o autor da proeza. Apesar de terem se queixado muitas vezes às autoridades, denunciando o rapaz, contumaz larápio de lojas e casas, foram necessárias as indignadas reclamações de um rico romano para que procurassem prender o criminoso! Regozijavam-se com o fato, irritando sobremaneira os implicados na perseguição.

As buscas pelas moradas das cercanias resultaram infrutíferas. Nenhum parente do ladrão foi localizado, restando aos aborrecidos soldados afastarem-se da cidade, rumo aos campos e vilas próximos.

O anoitecer encontrou-os cansados e enfurecidos com o sumiço do larápio, que inicialmente lhes parecera fácil presa. Um frustrado e nervoso pelotão adentrou singela hospedaria nos arredores da cidade, entre impropérios contra o malsinado ladrãozinho e ameaças de morte caso nele colocassem as mãos. A carne assada e o vinho conseguiram acalmar temporariamente os exacerbados ânimos. Decididos a retomar as buscas na manhã seguinte, acomodaram-se nos pequenos e nada limpos quartos, praguejando contra o infeliz que ousava retirá-los de seu habitual conforto.

A manhã surpreendeu-os montados, almejando resolver rapidamente a questão e retornar às comodidades do quartel. Seria humilhante se não conseguissem agarrar o ladrãozinho! Bem haviam enxergado os olhares de zombaria e os risinhos de escárnio do povo! Certamente adorariam vê-los regressar de mãos vazias. Seriam alvo de chacotas e risos por longo tempo...

– Malditos judeus!

Os moradores dos arredores dispunham de informações sobre o paradeiro de alguém que poderia ser o fugitivo, pois um estranho por ali passara, tendo solicitado comida em uma das casas. A descrição coincidia: jovem, de agradável semblante e educadas maneiras, inofensiva criatura à primeira vista.

A mulher de avançada idade recebeu-os com justificada reserva, fitando as armas e os uniformes com receio que se acentuou às primeiras rudes palavras a ela dirigidas. Realmente, oferecera pão e algumas frutas ao rapaz, apesar de sua modesta condição de viúva. Ele partira, deixando-lhe nas calosas mãos delicado anel, soberbamente lavrado em ouro e guarnecido de pequeninas pérolas. Recomendara que o vendesse, utilizando o dinheiro para minorar as necessidades facilmente entrevistas...

– Onde está essa jóia, mulher?

Ela retirou dentre as roupas o anel, estendendo-o ao oficial em comando. Subtraindo-o às trêmulas mãos da amedrontada mulher, o romano ordenou que seguissem caminho no rumo apontado pela viúva. Partiram sem olhar para trás, deixando a pobre desolada com a perda, pois contava reformar a casa quase que em ruínas com as moedas da venda do precioso objeto. Que fazer!

A estrada longa e empoeirada conduziu-os, ao anoitecer, a humilde casinha nos arredores de insignificante aldeota. Cercada por imensas árvores, repleta de singelas flores do campo, a pequena chácara quedava-se em tranqüilidade.

Respondendo aos chamamentos feitos em altos brados, apoiado em nodosa bengala, o ancião aproximou-se da porta, inutilmente tentando escutar o que lhe diziam os soldados. Pronunciou então um nome de mulher, surgindo frágil jovem, trêmula e assustada, intentando libertá-lo das mãos rudes e fortes que já o subjugavam e sacudiam. Alheios à surdez do velho, julgando-no irreverente e mal intencionado, os soldados agrediam a pobre e indefesa criatura.

Olhando desesperada o sangue que tingia as barbas grisalhas, a jovem apressou-se em prestar as informações. Ali estivera realmente um moço, solicitando pouso e comida; com ele haviam partilhado a refeição simples, constituída de substancioso caldo de legumes e pão. Fora respeitoso e gentil, auxiliando-a nos afazeres... Pela manhã, ao partir, deixara-lhes preciosa jóia, recomendando que a vendessem e comprassem o necessário para uma vida menos atribulada. Fora-se pela estrada, abanando as mãos em despedida...

– Dá-me essa jóia, menina!

Dirigindo-se apressadamente a rústico pote de barro, a moça dele retirou belíssimo bracelete em ouro, incrustado de preciosas gemas azuis. O oficial incontinenti arrebanhou a jóia, examinando-a com cobiçosos olhos, guardando-a depois no alforje pendente da sela. Sem mais palavras, ordenou a partida, esquecido da mocinha, que ali ficou, cuidando do avô, agora caído ao solo, o sangue manchando suas vestes simples e asseadas.

Enquanto prosseguiam, os soldados conversavam acerca do ladrão que lhes deixava pistas de maneira tão ingênua. Melhor seria para sua segurança se tivesse escondido as jóias em seguro local, voltando quando a ira do romano amainasse, o que aconteceria logo que efetuasse bons negócios, coisa que não faltava na próspera e corrupta cidade. O oficial disfarçadamente sopesava as peças recuperadas, admirando-lhes o fino trabalho de ourivesaria e a pureza das gemas, mentalmente calculando o valor das mesmas: uma fortuna, sem dúvida! Sorrindo astutamente, pensava:

– Ninguém sabe que as jóias estão em meu poder... Os soldados guardarão silêncio, receosos de retaliações no serviço. Bem curta costuma ser a existência de quem se atreve a abrir a boca...

Satisfeito, em altos brados ordenou acelerassem a marcha, almejando recuperar mais peças.

Aprazível clareira, ao lado de murmurante fonte de águas, acolheu-os para o repouso noturno. Improvisaram tendas, fogueiras foram acesas. Quem diria que um ladrãozinho daria tanto trabalho a experientes soldados romanos?!

Amanhecendo, prosseguiram viagem até o crepúsculo, sem encontrar viva alma, alcançando ermo e inóspito sítio. Entre árvores frondosas, erguia-se triste casebre em ruínas. Um observador mais atento deduziria que, outrora, alguém cuidara de tudo aquilo... Uma cerca lançada ao chão demarcava o local onde os animais se reuniam; tosco banco, parcialmente destruído e muito sujo, dizia da predileção de seu dono em quedar-se à generosa sombra das árvores; os restos do que um dia fora uma plantação minguavam, resumindo-se a algumas raízes de maior resistência, lutando contra o descaso da enxada e a falta de água; o mato e as folhas secas haviam tomado conta da desprotegida cisterna.

Onde estaria o proprietário de tão desleixado lugar?

A porta somente encostada da tapera convidava-os a entrar. Empurrando-a, invadiram o sombrio e malcheiroso interior, defrontando com rústico leito, ocupado por um homem de indefinida idade. Rápido olhar bastou para que recuassem amedrontados: lepra!

A desfigurada criatura soergueu-se com dificuldade, estendendo-lhes as implorantes mãos de mutilados dedos, expondo as faces marcadas, o nariz transformado em negra cavidade.

Enojado, o oficial murmurou para si mesmo:

– Aqui certamente o malfeitor não se atreveu a parar, pois louco seria se o fizesse!

Para desencargo de consciência, perguntou à triste figura se alguém ali estivera, surpreendendo-se com a afirmativa resposta. A rouquenha voz falou-lhe de um jovem de boa aparência, que por ali passara precisamente na véspera. Ao contrário de todos, não fugira ao deparar com seu deplorável estado... Detivera-se um dia inteiro, ocupado com a limpeza da imunda cabana. Até consertara um rombo no telhado, como podiam ver, no intento de protegê-lo das chuvas e dos ventos...

Também se embrenhara na mata próxima, voltando com um animalzinho, rapidamente transformado, juntamente com algumas raízes da abandonada horta nos fundos, em cheiroso caldo.

– Senhores, soldados de Roma, ele fez muitas perguntas. Todas relacionadas ao meu modo de vida, demonstrando preocupação com o abandono em que amargo os dias... Quando partiu, tentou depositar em minhas mãos algumas jóias, dizendo que as fizesse vender por pessoa de confiança, usando o dinheiro para conseguir um pouco mais de conforto. Bondosamente, tentou convencer-me de que ninguém se incomodaria com a minha presença em tão afastado local. Ainda assim manifestou cuidados, receando que me expulsassem daqui, mas afirmei que não, pois estou morrendo... Logo o mundo ficará livre de mim!

Indiferente à impaciência do oficial, sabendo que eles nunca ousariam sequer tocá-lo, o doente prosseguia:

– Foi-se, deixando alimento pronto e casa limpa, senhores!

– E as jóias?

– As jóias? Estão sobre a mesa. Pedi que as colocasse ali... Nem dedos tenho mais para segurá-las! Evitando desapontá-lo, ocultei-lhe que também não tenho quem as venda para mim... Quem se atreveria a aqui entrar?

Com cuidado e extrema repugnância, o oficial envolveu as peças em um pedaço de pano retirado de um de seus alforjes, entregando-as ao subordinado mais próximo, recomendando que imediatamente as lavasse muito bem na água da cisterna, trazendo-as de volta.

Abandonaram a casa assim que o soldado cumpriu a ordem. Na cama, o infeliz suspirou conformado. Afinal, sentia-se morrer e provavelmente ninguém jamais apareceria para transformar as jóias em metal sonante e este em alimentos e roupas. Paciência...

O pelotão seguiu célere pela estrada, afastando-se a largo

passo do aterrador lugar. Satisfeito, o oficial ria-se interiormente, zombando da estupidez do rapaz, idiota a repartir o tesouro com um leproso à beira da morte. Melhor seria se tivesse abreviado seu fim com certeira pancada na cabeça... Ele mesmo não o fizera porque não tinha tempo a perder com o inútil.

Os dias escoavam-se e os soldados prosseguiam sempre, julgando encontrar o ladrãozinho a qualquer hora, pois ele semeara seguras pistas.

Naquela manhã, perto de mais uma aldeia, depararam com uma jovem à beira da estrada. Esquálida rapariga, vestida com flamejante e roto traje, inequívoca figura. Desdenhosos, sofrearam as montarias, entre risos e motejos cruéis:

– Quem se atreveria a te desejar, magricela? Deverias mudar de profissão... Que tal espantalho?! És muito feia!

A infeliz, sob a chuva de sarcásticos insultos, limitava-se a calar, aconchegando ao corpo gasto manto, onde um pequenino dormia calmamente.

Questionada sobre o paradeiro do ladrão, negou com veemência:

– Ninguém com tais características por aqui passou, senhores! Um ladrão perigoso? Como bem podeis ver, aqui é o fim do mundo... Ninguém se aproximou para roubar, senão eu saberia.... A única pessoa diferente, há mais de três dias, foi um estranho gentil e generoso...

Atalhando-a, o oficial descreveu em poucas palavras o fugitivo, observando que a moça empalidecia, apertando contra o peito o embrulho com a criança.

– Estás a esconder-nos algo? Sabes do paradeiro desse homem?

– Não, meu senhor! Como estava dizendo, dele me agradei e convidei-o a ir comigo até a cabana onde moro, pensando que ele pudesse dar-me alguma moeda depois. Para o alimento da criança, meu filhinho, pois não tenho mais leite.

– Poupa-nos de tuas misérias, mulher! Vamos ao que importa! Que mais te disse ele?

– Ele ficou a fitar-me estranhamente, indagando de minha vida. E foi embora...

– Estás a ocultar algo! Senão, por que estarias a tremer tanto?

O oficial fez um gesto, ordenando que a revistassem. Não demorou muito, em meio à manta, acharam as cobiçadas jóias. A infeliz em vão tentou protegê-las, sendo cruel e desnecessariamente espancada. Em lágrimas, a pobrezinha continuava a desfiar a história, sem que ninguém prestasse atenção:

– Eu não roubei essas jóias! Não roubei... Ele me deu! Aconselhou-me a negociá-las com cuidado, pois valem muito... Estou de mudança para a cidade mais próxima, deixando para trás a vida que levei até agora... Lá comprarei casa, serei respeitada, fazendo-me passar por viúva de relativas posses... Esquecerei o passado, recomeçarei... Não pode ser o homem que procurais, senhores... E as jóias são minhas, ele me deu!

O pelotão seguiu, deixando a pequena prostituta abraçada ao filhinho, em lágrimas. Vagarosamente ela retornou à casa, embalando o choroso bebê. Sentia-se vazia, perdida! Sonhara tanto com outra vida, com um futuro para si e o filho...

Examinando as jóias, agora em significativo número, o oficial constatou exultante que todas ali estavam, de acordo com a relação fornecida pela jovenzinha de quem haviam sido roubadas. Avaliando-as uma vez mais, ponderou que detinha nas mãos uma pequena fortuna. O bom senso recomendava-lhe implementar urgente estratégia, garantindo a posse das mesmas sem perigo de ser descoberto e penalizado pela criminosa apropriação. Passou a noite a maquinar, elaborando diversas alternativas, acabando por decidir-se: repartiria pequena mas significativa parcela do dinheiro da venda do tesouro com os soldados, em troca de silêncio e conivência com a história que impingiria ao nobre romano. Não havia mais razão para a desgastante perseguição, melhor seria todos lucrarem!

Voltaram imediatamente.

O relato revelou-se simples e satisfatório: haviam encontrado o miserável após custosas buscas. Na tentativa de prendê-lo, foram forçados a tirar-lhe a vida, pois o malfeitor reagira com inesperada e incontrolável fúria. Calculavam encontrar as jóias em uma das sacolas que o celerado portava, mas infelizmente haviam se enganado... Ele certamente tratara de enterrá-las em seguro e secreto local... Morrendo, levara o segredo consigo. Uma lástima! Tanta diligência para nada!

Satisfeito nos brios, o insigne mandatário calou-se. Ademais, a mimada filha já estava conformada, contentando-se em substituir as preciosidades por outras de maior valor, às expensas do generoso pai, que, para não ficar no prejuízo, cuidara de aumentar as taxas e impostos, ressarcindo-se das perdas.

Corroborando a veracidade da história, nunca mais o insolente ladrão foi visto por aquelas paragens. Muito menos as jóias, transformadas em vultosa soma em distante cidade, sensibilizando os bolsos dos soldados e enriquecendo os cofres do ambicioso oficial.

Vamos encontrar nosso larápio, após deixar as derradeiras peças nas emagrecidas mãos da pequenina prostituta, deitado à beira da estrada, à sombra de florida árvore, entregue ao sono, aparentemente despreocupado das exigências do mundo. A aragem fresca da tarde nas folhas embalava-lhe o sono com suave melodia, desprendendo as minúsculas flores, transformadas em colorido e perfumado tapete dourado.

À medida que Daniel, o nosso larápio, conduzia a montaria pela estrada, suave letargia acabara por envolvê-lo, convidando ao sono. Adormecendo, sentiu-se flutuar, vendo-se criança novamente, aninhado nos braços da mãe, linda e infeliz criatura que tão cedo o deixara, vitimada por insidiosa moléstia dos pulmões, esvaindo-se no sangue das continuadas hemoptises. Dela guardara o cordão que usava ao pescoço e a lembrança de seu amor.

Fora expulso da modesta casa em que habitavam assim que

o corpo envolto em humildes panos baixara à terra. Insensível senhorio apressara-se em embrulhar-lhe os poucos pertences, colocando em suas mãozinhas a minguada trouxa, empurrando-o porta afora. Passara a morar nas ruas, sobrevivendo graças à caridade dos que dele se apiedavam; mais tarde, adolescente e depois adulto, conseguia ocasionais trabalhos ou furtava, conforme as necessidades exigiam. Assim, os anos escoaram-se, repletos de solitárias provações.

Aprendera a valer-se da esperteza para não sucumbir. Percorria a grande cidade como se ela fosse sua casa, esgueirando-se pelos movimentados locais de comércio, surrupiando bolsas e alimentos, importunando uns e outros. A última façanha, mais audaciosa e lucrativa, subtraindo o cofrezinho do rico palacete, redundara em sério erro, atraindo a atenção dos romanos, inflexíveis e perigosos adversários.

Os dias de fuga desfilaram por sua mente...

Primeiramente, a viúva. Sem dinheiro, impossibilitado de no momento tentar vender uma das valiosas peças, pois os soldados estavam em seu rastro, aproximara-se da casinha humilde, atraído pelo delicioso cheiro de pão. Fora acolhido com bondade, convidado a assentar-se e compartilhar a comida, ainda que pouca... Não contente com isso, na hora de sua partida, sabendo-o sem dinheiro, a mulher colocara-lhe nas mãos pequena sacola contendo alguns pedaços de pão, frutas e mel, sussurrando:

– Para a viagem, meu filho.

Comovido, tentara agradecer. Então, ela mencionara alguém chamado Jesus, que recomendava o auxílio ao próximo. Embora não houvesse entendido, penalizado com a penúria e a solidão de sua vida, deixara a primeira jóia.

O ancião e a neta, criaturas simples e mansas, também conheciam o tal Jesus, incluindo-o na conversa, considerando-o Filho de Deus, o Messias das Escrituras. As histórias de milagres e curas encantaram-no, recordando-lhe os contos da mãe, maravilhosas narrativas com as quais ela fazia o filhinho dormir, resguardando-o da presença dos homens que a procuravam à noite, no exercício da única profissão que lhe restara ao ser expulsa de casa, levando no ventre o filho de um conquistador que a abandonara à sorte ingrata. Bem que tentara arrumar serviço digno, mas fora barrada em todos os lugares, principalmente pelas pessoas consideradas honestas e respeitáveis.

Acolheram-no como um irmão querido que retornasse após longa viagem. Partindo, colocara nas mãos da menina o bracelete mais pesado, as gemas azuis faiscando à luz da manhã. Na sacola, levava pão e queijo em generosas fatias.

– Para que não sintas fome pelo caminho, meu amigo!

O velho cansado e quase surdo abençoava-o enquanto ele desaparecia na estrada..

Adentrando a casa do leproso, imensa piedade apertara seu coração. Olhando-o desamparado sobre o leito, a casa em desordem, nenhum alimento à vista, compadecera-se. O corpo sadio e forte nunca lhe fora tão precioso. Tesouro inigualável! O medo inicial fora suplantado pela necessidade de ajudar, algo lhe dizendo que não adquiriria a terrível doença. Auxiliara o doente a levantar-se, banhando-lhe o fétido corpo, envolvendo os mutilados membros em panos secos e limpos, renovando a roupa da cama.

As jóias pareceram-lhe menos belas e desejáveis na pobreza da tapera... Separara algumas, deixando-as sobre a mesa, ao lado dos alimentos que preparara, recomendando ao pobre que se cuidasse, confiando sempre. Para sua surpresa, começara a falar em Jesus, parecendo-lhe acertado e confortador, embora não o conhecesse.

A jovem sorridente, garridamente vestida, lembrava-lhe a mãe. O mesmo sorriso fixo e ansioso, as mesmas palavras no convite. Somente lhe faltava a estonteante beleza da mãezinha! Emocionado, contemplara o pequenino, oculto pelo manto. Seguindo seu olhar, temendo que a presença da criancinha aborrecesse o jovem, a quase menina garantia:

– A criança não nos incomodará!

Apontara pequenina cabana, precariamente construída, sugerindo que para lá se dirigissem. À sua educada recusa, o desespero surgira em seus olhos aflitos e ela insistira:

– Por favor, senhor, preciso do dinheiro para comer.

Compadecido, aquiescera em apear, acompanhando-a, puxando o cavalo pela rédea.

A banal história de desacertos e infortúnios fora contada em poucas palavras. Bem parecida com a de sua mãe...

Em seu colo, o pequenino choroso e faminto chupava sofregamente as mãozinhas. Pegara-o, liberando-a do leve peso, excessivo para ela.

À porta da cabana, esvaziara o cofrezinho, entregando-lhe as jóias restantes, instruindo-a sobre a necessidade de uma nova existência longe daqueles sítios. Devidamente estabelecida, encontraria alguém que a respeitasse, oferecendo lhe apoio e carinho.

Seguira caminho, sobraçando o vazio e inútil cofrezinho, sem entender por que não se livrava da comprometedora peça. Continuara a carregá-lo, enquanto cautelosamente aumentava a distância que o separava de seus perseguidores.

O cansaço repentino fê-lo buscar a sombra da árvore, ao contrário do que a prudência recomendava. Agora, em sonho, avistava seu corpo deitado sob a frondosa árvore, entre as flores que juncavam o chão, perfumado leito. Ela apareceu, doce e linda como nos tempos de criança, as florezinhas caindo sobre seus cabelos, delicada aura a envolvê-la em luz. Tentou levantar o corpo, descobrindo-se pesado, largado sobre a relva. A jovem ajoelhou-se a seu lado, envolvendo-o em longo e saudoso abraço. Os dedos delicados alisaram seus cabelos e ela puxou-lhe a ponta da orelha suavemente, como fazia quando menino, piscando os olhos incrivelmente verdes, satisfeita.

Certamente fizera algo que agradara à adorada mãezinha! Os olhos repletos de amor confirmavam-lhe a suposição.

Estranhas palavras encerraram o sonho:

– Agora tu encontrarás alguém muito especial. Presta bem atenção em suas palavras e entenderás o que significa ser rico e feliz.

Quando se sentiu acordar, ela beijou-o e ele não sabia ao certo se a suave carícia era das flores que desciam das douradas copas ou de seus lábios. Certamente sonhava, o sonho mais lindo de sua vida!

Ao partir, Daniel deixou sob a árvore o cofrezinho vazio.

Na manhã seguinte, adentrando a cidade mais próxima, na beira do mar, conheceu Jesus.

A aglomeração de pessoas chamou-lhe a atenção. Observou curiosamente, constatando o lamentável estado da maioria. Quantos doentes! Quantas criaturas magras e abatidas! Mulheres e homens a quem a sorte certamente não sorrira. E aleijados, cegos, coxos, paralíticos... E crianças, muitas, muitas... Pequeninos famintos, de estufadas barrigas e esquálidos membros.

Sentiu vontade de afastar-se, o coração aflito, angustiado... Pareceu-lhe que as dores do mundo ali estavam concentradas. Recuava vagarosamente, como se temesse que o vissem fugir, quando seu olhar deparou com os barcos que se aproximavam da praia. Não muitos, três ou quatro... De encontro ao céu azul, a luz do sol envolvia-os em luminosa auréola... Abeiravam-se das areias... Alguns homens lançaram-se às rasas águas, empurrando os cascos para a praia. Em meio a eles, destacava-se um homem de nobre porte e sereno semblante. A brisa desfazia-lhe os cabelos cor de mel, os olhos claros refletiam o firmamento. O estranho provocava-lhe pungente emoção. Quem seria?!

Rindo ainda, o homem contemplou a multidão silente que o aguardava. A roupa molhada pesava-lhe contra as pernas fortes; os pés descalços demoravam-se prazerosamente nas pequeninas ondas que espumavam nas alvas areias, sentindo-lhes o frescor na quente manhã.

O riso cessou, mas os olhos guardaram a alegria do contato com as águas do mar, tomados de imensa ternura.

O rapaz perguntou-se interiormente como alguém de aspecto tão forte poderia, ao mesmo tempo, transmitir tanta suavidade e mansuetude...

O homem escalou agilmente pequeno outeiro revestido de gramíneas, olhando as pessoas. Seus olhos, por breves instantes, encontraram os de Daniel.

Então Ele falou. Sua voz atingiu toda a praia, difundindo-se na clara e perfumada manhã. O mar fez-se mais calmo e as aves cessaram seus vôos e cantos...

Como que hipnotizada, a multidão prendeu-se em suas palavras, acalentada pelos melodiosos sons.

Onde já ouvira aqueles ensinamentos?

Jesus!

As lembranças dos dias de fuga fizeram-se presentes. Haviam-lhe contado maravilhas sobre a tal criatura! A viúva, o ancião e sua neta... Na ocasião, considerara os relatos fantasiosos, mas agora, frente a frente com o Mestre, não havia como negar sua impressionante figura, o carisma, a eloqüência e veracidade de seus ensinamentos! Viu-se concordando com o Rabi, meneando afirmativamente a cabeça a cada enunciado! Desde pequeno, nas ruas, o sofrimento fizera parte de seu dia-a-dia; enxotado, ferido, faminto, muitas vezes questionara as injustiças do mundo. Uns com tanto e muitos sem nada... E o homem escolhera falar justamente sobre isso!

As objetivas e pertinentes colocações do Mestre assombraram-no. Como aquele homem ousava descerrar os véus das mentiras e hipocrisias que grassavam na sociedade? Não tinha medo? Por muito menos, outros haviam sido mortos!

Ao mesmo tempo, o enviado recomendava tolerância, resignação...

– Bem-aventurados os que choram, pois serão consolados...

Lembrou-se do leproso sozinho na tapera, esquecido, morrendo aos poucos no isolado sítio. O coração encheu-se de pena! Pobre coitado! Mentalmente, perquiria o Mestre:

– Certamente o infeliz chora, Senhor. E muito! Como pode considerar-se bem-aventurado, apodrecendo em vida, rejeitado e só?

– Bem-aventurados os aflitos, porque serão consolados...

– Como Mestre, como?

Depois, Jesus desceu do pequeno monte, aproximando-se das pessoas. Foi-lhes ao encontro e sua figura, envolta nos alvos trajes do povo judeu, irradiava empatia e ternura. E elas respeitosamente se achegavam, ansiando pelo alívio de suas dores morais e físicas. Estupefato, presenciou as famosas curas! Muitos tiveram a saúde restabelecida naquele dia, mas nem todos... Por quê? Certamente o Mestre não teria predileções...

Palavras de conforto, recomendações, nenhum julgamento, alívio para superlativos males.

Entardecia quando os últimos abandonaram a praia. Sentado sobre o outeiro, o jovem a tudo assistira.

O Mestre, fisionomia exausta, olhos entristecidos, sinalizou, pedindo que o jovem se aproximasse.

Surpreso, Daniel praticamente despencou caminho abaixo, o coração aos saltos.

– Tens muitas perguntas, meu jovem amigo. Agrada-me ver que raciocinas como muitos doutores da lei, que se arvoram em guias espirituais do povo judeu. Acompanha-me, conversaremos após a refeição.

Na humilde casa de um dos pescadores, após as costumeiras e refrescantes abluções, assentaram-se todos ao redor de rústica mesa, servindo-se de generosas postas de peixe e pão. O Rabi comia em silêncio, imerso em cismas; os demais conversavam animadamente enquanto se alimentavam; o jovem mal conseguia engolir...

Findo o frugal repasto, o Divino Enviado dirigiu-se ao rapaz, inquirindo-o com serenidade:

– Pareceu-te injusta a situação do leproso, solitário e abandonado?

A surpresa sufocou-lhe a voz. Como Ele poderia saber?!

O Mestre, sorrindo compreensivamente, instou-o a falar:

– Achas que minhas palavras não são suficientemente claras? Conflitam com a realidade, pois teus olhos estão cansados de enxergar as misérias do mundo, as supostas injustiças divinas? Estarei simplesmente aconselhando resignação por nada mais poder oferecer?

Coisa alguma havia na amorosa figura do Mestre que levasse o rapaz a temê-lo, receando censuras. À maneira de paciente professor, Ele conduzia-o pelas meandros do raciocínio, estimulando a análise dos fatos.

–Tua cabeça pensa muito bem, repito-o. Proponho-me a esclarecer as dúvidas que te afligem. Vamos lá, meu jovem amigo!

E Jesus discorreu sobre reencarnação, débitos assumidos em existências pretéritas, provas e expiações. Falou sobre a Terra e sua finalidade de acolher os Espíritos ainda imperfeitos, abençoada escola onde cada um desfruta da oportunidade de transformar-se, burilando sentimentos. Depois, seu rosto suavizou, os olhos enterneceram, e o Rabi enalteceu o amor e a caridade, imprescindíveis ao fraternal amparo àqueles que enfrentam difíceis resgates, ressaltando que a caridade beneficia muito mais o praticante do que o favorecido.

– Falaste àquele homem corroído pela lepra sobre mim. Eu o sei. Tuas palavras convencem, Daniel, pois tens insculpidos na alma dignos sentimentos, credenciando-te a auxiliar na árdua tarefa de propagação da Boa Nova de meu Pai. Além do mais, provaste que as riquezas do mundo não te seduziram a ponto de suplantar o amor aos semelhantes. Neles pensaste em primeiro lugar! Não tornes a roubar, aconselho-te. Há meios mais dignos de viver e honrar a oportunidade reencarnatória, meu amigo. E menos danosos para o espírito e para o corpo, não concordas?

O sorriso bom do Mestre afastou o remorso que começara

a sentir nos últimos tempos. Arrependimento sim; inércia na culpa, jamais! O futuro apresentava-se pleno de esperanças e realizações.

A casa pequenina enchia-se de gente simples. O Mestre abandonou a mesa, dirigindo-se para os fundos da moradia. Ali, antiquíssima árvore estendia suas aéreas raízes, à guisa de improvisado banco. Acomodou-se e os demais imitaram-lhe o gesto, ocupando as areias. As perguntas sucederam-se. A todos respondia... Suas histórias tinham mágico sabor...

Acima de suas cabeças, rutilante dossel de estrelas e uma lua enorme, que deixava prateada esteira de luz nas águas do mar.

Encostado à árvore, o jovem adormeceu, a voz de Jesus embalando-lhe o tranqüilo sono. Aquele fora um dia de intensas e exaustivas emoções!

As semanas seguintes revelaram-se incríveis. Não se cansava, sofregamente absorvendo os ensinamentos do gentil Rabi. Como que por encanto, sua visão dilatou-se, permitindo-lhe observar o mundo e as pessoas sob novas perspectivas.

Certo dia, atreveu-se a fazer a pergunta que estava engasgada em sua garganta:

– Podeis curá-lo, Mestre?

Jesus entendeu que ele falava do leproso. Sorrindo, disse-lhe:

– Meu amigo, melhor seria se fizesses a indagação de outra maneira...

O jovem compreendeu-o:

– Mestre, ele tem condições de ser curado?

– Sim. Voltaremos à casa onde já estivemos.

O jovem espantou-se uma vez mais:

– Somente eu lá estive, Mestre, antes de vos conhecer... E em circunstâncias das quais me envergonho atualmente...

– Achas mesmo que estavas só quando empurraste aquela porta, aproximando-te da infeliz criatura? Ou quando lhe deste o caldo reconfortante? Lembras-te de haver falado de mim a ele?

Como poderias, se não me conhecias, meu amigo? Somente com o pouco que ouviste dos lábios de algumas pessoas?

Abraçando fraternalmente o aturdido jovem, acrescentou:

– Em verdade te digo, em uma única hora estavas só: quando colocaste acima dos bens materiais a vida de teus irmãos, deixando-lhes o ouro e as pedras preciosas. Então, a escolha foi tua! No mais, eu estava contigo, guiando teus passos!

Andando pela estrada ao lado do Mestre, percorrendo o caminho anteriormente palmilhado, aquele que um dia havia sido um larápio assombrou-se com a diferença existente, à luz dos ensinamentos do Mestre, entre o homem antigo e o novo. Lembrou-se do cofrezinho deixado sob a árvore, quando sonhara com a mãe... Teria sido um sonho somente? Percebeu que, naquele instante, para sempre renegara os tesouros adormecidos em cofres, inacessíveis e mortos, reluzentes e frios, substituindo-os pelas alegrias singelas e puras que somente o amor ao próximo proporcionava.

O sítio continuava mergulhado em pesado silêncio. O sol causticante sobre as abandonadas terras... Penalizado, notou que as derradeiras raízes secavam. Receou encontrá-lo morto! Afinal, quase um mês se passara...

Empurrou a porta e respeitosamente deixou que o Mestre se adiantasse.

Tênue gemido fez saber que a vida não se findara no atormentado corpo.

Jesus acercou-se do fétido catre, o rosto sereno.

Sobre o leito, o doente ainda quis ocultar o disforme rosto, como se temesse afrontar com sua feiúra a luminosa criatura que acabara de transpor os umbrais de sofrimento da tapera. Os olhos, ensandecidos pela fome, sede e solidão, fitaram o Rabi em silente pedido de escusas pelo horrível aspecto do corpo.

Docemente Jesus lhe falou. Perguntas simples e poucas. Palavras de conforto e esperança.

O derradeiro questionamento do Mestre surpreendeu o jovem discípulo:

– Sabes o motivo de tantas aflições, meu irmãozinho?

Um simulacro de sorriso arreganhou os lábios carcomidos do enfermo e sua voz débil e rouca sussurrou:

– Pressinto-o, Senhor, todavia não consigo explicar com coerência ou exatidão. Visões horripilantes povoam-me os dias e as noites, Senhor, desde que esta doença me derrubou sobre o leito. Sangue, muito sangue, escorrendo à semelhança de vermelhos regatos sobre a terra, o cheiro acre e enjoativo espalhando-se nos ares. Vejo-me, sei que sou eu, embora com diferente aparência, jovem e saudável, envergando estranhas roupas, de espada em punho, matando, decepando braços e pernas, rindo das dores e desesperos dos mutilados, deixando-os perecer ao sol inclemente do deserto, em lenta agonia, pasto das aves de rapina!

Silenciou por instantes, prosseguindo com quase inaudível voz:

– Quem sois vós, Senhor? Ledes minha alma que se debate nas dores do remorso excruciante, conseguis ver além do aspecto nauseante de meu corpo apodrecido em vida! Concedei-me a morte, Senhor! Tendes o poder de abreviar a vida de tormentos que levo! Apiedai-vos de mim, Senhor!

Desfeito em lágrimas, o jovem Daniel acercou-se do leito, exclamando:

– Ele é Jesus, de quem te falei!

As mãos do Mestre tocaram as faces em chagas com infinita suavidade. Nenhum temor ou aversão. Deslizaram pelo corpo esquálido abandonado sobre os trapos, sem pressa. Sob os atônitos olhares do companheiro de viagem, as carnes foram recompondo-se, as estruturas refazendo-se... Em instantes, somente restavam violáceas manchas.

Sempre sereno, Jesus acrescentou:

– Sumirão em três dias...

Para o homem, somente:

– Não peques mais contra teus irmãos em Deus, para que não te suceda coisa pior.

Depois, o riso bom encheu a casa e Ele, voltando-se para o jovem estático, emudecido, proferiu:

– Será que aqui morreremos de fome?! Busquemos água! Faremos uma limpeza como Maria, minha mãe, ensinava... Depois, comeremos. Ao trabalho!

Ao anoitecer, os três homens reuniram-se sob a árvore dos fundos, ocupando o banco que Jesus pessoalmente consertara, o Mestre entre os dois, passando a esclarecer o recuperado leproso sobre as Verdades do Pai. Depois, estenderam os exaustos corpos no chão lavado da tapera, adormecendo.

No dia seguinte, logo ao amanhecer, antes da partida, o jovem discretamente conversou com o feliz dono do sítio:

– Bem que poderias constituir uma família, meu amigo. Chega de solidão! Consertarás a casa, reerguerás a cerca, conseguirás novos animais, plantarás os campos... Aos poucos recuperarás a estabilidade. Tens um dos maiores bens: a saúde! E também o conhecimento da doutrina de nosso Mestre! Que queres mais? Só para mencionar...

E contou a história da jovenzinha com o filho nos braços, ajuntando:

– Se bem conheço os soldados e a julgar por teu relato, certamente levaram as jóias dadas à pobrezinha para que mudasse de vida! Ela necessita de forte braço e valente coração que a resgatem da ingrata sina. Basta que sigas adiante, uns dois dias de caminhada... Na curva do caminho, encontrarás mísera choupana. Algo me diz que lá estarão... Ela e o pequenino...

Pela mesma estrada, voltaram Jesus e o antigo ladrão.

O Mestre, aproveitando o ensejo, dizia-lhe:

– Não deves te preocupar em juntar riquezas e muito menos atribulações desnecessárias. Cuida de garantir o sustento diário do corpo, deixando a cada dia os problemas que lhe são pertinentes, sem acumular preocupações inúteis. Jamais desdenhes as conquistas do espírito, pois este sim é imortal. Mil corpos poderás ter, em sucessivas reencarnações, mas teu espírito a todos sobreviverá, acumulando os conhecimentos e experiências de cada passagem. Quando abandonares a carne, para trás ficarão, irrevogavelmente, os tesouros da Terra: dinheiro, jóias, palácios... Para sempre permanecerá, contudo, o que auferiste no campo das conquistas espirituais... Tu me compreendes?

Depois, sorrindo, piscou para o jovem, acrescentando:

– Belo casamenteiro te revelaste!

Jesus foi-se daquelas paragens, em andanças pelas terras vizinhas, espalhando sua doutrina redentora. Daniel acompanhou-o por algum tempo até que, certo dia, obedecendo às instruções do Mestre amado, permaneceu em uma das cidades do caminho, nela se estabelecendo. Casou-se, constituindo numerosa família. Desempenhou modestas e dignas atividades profissionais. Durante o restante de sua longa existência, dedicou-se à importante e anônima tarefa de divulgação da Boa Nova.

Depoimento

Naqueles idos tempos, a lepra constituía sentença de morte a longo e terrível prazo, inexorável agonia por anos afora, as carnes apodrecendo, a solidão intensificando-se, o abandono e a rejeição dilacerando a alma.

Então, meu mundo resumia-se no pequenino sítio de férteis terras e abundantes águas, herança dos falecidos pais. Plantar, colher, cuidar dos animais, acordar aos primeiros raios do sol e dormir ao anoitecer, planejar o trabalho para que tudo saísse a contento... O local ermo, encantador, privilegiava certo recolhimento, pois poucos ali chegavam. Costumava considerar-me um solitário, almejando esposa, filhos, família. Mais tarde, precisamente quando a terrível doença se revelou, eu passaria a julgar a ausência de pessoas uma bênção.

Recordo-me perfeitamente daquela tarde amena de primavera! Pre-

parava a terra para o plantio, livrando-a de indesejáveis arbustos e matos, utilizando afiado facão. As vestes manchadas de sangue surpreenderam-me, pois dor nenhuma sentia. Alçando-as, descobri feio corte na altura do joelho, do qual jorrava o vermelho líquido aos borbotões. Tratei de curar a ferida da melhor maneira possível, mas a alma estava em pânico. Examinei com atenção o corpo forte e musculoso, descobrindo pontos pigmentados e insensíveis ao toque: lepra!

Ora, o destino dos infelizes portadores da morféia era o Vale dos Imundos, verdadeiro inferno em vida, sem mínimas condições... Deixar a casa que adorava, os campos? Jamais! Precisava ocultar de todos o meu estado!

Tratei de dispensar os poucos servos, isolei-me ainda mais, porfiando no propósito de levar rotineira existência, ocultando-me de tudo e de todos, expulsando colericamente os que se atreviam a procurar-me por alguma razão. Adquiri a fama de louco... Não me importei, alegrando-me inclusive: melhor assim do que ser descoberto leproso!

Foram quinze longos anos de sofrimentos, de angústias. Acompanhando-me a gradativa ruína do corpo, a propriedade também fenecia, até que acabei insulado em uma tapera, sobrevivendo graças a raízes e tubérculos, abençoados remanescentes da antiga e farta horta.

Naquela manhã, a voz juvenil e a cabeça de negros cabelos assustaram-me. Ainda temia o Vale dos Leprosos! Logo percebi que o rapaz estava mais condoído do que interessado em prejudicar-me... Ele limpou a casa, cozinhou, asseou meu pobre corpo decadente... Antes de partir, timidamente me falou a respeito de alguém, a princípio de forma insegura e relutante, depois com tamanha convicção que, daquela hora em diante, voltei a acalentar esperanças.

Foi-se, alegando pressa, não sem antes tentar colocar-me nas mãos de corroídos dedos algumas peças rutilantes. Vendo que não conseguia apará-las, deixou-as sobre a mesa.

Chegaram os soldados e havia medo e repulsa em seus olhos e atitudes. Todavia, a ambição ainda sobrepujava o temor e o asco! Levaram as jóias... De nada me serviriam mesmo!

Os dias escoavam-se com exasperante lentidão e eu não olvidava as palavras de meu jovem amigo e muito menos abandonava a esperança de que Jesus fizesse algo por mim. Passei a orar, coisa que há muito não fazia.

Lá fora era novamente primavera! Podia sentir o calor dos raios de sol que penetravam através das frestas no telhado. Pássaros haviam feito seus ninhos nas vigas apodrecidas, enchendo os ares com seus trinados. O cheiro das flores silvestres vinha com a brisa cálida. Minha vida findava e não sabia ao certo se deveria lamentar ou alegrar-me... Quando já havia quase desistido, o rapaz voltou e com ele vinha outro. Pela luz que o cercava, ousei acreditar que poderia ser Ele!

Jesus curou-me.

Na época, não compreendi muito bem seus ensinamentos, eufórico e grato por sua interferência, mas insciente quanto às reais e magníficas implicações daquela visita.

Resolvi seguir os conselhos de meu jovem amigo e eles conduziram-me à precária casinha na beira da estrada, lamentável tugúrio para uma frágil jovem e seu filhinho. Levei-os para o sítio e aprendi a amá-los, considerando-os a família tão desejada. Filhos vieram e a existência transcorria calma e rotineira.

Às vezes, recordava-me dele. Costumamos facilmente esquecer a desgraça quando a bonança toma conta de nossos dias!

Tempos após minha cura, decidi ir a Jerusalém para os rituais da Páscoa, maneira pela qual julgava estar corretamente agradecendo a Deus pela providencial intervenção de Jesus no triste episódio de minha moléstia, fato, aliás, de exclusivo conhecimento meu, pois sequer à esposa ousara relatar a doença e a atuação do Mestre. Da insidiosa moléstia nada restara, a propriedade prosperava a olhos vistos... Melhor esquecer!

Naquela Páscoa, crucificaram-no.

Retornei ao lar e procurei olvidar o ocorrido, preocupando-me com o dia-a-dia, em pacata vidinha, fechando os ouvidos às intuições que sugeriam algo diferente, maior, que me alteraria os rumos existenciais. Nem pensar! As coisas estavam bem daquele jeito! Tinha uma família, filhos saudáveis, uma esposa gentil e amorosa, uma casa boa, o dinheiro estava sobrando, logo poderia aumentar a extensão da propriedade e comprar mais ovelhas, talvez animais de carga...

Prossegui, cuidando exclusivamente dos meus, acumulando bens, descurando de minhas potencialidades, deixando-as adormecidas. Ao partir para a Espiritualidade, mais uma vez perdera a oportunidade de envolver-me com o que era realmente importante. Retornei à Terra muitas vezes e a dor constituiu o aguilhão necessário às mudanças que procurava evitar a todo custo. Lenta e dolorosamente, aprendi a valorizar os ensejos de crescimento espiritual, não me acomodando em improdutiva inércia.

Atualmente a morféia não mais representa o aterrador fantasma de outrora, mas muitas outras formas de lepra continuam a espalhar-se pelo mundo, diferentes em aspecto e modos de contágio, similares em sofrimento e solidão. Constituem mecanismos de resgate e aprimoramento, ainda necessários devido à relutância da criatura em transformar-se, em progredir, persistindo, por ignorância ou rebeldia, em infelizes escolhas, que acabam por lesar-lhe a saúde, perturbando-a física e emocionalmente.

Equipes socorristas atuam no Mundo Espiritual, levando consolo e alívio aos que sofrem. Sou um dos espíritos que, em nome de Jesus, prestam assistência aos hospitais e clínicas para doentes de AIDS, doença encarada, do ponto de vista do preconceito, com a mesma severa impiedade dos tempos antigos. Tomara eu consiga ser, para os que procuro auxiliar, semelhante àquele larápio que me apresentou ao Cristo!

Jeremias

Joshua, a história de um reencontro

"Os fariseus, ouvindo que ele fechara a boca dos saduceus, reuniram-se em grupo e um deles, a fim de pô-lo à prova, perguntou-lhe: Mestre, qual é o maior mandamento da Lei? Ele respondeu: Amarás ao Senhor teu Deus de todo o teu coração, de toda a tua alma e de todo o teu espírito. Esse é o maior e o primeiro mandamento. O segundo é semelhante a esse: Amarás o teu próximo como a ti mesmo. Desses dois mandamentos dependem toda a Lei e os Profetas." (Mateus, cap. XXII, v. 34 a 40).

"Submetei todas as vossas ações ao governo da caridade e a consciência responder-vos-á. Não só ela evitará que pratiqueis o mal, como também fará que pratiqueis o bem, porquanto uma virtude negativa não basta: é necessária uma virtude ativa. Para se fazer o bem, mister sempre se torna a ação da vontade; para não se praticar o mal, basta a mais das vezes a inércia e a despreocupação." (O Evangelho segundo o Espiritismo, cap. XV).

O íngreme atalho entre altas e rochosas encostas não oferecia o reconforto e o encantamento das floridas alamedas, onde o olhar se detém alegre e prazerosamente; ainda assim, singular figura percorria-o, demorando-se em analisar cada detalhe do árido trecho, deslizando a atenção pelas enegrecidas pedras, como se buscasse um tesouro perdido entre elas. Subitamente, rompendo estreita frincha, magnífica flor recém-desabrochada, de alvas e aveludadas pétalas, provocou um brado de satisfação. O homem galgou o rochedo com dificuldade, chegando à belíssima planta, que se projetava qual nívea borboleta. Suave e adocicado perfume dela emanava, atordoando-o; alerta, desviou o rosto, sorvendo o ar puro da manhã, enquanto crispava as fortes e bronzeadas mãos na pedra para não despencar das alturas. Recuperado, prendeu a respiração, alongando a destra para o exemplar, lamentando destruir-lhe a exótica beleza; destacou-o habilmente, guardando-o no alforje. Desceu e, no solo pedregoso, examinou o raro achado, rebuscando na memória importantes informações. Não havia dúvidas! Velhos pergaminhos e papiros de botânica e alquimia referiam-se à flor alada, cujo perfume asfixiava e seduzia, subtraindo a razão, dominando a alma e o corpo... Antiqüíssimos tratados de magia denominavam-na "a flor dos deuses", considerando-a rara e poderosa... Ainda descrente de tamanha sorte, olhou a planta que emurchecia a olhos vistos, confinando-a novamente ao saco de couro.

Satisfeito, encetou a viagem de retorno. Há dias procurava a planta como agulha em palheiro e, a bem da verdade, duvidara a cada instante do êxito da empreita, persistindo somente por desencargo de consciência e habitual teimosia. Afinal, os informes eram controversos, de procedência e veracidade discutíveis, inseridos em antigos documentos pertencentes a colecionadores e apaixonados pelo assunto, não havendo nos mais recentes tratados botânicos qualquer menção a respeito da maravilhosa "flor dos deuses". Julgavam-na mero sonho de alquimistas e magos! Até aquele momento, embora percorresse há anos bosques e matas da região e até de terras mais distantes, jamais com ela deparara.

Rindo sozinho, descendo o caminho em largas e entusiasmadas passadas, o moço monologava:

– Quem se aventuraria a escalar rochas tão perigosas em busca de um sonho?! Somente um louco visionário! E tu és este louco, meu caro! A sorte finalmente sorriu para ti, serás rico, famoso... Uma única floração anual, efêmera passagem e... adeus! Quis o destino que estivesses ali, meu caro, a tempo de ver essa maravilha! E de colhê-la!

Falando consigo mesmo, prosseguia estrada afora:

– Sorte dos deuses, meu caro! Sorte dos deuses! Em casa, verás o que fazer com essa preciosidade! Raízes, caule, pétalas, tudo será aproveitado! Farás um filtro afrodisíaco como nunca se viu! Podes ouvir o tinir das moedas de ouro? Plim, plim, plim... O som do sucesso!

Horas depois, transpunha as enormes portas da cidade, registrando com prazer seus odores e sons característicos. Roma! A tarde caía lentamente e breve as luzes do crepúsculo envolveriam a cidade dos césares. Apressou o passo, apertando de encontro ao tórax o precioso alforje, temendo que algum ladrão o roubasse, julgando encontrar algo de valor... A plantinha, seguramente descartada por qualquer larápio, valia mais do que o metal amarelo!

A casa simples, de porta voltada diretamente para a viela suja e enlameada, encontrava-se fechada. Penetrou rapidamente no interior fresco e imerso em agradável penumbra, suspirando satisfeito, finalmente livre do calor sufocante das ruas; o cheiro de ervas afastava os desagradáveis odores da lama pútrida acumulada na ruela. Baixinho, o homem praguejou, lamentando a pobreza e a sujeira do bairro. Precisava sair dali a qualquer custo! Quem daria valor a seu trabalho naquele local mísero e sujo? Contemplou as rústicas prateleiras, onde frascos e mais frascos se alinhavam, meticulosamente lacrados e etiquetados. Eram seus tesouros: filtros, poções, ungüentos, pós medicinais... Com eles poderia libertar-se daquele lugar! Precisava somente de uma oportunidade... A planta abrir-lhe-ia as portas da fama!

Deixou sobre uma mesa de trôpegas pernas a sacola, acendendo a candeia, pois escurecia. A luz cambiante permitiu vislumbrar, nos fundos, um pequeno e bem arrumado laboratório: frascos e pergaminhos ocupando as bancadas, atestando que ali muito se estudava e trabalhava. Em um dos cantos, destoando da austera humildade do ambiente, preciosa mesinha recoberta com finíssima toalha multicolorida, cujas franjas longas e sedosas tocavam o chão. Um leve odor de incenso pairava nas imediações.

Faminto, buscou no armário algum alimento, acabando por devorar um pedaço de pão um tanto duro, regado a goles de vinho barato. Depois, colocou pesada tranca na porta de entrada e desabou sobre o leito, adormecendo imediatamente. Estava exausto!

Tratava-se de um homem alto e magro, de rijos músculos e pele tisnada pelo sol. Seu aspecto forte e saudável desmentia a idade já madura; o constante contacto com a natureza e os sóbrios hábitos de vida contribuíam para a vitalidade e saúde admiráveis. A prontidão com a qual se entregara ao sono profundo e reparador sugeria despreocupação.

Mal raiara o dia, ao cantar precoce dos primeiros galos na madrugada, pulou da cama, enfurnando-se no laboratório, onde iniciou o preparo do precioso líquido à base da planta da véspera; ciência e magia misturavam-se no complicadíssimo processo.

A quem seria destinada a misteriosa poção?

Uma imagem de mulher veio-lhe à mente. Belíssima criatura! À sua entrada, a sala pobre e empoeirada iluminara-se, envolvendo-se em sedutor perfume, despertando em sua solitária alma estranhos e perturbadores pensamentos... Naquele final de tarde, quase ao anoitecer, aprestava-se em fechar a porta depois de infrutífero dia de trabalho, com pouquíssimos clientes e todos pobres, contemplando com desânimo as miseráveis moedas sobre a mesa. Mal dariam para as despesas! Então, a encantadora moça descera de luxuosa liteira, conduzida por jovens e atléticos escravos. Para evitar que sujasse os pés calçados com leves sandálias na lama malcheirosa, um deles tomara-a nos braços, depondo-a na entrada. Com melodiosa e suave voz, ela indagara sobre o destino do proprietário. Ricamente vestida e adornada, aquela certamente não teria problemas financeiros, podendo tornar-se promissora cliente.

Para seu espanto, a maravilhosa criatura mencionara poderoso filtro de amor, destinado a privar da razão e do bom senso o mais equilibrado dos mortais. Ousara respeitosamente indagar:

– Senhora, explicai-vos melhor! A quem destinais tal encantamento? Impossível alguém não vos querer! Assim sendo...

Sombria nuvem toldara as perfeitas feições e o desagrado imprimira-se nas faces subitamente afogueadas. Olhando-a com maior cuidado, pudera reparar no fino e flexível talhe, na nívea pele, nos louros cabelos artisticamente penteados em primorosos cachos, entretecidos com fios de minúsculas pérolas. Os olhos grandes e verdes demonstravam orgulho e estranha febre a consumi-la interiormente, sendo delimitados por escuros e longos cílios. Bela, incrivelmente bela! Os trajes, ricamente bordados e guarnecidos, denunciavam nobre origem: uma patrícia romana, evidentemente!

Franzira a testa, intimamente se perguntando sobre o drama da jovem e linda mulher, pois indiscutivelmente algo a infelicitava. A voz trêmula e voluntariosa interrompera-lhe as cismas, continuando:

– Então, senhor, tendes o que procuro?

– Depende, nobre senhora, depende! Para aquilatar, precisarei questionar-vos sobre alguns aspectos importantíssimos, que talvez queirais ocultar-me...

Contrafeita, pois não lhe agradava desnudar os sentimentos, sentira nisso uma afronta a seu imenso orgulho. Hesitara, analisando a possibilidade de retirar-se da sala pobre e tresandante a ervas e mofo. Todavia, a paixão sobrepujara as reservas, fazendo-a murmurar:

– Sendo relevantes os questionamentos, creio poder abrir-me convosco...

– Vejamos então! O tal filtro destina-se a um homem por

quem vos interessais sobremaneira. Quais os sentimentos dele para convosco? Quereis somente exaltar a paixão, talvez prover recursos negados pela natureza, ou...

Novamente enrubescida, a moça dissera:

– Infelizmente, enganai-vos. Envergonhada, confesso que me desdenha, categoricamente afirmando amar a esposa, declarando-se leal, fiel. Humilha-me com sua atroz indiferença... Não obstante, desejo-o com todas as forças, não importa o preço a pagar! Entendeis-me? Sei que elaborais poderosos filtros e mágicas poções... Impossível não haja algum que o coloque a meus pés, rendido e apaixonado!

Entrevira rica transação. No entanto, intuía que não seria fácil servi-la condignamente. De nada dispunha com tal poder! Além de comprometido, o tal homem amava a esposa e era indiferente aos encantos da apaixonada jovem, que, diga-se de passagem, era belíssima. Se tamanha formosura não o conquistara.... Difícil, muito difícil... Enquanto raciocinava, ímpetos de aconselhá-la, sugerindo abortasse as infelizes idéias, agitaram-lhe os pensamentos. Contudo, se o fizesse, deixaria de ganhar significativa soma! Derradeiros resquícios de sinceridade levaram-no a timidamente ensaiar:

– Gentil senhora, talvez fosse melhor escolher outro...

– Calai-vos! Não entendeis o fogo que me consome! Não durmo. Os dias e noites são repletos de saudades e ciúmes! Não me interesso por vossos conselhos!

Vencido, convidara-a:

– Que seja! Vinde a minha sala de consultas!

Embora receosa, acompanhara-o casa adentro, assentando-se à frente da pequena e encantadora mesa, vendo-o concentrar-se. Em poucos minutos, intensa sudorese porejava-lhe a fronte tisnada de sol, a respiração acelerava e ligeiro tremor sacudia o corpo magro. A jovem olhava-o curiosamente, pronta para abandonar o recinto caso ele se excedesse. Contrariamente, a face angulosa pareceu suavizar-se e os gestos tornaram-se lânguidos, efeminados. Insinuante voz complementara o quadro, indagando da consulente:

– Então, sempre quereis esse homem? Para que, se estão a vossos pés partidos formidáveis, jovens ricos e belos? Conheceis que ama outra e não vos deseja, linda senhora... O filtro solicitado somente toldaria seu real querer, os sentimentos a vosso respeito permaneceriam iguais...

– Talvez existisse uma poção poderosa que conseguisse mudar o rumo de seus sentimentos, fazendo com que me amasse!

Após instantes, o espírito pronunciara:

– Não se pode privar uma criatura de seu livre-arbítrio para sempre, nobre senhora. Podereis enganá-lo temporariamente com acertados artifícios... No caso de vosso amado, pesa o fato de ele amar a esposa... Vossa causa, contudo, embora dificílima e prognosticando futuros sofrimentos, agrada-me. Também sou mulher e conheci as dores do amor não correspondido ao envergar as vestes carnais... Meu servo preparará o tal filtro! Para tanto, será indispensável misteriosa planta, de magníficas e alvas pétalas, muito rara, raríssima! Maceradas as folhas, pétalas e raízes devidamente secas e pulverizadas, tudo misturado nas doses certas, obter-se-á poderosíssimo filtro. Sete anos! Sete anos de amor e submissão! Melhor seria dizer paixão e submissão... Depois desse período, não me responsabilizo por vossa sorte!

A jovem e bela mulher escutava, calando observações ou perguntas. Uma vez mais, o espírito insistira:

– A bem da verdade, compete-me alertar-vos: por que não abandonais os projetos que vos alucinam? Vejo que tendes um esposo... Que fareis?

A moça fitava o medianeiro com assombro. Conhecê-la-ia? No entanto, seus olhos estavam cerrados e continuava no singular transe.

Um riso alto e descompassado ecoara pela casa deserta e a sarcástica voz completara:

– Ele nada sabe, rica senhora! Nada! Eu tudo vejo, eu tudo sei... Quereis a comprovação de meus poderes? Por acaso estaria enganado ao expor certos planos homicidas... Vejamos! Planejais livrar-vos do senil e amoroso consorte assim que as atenções do eleito de vosso coração sejam transferidas para vós... Veneno, senhora?

Sempre rindo, continuara:

– Arquitetastes engenhoso plano... Pedireis fatal poção, roubando a vida ao infeliz! Ah! Calai-vos! Continuemos... O que dizer da esposa de vosso eleito? Terá, por acaso, o mesmo fim?

Ante a estupefação da consulente, surdamente profetizara:

– Sobre um caminho de morte pretendeis edificar vosso amor. Convém tenhais certeza, pois haverá um ponto em que a volta será impossível... Convivereis com o céu e o inferno! Vossa existência será penosa e não haverá paz!

Depois, a voz dulcificara-se, como que sugestionada por influenciações diversas de seu tônus vibratório:

– Renunciai!

Indecisão e medo estamparam-se nas pálidas faces da jovem. Intensa luta interior expressava-se em seus olhos cheios de lágrimas. Vontade de recuar, fugir... Recordava-se do esposo sempre bom e gentil. No entanto, a figura máscula e bela do jovem romano afastara a afetuosa lembrança, acelerando-lhe o sangue nas veias. Paixão e orgulho exacerbados guiaram sua opção.

– Impossível esquecer! Por quem sois, ajudai-me! Quero o filtro! É o único caminho da felicidade! Que seja feito! Pagarei o preço, seja qual for!

– A decisão pertence-vos! Para tanto, justa e relevante soma será repassada a meu servidor. Quanto a mim, reservar-me-eis o mais belo traje de festa e o perfume mais precioso... E a jóia mais cara de vossos cofres... Rubis! E brilhantes! Entendeis? Nunca mais os usareis, depondo-os em meio ao bosque indicado por meu medianeiro, em local protegido dos olhos do mundo e muito, muito seguro... Pertencem-me! Mais uma coisa, a mais importante: a primeira noite de amor... dedicá-la-eis a mim. Lá estarei, tende certeza!

A face do medianeiro enrijecera-se e ligeiro tremor abalara-lhe o corpo. Instantes depois, novamente dono de si, com serenidade indagara:

– Sabeis o que solicitais? Estais segura?

Imensa vontade de dispensá-la, de dizer que se fosse e não mais retornasse, alertando-a sobre o real peso da carga de crimes, sobre os débitos acarretados... Mas silenciara! A ambição conseguira anular-lhe os apelos da consciência.

– Ouvistes o pronunciar da divindade! Amanhã mesmo iniciarei as buscas. Temo resultem infrutíferas, dado à raridade do exemplar requerido. No entanto, caso obtenha êxito, custar-vos-á muito caro, minha senhora, pois a planta jamais foi vista por estas paragens, dela somente se tendo notícia por papiros egípcios das mais distantes eras. A mim compete procurá-la; a vós, reflexionar melhor sobre as inconveniências de prosseguir...

A bela mulher, ainda impressionada com os insólitos fenômenos espirituais presenciados, despedira-se rapidamente, desaparecendo na fétida escuridão da ruela.

Os dias seguintes foram de buscas incessantes e atrozes dúvidas! A voz da consciência alertava o homem sobre os crimes nefandos a que se acumpliciaria. Ambicioso, procurava inventar desculpas, justificativas, sofismas destinados a amortecer a razão e o dever. Seria correto participar dos crimes, ainda que somente fornecendo os meios? A pergunta não lhe abandonava a mente! Cúmplice de assassinato? Será? A perspectiva de muito dinheiro fascinava-o; seria rico, deixaria o bairro miserável, adquiriria bela vivenda em aprazível local, a notícia de seus poderes espalhar-se-ia... Procurava uma desculpa satisfatória, encontrando-a no momento em que decidira deixar a cargo dos deuses a questão, enunciando em meio à mata:

– Em vossas mãos, ó divindades, deponho minha sorte! Se

permitirdes, acharei a miraculosa planta! Caso julgueis condenável, impedi-me, frustrando minhas tentativas!

Grande talho na mão, provocado por rápido golpe da faca com que cortava a rígida raiz, transportou-o ao presente, fazendo-o praguejar violentamente. Após estancar o sangue, continuou a tarefa, monologando entre dentes:

– Possuo a planta finalmente. Prepararei o mais poderoso dos filtros de amor! Serei rico, pois saberei fazer valer meus direitos... Os venenos? Na hora certa pensarei no caso... Pode ser que aquela doida decida assumir o amante sem se livrar dos consortes envolvidos... Afinal, todos fazem isso... Quem sabe?

Decidira repassar a responsabilidade à mulher; ele, mero comerciante, somente forneceria o solicitado. Afinal, as pessoas compravam unicamente o que desejavam! Por que caberia a ele questionar os fins? Procurara ele a rica senhora? Não! Ela viera a sua loja! Nada estaria fazendo de errado... Se não a ajudasse, outro o faria...

Mal acabara de concluir o potente filtro amoroso quando a linda criatura surgiu. Vendo-a entrar, súbito ataque de arrependimento fê-lo ocultar o frasco, dividido entre duas forças conflitantes: a ambição e o respeito aos semelhantes.

– Preparastes o filtro? Vim buscá-lo...

Ato contínuo, atirou sobre a mesa enorme bolsa, que, ao se abrir, revelou aos extasiados olhos do manipulador rutilantes moedas, em quantia muito superior à que imaginara solicitar! Seus olhos brilharam e ele acariciou-as, recolhendo ao interior da sacola as que haviam rolado sobre a madeira. Estendeu-lhe então o recipiente repleto de esverdeado e translúcido líquido.

– Uma gota senhora, uma única e parcimoniosa gotícula à noite... Tê-lo-eis a vossos pés. Com o tempo, a tendência do filtro é acumular-se no organismo... Podereis diminuir a dose, espaçando o período, entendeis? Uma vez por semana, uma por mês, uma a cada três meses... Caberá a vós o controle! Dará para longos anos, pois utilizei toda a planta em vosso proveito! No entanto, sinto-me no dever de reiterar que não me responsabilizo por outro frasco, devido à raridade do exemplar botânico. Tendes o tempo do preparado para amar e ser amada... Ficareis em constante dúvida quanto aos sentimentos do homem muito amado... Restará a esperança de que ele se apaixone realmente e de que o conquisteis por vosso mérito e não pelo sortilégio de amor que ora deponho em tão belas mãos...

A mulher olhou a garrafa com horror e fascinação. Teria forças para sobreviver com as dúvidas? Tênue esperança agitou-lhe o coração.

– Sempre podereis preparar outro filtro... Começareis as buscas hoje mesmo! Além do mais, sempre haverá a chance de vir a amar-me... Na incerteza, tratai de arranjar a planta... Pagar-vos-ei pelas andanças...

O homem encheu-se de compaixão. Tão bela criatura submissa a tamanho desvario! Íntima tempestade de remorsos tornou a envolvê-lo momentaneamente:

– Valerá a pena, nobre dama? Poderíeis...

A riqueza sobre a mesa fê-lo silenciar.

Agarrada ao frasco, a cliente esclareceu:

– Experimentá-lo-ei. Estando tudo certo, retornarei e falaremos mais. Dar-vos-ei o triplo da quantia de hoje...

Ele abaixou a cabeça, compreendendo o recado implícito nas palavras: seria a vez dos venenos!

Silenciosamente ela se foi, ocupando a mesma liteira, os hercúleos escravos rapidamente fugindo à pobreza e aos odores nauseantes das ruelas. Abandonada sobre as sedosas almofadas, acalentada pelo suave balanço, a mulher deixou os pensamentos dirigirem-se ao passado não muito distante. A infância pobre, em meio aos pesados labores nas lavouras, não lograra ocultar sua estonteante beleza; o pai, humilde trabalhador de alheias terras, plebeu ignorante e rude, preocupava-se com os encantos da filha única, temendo que se convertessem em desdita, atraindo a atenção de ricos romanos, acostumados a seduzir jovenzinhas sem recursos e abandoná-las depois sem piedade. Ainda adolescente, os temores paternos confirmaram-se parcialmente, pois nobre senhor, que adquirira riquezas em distantes paragens, comandando sangrentas e decisivas batalhas, deixara-se apaixonar perdidamente, renunciando ao orgulho e aos preconceitos de casta, tomando-a por esposa. Embora nada sentisse pelo pretendente, aquiescera obedientemente às ordens do pai. Que mais poderia ambicionar? Luxo, mimos, uma casa maravilhosa, jardins, festas... Quase menina, retirada do ambiente paupérrimo e inculto, onde a luta pela sobrevivência não permitia frivolidades, viu-se endeusada pelo cônjuge, senhora e não serva. Inteligente, apercebeu-se da necessidade de instrução caso almejasse um mínimo de respeito por parte do enfatuado patriciado. Entendia que sua beleza abrira portas, contudo a ela caberia comportar-se adequadamente. Esquecer-se-iam de sua origem humilde... Bons mestres surpreenderam-se! Logo deixou para trás as maneiras simplórias, o linguajar incorreto, adquirindo nobres ares e conhecimentos indispensáveis à vida social, superando patrícias romanas com facilidade, graças, sobretudo, à beleza estonteante e ao encanto sedutor de sua personalidade.

De índole naturalmente afável, aceitava a presença do esposo com indiferente aquiescência, cumprindo os deveres conjugais, respeitando-o. Cada vez mais apaixonado, o romano tratava-a como uma rainha, cumulando-a de agrados e presentes preciosos. A união não foi abençoada com filhos e ela nunca se interessou em tê-los, conservando os do primeiro casamento do esposo à distância, mesmo porque estes já haviam estabelecido suas famílias, eram mais velhos do que ela e discordavam da nova união do pai.

A vida transcorria rotineiramente. Muitos homens tentaram conquistá-la durante os primeiros anos de casamento, mas a jovem senhora permaneceu imune às seduções e arroubos, preservando a fidelidade conjugal. Idoso na época do enlace, o riquíssimo senhor envelhecia rapidamente e sua saúde deixava muito a desejar, guardando o leito de enfermo meses seguidos, sempre cuidado paciente e carinhosamente pela jovem esposa. Na impossibilidade de acompanhá-la a festas e recepções, permitia-lhe sozinha comparecer, pois considerava injusto prendê-la em casa. A bem da verdade, cumpre mencionar a incomum dignidade com que ela se portava, rechaçando insinuações e propostas.

Certa noite, ao adentrar movimentada reunião, à qual comparecera por instância do esposo acamado, surpreendeu-se com a presença de um casal de impressionante beleza, atentando particularmente na figura masculina. Tratava-se de oficial recentemente designado para a cidade, ocupando relevante posto junto às tropas que garantiam a ordem em Roma. Estranho e desconhecido sentimento pungiu-lhe o coração, como se já o conhecesse e houvessem se reencontrado. Pela primeira vez em sua existência de vinte e um anos, apaixonou-se. O carinho e o amor evidenciados no relacionamento entre os cônjuges incomodaram-na, causando atroz ciúme e a sensação de estar sendo lesada, traída... A noite festiva, não obstante tudo tivesse para agradá-la, mostrou-se penosa e frustrante. Embora seu olhar pertinazmente o acompanhasse, em instante algum notou nos belos olhos qualquer laivo de interesse. Era como se ela não existisse!

Longos e angustiosos dias substituíram a calma rotina de sua existência. Insônia e saudade povoaram as noites dantes tranqüilas e bem dormidas. No intuito de estar perto dele e despertar-lhe a atenção, organizou festas em sua luxuosa residência; conquanto aparecesse, fazia-se acompanhar inevitavelmente pela linda esposa, atraente e culta criatura, de magníficos e suaves olhos. Raiva, desgosto, frustração, ciúmes... Em vão buscava defeitos na rival, para seu desespero não os encontrando!

Cansada de insinuar-se, decidiu enfrentar a situação, declarando-se. Para tanto, aproveitando a data de seu próprio aniversário, convidou a sociedade para estupenda festa, organizada com rigorosa perfeição de detalhes, visando a agradar e impressionar o amado. Aproveitando fortuito momento, gentilmente chamou-o para um passeio pelos estupendos jardins, pretextando calor nos salões repletos de convidados. Cumprindo as formalidades de educação devidas à dona da casa, ele acedeu; após algumas voltas entre as aléias floridas e perfumadas, acomodaram-se em gracioso banco de mármore, atendendo à sugestão da bela anfitriã. Trêmula e ansiosa, a moça abriu-lhe o coração, falando do amor alimentado, das torturas da distância, do ciúme atroz em relação à esposa... Para seu horror, viu-o levantar-se, faces em fogo, embaraçado, friamente sugerindo que retornassem aos salões. Empalidecida, inconsolada com o inesperado desfecho, pois sonhava que ele a abraçaria, correspondendo à paixão, insistiu, forçando-o a pronunciar-se, o que ele fez a contragosto, declarando seu amor pela linda esposa. Nada sentia pela anfitriã, tendo-a em alta conta, mas não nutrindo nenhum especial interesse. E continuou, asseverando pretender honrar os votos matrimoniais, muito embora os costumes permissivos convivessem com o adultério e até o estimulassem. Desculpando-se, o oficial teceu gentis considerações sobre as mágoas e infortúnios gerados por relacionamentos amorosos ilícitos, dizendo amar e respeitar demais a esposa para colocá-la em tal situação, em nome de uma aventura somente.

A moça sentiu as faces arderem pela rejeição e vergonha. Submeter-se a tal lição de moral em sua própria casa, não obstante a gentileza com que o homem amado se expressara!

Retornaram às salas em festa. Logo após, o casal retirou-se, restando-lhe sorrir e suportar valentemente a presença dos convidados até o romper do dia.

A bela mulher perdeu-se nos abismos da paixão não correspondida. Mentalmente elaborava planos e mais planos, a maioria impraticáveis, todos eles redundando na conquista do ingrato. Então, criminosa idéia insinuou-se, pretensamente advinda do nada, mantida e exacerbada pelo egoísmo e apego, incitando-a ao uso da magia e do assassinato.

Eram comuns em Roma os feiticeiros e magos. Temendo expor-se, após conversas hábeis e pouco proveitosas com senhoras patrícias, optou por informar-se junto à plebe, obtendo com as servas o endereço de obscuro profissional das ciências ocultas, que diziam operar maravilhas com poções e filtros. Embora decepcionada com o local onde este residia e trabalhava, persistiu, esperançosa e alucinada, culminando com a obtenção do filtro de amor.

Súbita parada da liteira despertou-a para a realidade. Chegavam ao palacete. No silêncio do quarto, poderia entregar-se às reflexões...

Nova dificuldade apresentou-se. Como ministrar as gotas ao amado? Pessoalmente, impossível, pois passara a evitá-la tenazmente, fugindo aos lugares que lhes eram comuns. Após algum tempo, julgou haver solucionado o impasse. Bem paga, uma das serviçais da pretensa rival poderia prestar-se ao serviço. Foi-lhe relativamente fácil localizar a pessoa certa, na figura de inconformada e ambiciosa criatura. Mediante bela soma, concordou em ministrar ao senhor as gotinhas. A apaixonada mulher despejou em minúsculo frasco um pouquinho do precioso líquido, a quantia exata, repassando-o à escrava com repetidas e meticulosas instruções.

Naquela noite não dormiu um segundo, revirando-se no leito macio como se fosse de espinhos. Conseguiria a escrava cumprir o combinado? E se ela a denunciasse? E se nada desse certo, se o filtro não passasse de mera água esverdeada? Profundas olheiras violáceas orlavam-lhe os olhos na manhã seguinte, sentia-se exausta, sonolenta, irritada. No entanto, recusando-se a ceder ao desânimo, escolheu belos trajes, ordenando às servas que a banhassem e perfumassem com esmero. Frente ao espelho, achou-se belíssima... Quase não tocou no desjejum, contentando-se com alguns pêssegos maduros e suculentos. Embora soubesse que ninguém viria ao palacete em hora tão imprópria, ansiosamente aguardou. Para sua alegria, portando belíssimo ramo de rosas, tendo no rosto estranha expressão, o romano surgiu! Trêmulas mãos, vagante olhar, apaixonados lábios... Correspondendo às suas carícias, considerou-se ditosa finalmente.

Dia após dia, mercê das mágicas gotas, os encontros amorosos repetiram-se, a paixão aumentando e a discrição diminuindo, a ponto de o condescendente e confiante esposo inquietar-se, determinando à consorte que pusesse fim à constrangedora e ofensiva situação. Naquele momento, assinou sua própria sentença de morte, pois a esposa decidiu que chegara a hora de excluí-lo do romântico quarteto.

Para desespero e alegria do mago, a bela senhora retornou e a bolsa era volumosa e sedutora, impedindo-o de recusar as fatídicas substâncias, cujas características principais eram a ausência de sabor, cheiro e sintomas que indicassem envenenamento. A morte seria considerada natural, causada por problemas cardíacos, rápida e indolor.

Ao esposo ela mesma ministrou a letal dose, misturada ao leite noturno. Sequer sentiu remorsos! A morte apresentou todas as feições de repentina falha do idoso coração, não constituindo surpresa, devido à avançada idade e à precária saúde do nobre romano. Convenientemente, a astuta mulher deixou que decorresse um mês e, às ocultas do apaixonado amante, convenceu a mesma escrava que administrara as gotas amorosas a adicionar o veneno à comida da infeliz esposa, mediante a promessa de polpuda recompensa e compra de alforria, promessas jamais cumpridas, pois julgou mais conveniente envenenar também a ambiciosa serva, livrando-se, em caráter definitivo, de perigosa testemunha dos crimes.

Cumpridas as formalidades do luto, casaram-se. Ninguém jamais suspeitou de nada, muito menos o jovem romano, estranha e inapelavelmente apaixonado.

Durante anos, noite após noite ou em intervalos regulares e ciosamente estudados, as gotículas foram acrescentadas ao copo de água que o esposo tomava ao deitar. Atormentada, a moça vigiava o lento e progressivo diminuir do filtro em seu cristalino receptáculo. Quis o destino que, meses antes de as gotas esgotarem, falecesse o romano, vitimado por fulminante golpe de espada, em contenda com revoltosos transportados a Roma após sua subjugação pelos belicosos exércitos. Surpreendentemente, o bárbaro havia dominado inúmeros soldados responsabilizados pela guarda dos vencidos e, usando uma das espadas romanas, lutara desassombradamente pela liberdade perdida. Como outros, o belo oficial ficara estendido no chão, enorme ferida no peito forte, esvaindo-se em sangue. Interrompia-se, assim, um relacionamento aparentemente perfeito aos olhos do mundo, mas que mesclava às doçuras do paraíso os sofrimentos do inferno. Conforme o oráculo profetizara, cada carícia, cada beijo, cada palavra de amor apresentava-se à enamorada mulher com o indelével e amargo estigma do sortilégio. Olvidar? Impossível! Questionava cada gesto do amoroso companheiro, duvidando interiormente de sua sinceridade. Mil vezes intentara não adicionar à água o filtro, carecendo, porém de forças para encarar a verdade. Foram anos de conflito, entre o amor e a dúvida atroz. Guardava o precioso frasco em secreto local, observando a diminuição do conteúdo com angústia e desespero. Para seu maior tormento, falecera o mago, drasticamente impedindo qualquer possibilidade de reposição da droga; conquanto vasculhasse as matas da região e cercanias, nunca mais ele pusera os olhos na maravilhosa "flor dos deuses". Durante os sete anos preditos pela entidade, conviveu ela com o amor e o medo da perda, renovados diariamente a cada nascer do sol.

Terrível castigo!

O desencarne do esposo finalmente a subtraia ao secreto drama. Meses após, o coração da bela mulher sucumbia à tristeza e ela regressava à pátria espiritual.

Passaram-se duzentos anos. Os envolvidos nessa história de amor e morte reencarnaram vezes seguidas, em diversos contextos sócio-familiares, vivenciando tumultuadas, sofridas e breves existências, com a primordial finalidade de melhorar as condições espirituais extremamente comprometidas pela tragédia, ensejando reencarnes mais produtivos. Finalizando, ei-los ao tempo do Cristo, na difícil tarefa reencarnatória de sublimar o amor instintivo e perdoar.

Então, o Mestre dedicava-se ao ministério de amor e verdade sobre a Terra. Percorria as doces e bucólicas paragens da Galiléia, levando ao povo simples e afetuoso as palavras que demarcariam um novo tempo. Através de seu verbo suave, enérgico e convincente, as pessoas conheceriam as verdades ocultas há milênios, finalmente preparadas para o advento de uma nova era, a do Amor.

Em uma das aldeiazinhas da encantadora Galiléia, reencontraram-se os seis personagens envolvidos nos tristes acontecimentos de outrora: o mago, a apaixonada romana, o desventurado amante e sua esposa, o esposo da voluntariosa jovem e a escrava que ministrara o filtro e o veneno. Corpos diferentes, imprescindível esquecimento das vidas pregressas, nova oportunidade de aprendizagem e evolução. Conheçamos suas histórias.

* * *

A casinha branca, de pequenino e cuidado jardim à frente, localizava-se em formosa chácara, cujos fundos abrigavam imenso pomar e cuidadas plantações, onde o trigo de excepcional e incomum qualidade balançava ao sol cálido.

Eram felizes seus moradores nos primeiros tempos de relacionamento conjugal, somente faltando o advento de filhos para plenificar a união. Conquanto insistissem em tê-los, todas as tentativas resultavam em rejeição à vida, os fetos sendo espontaneamente expulsos do ventre materno apesar dos cuidados do casal e do repouso efetuado pela jovem e chorosa mãe.

O primeiro anúncio de gravidez, recebido com alegria e festas, desvanecera-se com a perda da sonhada criança em meio a profusa hemorragia. Os insucessos sucederam-se por sete longos anos, minando pouco a pouco a saúde da jovem e bela esposa, acabando por confiná-la ao leito após séria infecção. Inválida, a moça observava a lenta transformação de Joshua, o esposo... De amoroso e solícito, passou a envergar o manto da indiferença e do fastio. Ironicamente, a par das decepções afetivas do casal, inesperado sucesso na área financeira surpreendia-os. O jovem judeu, graças ao aprimoramento de certas técnicas agrícolas, acabou por desenvolver, em suas produtivas terras, exóticas árvores frutíferas, com frutos de raro sabor, apreciadíssimos pelos conquistadores romanos, que não regateavam no preço. Os patrícios agradaram-se daquele jovem de humilde origem, que demonstrava acurada sensibilidade e incomuns e nobres posturas, sem falar na afinidade com a cultura do povo dominante. Após algum tempo, a pequena propriedade, com a compra dos sítios circunvizinhos, transformou-se em vasta fazenda.

O dinheiro deixou de ser escasso, corroborando as tentações. Joshua analisava o difícil contexto familiar com novos olhos; a esposa, emaciada e enferma não obstante os cuidados médicos permitidos pela fortuna, tornava-se pesado e constrangedor fardo... A gentileza dos romanos favorecia-o, a ponto de ser inusitada e promissoramente convidado para festas e recepções... Assumiu crenças e costumes patrícios, parecendo dantes havê-los vivenciado. Sucediam-se os eventos, os apelos das paixões mostravam-se cada vez mais pronunciados. Sobre o leito, a esposa consumia-se dia a dia e ele começou a desejar seu desencarne, almejando libertar-se dos vínculos e estabelecer novos rumos existenciais.

Aquele fora um dia particularmente especial. Realizara importantes contactos em cidade próxima, estabelecendo parceria comercial que lhe permitiria ampliar a produção e conseqüentemente as vendas, facultando-lhe significativos lucros no futuro.

Dali a alguns dias, compareceria a concorrida recepção noturna, visando à comemoração das novas alianças. Tudo corria a contento! Em seus aposentos, o rico anfitrião romano preparava-se com esmero, enquanto baixinho praguejava contra a precariedade da casa onde residia na fazenda, que o obrigava a banhar-se em um tanque nos fundos, em nada lembrando a maravilhosa piscina de banho do palacete onde se hospedava... Como se não bastasse, do leito a esposa sempre lhe acompanhava os menores movimentos, apertado coração, lacrimosos olhos, temendo e antevendo a perda do homem amado. Timidamente, ela ousava indagar de seu destino, recebendo bruscas e impacientes respostas, o que não a impedia de repetir as mesmas perguntas, ciumentamente zelosa. Indiferente ao choro silencioso da companheira, retirava-se, cada vez mais aborrecido com a sofrida vigilância da doente. Estava na hora de deixar a propriedade agrícola, afastando-se da crônica moléstia da consorte, começando a aproveitar a vida. Afinal, para que servia tanto dinheiro?!

Estrelas teciam belíssimo e refulgente dossel na escuridão azulada; magnífica lua escondia-se atrás de única e pequenina formação de nuvens. A casa onde se realizaria a festa rivalizava em brilho, iluminada por uma profusão de velas, dela partindo sons de vozes, risos e música alegre. Por instantes, a imagem da esposa insinuou-se em seus pensamentos, causando-lhe incômodo remorso. Balançou a cabeça, afastando as perturbadoras idéias, e subiu as alvas escadarias, adentrando o átrio caprichosamente decorado com flores e fitas.

O enorme salão, sustentado por colunas de níveo mármore, encimadas por primorosos arcos, encontrava-se repleto. Junto a um dos pilares, a jovem ergueu pensativa cabeça e seus olhos claros mergulharam nos escuros olhos do extasiado judeu. Um instante, um segundo, séculos de emoções e reminiscências. Reatava-se o vínculo afetivo brutalmente rompido há mais de duzentos anos!

Olharam-se durante toda a festa, sem nada ousarem pronunciar. Jamais as horas transcorreram tão rápido para o inebriado moço. Vendo-a partir em companhia de respeitável senhor, provavelmente o pai, desesperou-se. E se a perdesse de vista? Em gesto audaz, arrancou de um dos enormes jarros que decoravam os cantos da sala de recepções, branca e perfumada flor, adiantando-se e depositando-a nas trêmulas mãos da jovem, alegrando-se pela impossibilidade de seu genitor flagrar o apaixonado gesto, pois seguira à frente, dando ordens preliminares aos condutores do carro.

Ato contínuo, o jovem desceu apressadamente as escadarias e dirigiu-se aos servos que o aguardavam para o retorno, ordenando ao escravo de sua predileção:

– Naim, vês aquele carro? Segue-o, trazendo-me notícias precisas de seu destino! Mas cuida de não seres visto!

Dias depois, retornava à fazenda com a cabeça envolta em pensamentos agitados e perturbadores. Estranhamente, sentia amar aquela linda e gentil criatura de há muito! Seria possível? Recordou-se da figura jovem e flexível, dos cabelos escuros e dos olhos infinitamente azuis. Onde já vira aqueles olhos? Anteriormente, em algum lugar e hora, haviam-no fitado com amor! Pela primeira vez, desdenhou o leito conjugal, preferindo esconder-se no outro quarto da casa, não obstante o desconforto da cama que não lhe acomodava o corpo grande e forte. Consolidara uma idéia que há muito o animava: compraria uma residência na cidade onde estavam concentradas suas novas atividades comerciais, em local de prestígio, pois sua nova posição social assim o exigia! Quanto à esposa, ali continuaria, pois os ares do campo lhe fariam bem...

O sono embalava venturosos sonhos, nos quais a criatura da recepção o acolhia com naturalidade e amor. Cenas familiares desfilavam e ele via-se envergando antigo uniforme de exército, provavelmente romano. Amavam-se... Depois, horrível sensação de perda, como se lhe roubassem a felicidade... Uma dor imensa...

No mês seguinte, dedicou-se a encontrar o ambicionado

palacete. Rica e confortável vivenda, cercada por indevassáveis muros que a protegiam dos olhares exteriores, agradou-lhe e ele adquiriu-a imediatamente. Dela podia enxergar o mar com sua embarcações, os floridos e encantadores terraços dos magníficos palácios romanos. Magdala seria ideal para seus negócios florescentes e nela residia a mulher de seus sonhos...

Satisfeito, verificou que a compra do palacete não lhe dilapidara, em absoluto, as economias. Estava rico e até então não se dera conta de sua real situação financeira! O fato renovou-lhe o ânimo, ratificando seu propósito de mudar de vida. A propriedade agrícola seria cuidada por Naim, elevá-lo-ia à condição de liberto e administrador... Fugiria do pesado fardo de residir com uma esposa sempre acamada e a qual não sentia amar...

Mudou-se, pretextando necessidade de estar na cidade que centralizava seus novos negócios. À desesperada esposa, asseverou que nada lhe faltaria, surdo aos seus apelos, peremptoriamente encerrando a discussão, lacônico:

– Não deves acompanhar-me. Os ares do campo são mais saudáveis, minha querida...

Iniciou-se uma nova etapa na existência de Joshua. Afastado de suas origens, esqueceu-se do compromisso conjugal, varrendo-o de seus pensamentos; passou a integrar a legião dos que adotavam a cultura romana, abdicando das crenças e valores judaicos. O dinheiro tudo facilitou. Da esposa ninguém sabia, julgavam-no sozinho, e ele nada fez para esclarecer a real situação.

Os meses subseqüentes marcaram-se pelo desenvolvimento de sérios vínculos afetivos entre os dois jovens. O moço passou a freqüentar-lhe a casa, estabelecendo laços com a família, sinalizando de forma inequívoca a pretensão de desposar a linda patrícia. Embora judeu, aceitaram-no devido à apaixonada insistência da moça e às elogiosas recomendações dos influentes romanos com quem o jovem se relacionava. Além do mais, acima das importantes amizades, dispunha ele de muito, muito dinheiro... Joshua sentia que amava a linda patrícia acima de tudo e de todos, sendo inconcebível a existência longe dela; ocultou-lhe a verdadeira situação de homem casado, temendo o repúdio se soubesse a verdade, por honesta e pura que era.

Sutilmente sondou o límpido terreno da alma de sua amada, constatando o que já sabia. Hipotética e semelhante história provocou adversa reação, principalmente ao relatar o abandono da esposa doente. A meiga criatura tomou-se de compaixão pela enferma, reprovando indignadamente a atitude do esposo relapso.

Visitava a herdade de tempos em tempos, porque dali vinham expressivos lucros, acompanhando satisfeito o desempenho do capaz e honrado Naim. Então, mal adentrava o quarto da esposa, evitando conversas mais prolongadas, que fatalmente redundariam em choros e lamentações. Inquiria as servas sobre a saúde da enferma, exasperado com a vitalidade da inválida.

Como se livraria dela? Ele, Joshua, tinha direito à felicidade! Será que aquela criatura viveria para sempre? Que fazer? Matá-la era o único modo de resolver o impasse, embora a idéia provocasse arrepios!

Certa vez, olhando-a sobre o leito, triste e pálida, intuiu o sofrimento da esposa. Sem amor, doente, frustrada pelos abortos... Apiedou-se, decidindo volver ao leito conjugal no intuito de fazê-la feliz nos poucos dias que lhe restavam, pois não desistira da idéia de eliminá-la. Desagradavam-lhe os contactos físicos, mas procurou mostrar-se amoroso, visando a agradá-la e evitar comentários quando consumasse seus nefandos planos.

Dois meses decorreram.

Joshua forçou-se a ficar na herdade, até porque necessitava cuidar melhor das terras e repassar ao administrador técnicas mais apuradas. Enquanto isso, sua pobre mulher recobrava as cores e a alegria.

Naquele amanhecer, pediu que a retirassem do leito, acomodando-a sob as floridas copas das árvores, onde receberia tênues raios solares. Intenso desejo de viver animava-a. Ele voltara! Amava-a, certamente. Que mais poderia desejar?

A manhã clara e lavada, após as suaves chuvas da noite, recendia a flores de pessegueiros. Brisas cálidas agitavam as ramagens das árvores pejadas de frutos e a natureza resplandecia. Dentro do coração da jovem mulher, um cântico de louvor a Deus: uma vida crescia em seu ventre! Um filho! Vingaria, tinha certeza, porque resultante de um amor renovado, de uma nova chance do Senhor, em atendimento a suas preces!

A serva idosa e fiel observava-lhe a felicidade com reservas. Cautelosamente, sugeriu:

– Senhora, talvez devêsseis esperar um pouco mais para dar ao amo as boas novas... Pode ser um insucesso, minha menina...

– Tens razão, ama, como sempre! Silenciarei até que regresse da próxima viagem... Tomarei cuidado e, quando voltar, surpreendê-lo-ei com o ventre distendido!

No caminho de retorno a Magdala, Joshua acreditava ter feito o melhor para a situação, cumprindo piedoso dever e evitando futuros problemas. Desejava rever a amada... Marcariam a data dos esponsais!

A lembrança da esposa angustiava-o. Precisava eliminá-la! Pelo menos morreria feliz, acreditando-se amada... Alguém, um dos muitos feiticeiros que medravam pela grande cidade, forneceria um veneno fulminante, que não a maltratasse, indolor... Tudo se resolveria...

A estrada estendia-se à sua frente, ensolarada e poeirenta. À beira dela, singular grupo de pessoas chamou-lhe a atenção. Vestiam-se simplesmente, mas suas roupas eram asseadas. Um deles, altaneiro porte e impressionante beleza, prendeu seu olhar. Os olhos claros do homem penetravam-lhe o âmago da alma, como se lessem seus pensamentos. Assustou-se momentaneamente. Como conheceria seus criminosos intentos? Estava ficando louco! Ele nada poderia saber!

Ordenou que as pesadas carroças parassem, indagando:

– Para onde ides, senhores? Poderei servir-vos?

Surpresos com a inesperada gentileza por parte de tão rico senhor, os homens apontaram em direção à aldeia.

– Ora, de lá estou vindo! Possuo bela e produtiva herdade, que é o orgulho de meus olhos! Lá sereis bem-vindos para cear e pernoitar.

Voltando- se para os inúmeros servos que o acompanhavam, ordenou:

– Dai-lhes farto farnel de viagem e ensinai o endereço... Lá chegarão somente ao anoitecer!

Cumprimentando-os, olhos fixos na figura daquele que certamente seria o líder do grupo, prosseguiu caminho.

Os discípulos de Jesus, pois era Ele o homem, encantaram-se com a atitude de tão generoso senhor, agradando-se ainda mais das provisões. Sentiam-se famintos e o alimento viera em boa hora. Assentaram-se à beira do caminho, debaixo de frondosa e velha árvore, agradecendo pela bênção do providencial encontro.

Jesus silenciara.

Após as iniciais manifestações, os companheiros notaram-lhe o silêncio, indagando:

– Mestre, por que calais quando nos alegramos com o alimento farto e inesperado?

– Calo-me, pois trágico drama está se desenrolando... Dele não tendes conhecimento... Porque posso acessar o passado distante, pressinto acerbos sofrimentos futuros... Decisivos acontecimentos marcarão a vida de seis pessoas. Que o Pai os ajude!

Os discípulos entreolharam-se. De que falava o Rabi? Com o tempo saberiam, pois o Mestre costumava usar os acontecimentos da vida como sublimes lições. Agora, restava-lhes aproveitar o alimento generoso, abençoar o nobre senhor e seguir adiante, rumo às terras onde pernoitariam.

Acompanhemos os momentos seguintes à saída do dono da

propriedade, logo após as despedidas. Dores muito suas conhecidas acometeram a esposa, assustando-a. Perderia novamente um filho? Desespero e angústia associaram-se à triste descoberta, materializada no sangue que maculou os alvos lençóis de linho. Recolhida ao leito, imóvel e silenciosa, a mulher chorava mansamente.

Anoitecia. Os pássaros cantavam as derradeiras notas, protegendo-se entre as folhagens; os animais noturnos espreitavam das sombras. No coração da moça, enorme nuvem de tristeza toldava as derradeiras esperanças. Queria morrer! Pediu ao Deus de Israel que a levasse, pois somente assim teria paz. Um pressentimento doloroso dizia que perderia o homem amado, que a felicidade fora ilusória e passageira...

– Senhor, vós tendes enxergado a tristeza de meus dias, longe daquele a quem amo, presa ao leito, pressentindo e esperando a hora em que ele não mais virá ao meu encontro! Agora que me concedestes a suprema felicidade do retorno do esposo querido e a possibilidade de conceber um filho, eis-me a sangrar. Deixai-me ir, Senhor, pois bem sei que esta criança constitui minha última chance! Não saberia viver sem meu amor!

A ama, assustada e comovida, acalentava-a, recomendando paciência e esperança.

Vozes e palmas fora da casa sobressaltaram-nas. Viajantes, certamente... Minutos depois, uma das servas adentrou o aposento, dizendo tratar-se de alguns homens, autorizados pelo amo a dormir e comer... Haviam se encontrado na estrada, pela manhã...

– Devo acolhê-los, senhora?

– Sem dúvida! Providencia o necessário e deixa-me em paz, rogo-te.

– Senhora – complementou a serva –, um deles, o de olhos claros, solicita falar-vos.

– Tens certeza? Dize-lhe que estou doente e que disporá da hospitalidade de nossa humilde casa mesmo que eu não possa recebê-lo pessoalmente.

A serva afastou-se, retornando segundos depois.

– Ele insiste, senhora. Disse que poderá salvar vosso filho...

Espanto e esperança surgiram nos olhos da enferma. Como saberia o viajante de sua incipiente gravidez?! Somente ela e a velha ama tinham acesso à notícia!

– Traze-o até aqui!

Instantes depois o homem adentrou o quarto em penumbra, iluminando-o com sua presença. Singular sensação, misto de paz e ternura imensas, invadiu o coração da mulher e ela acreditou sinceramente que receberia ajuda. Sem nada pronunciar, o Mestre adiantou as mãos, pousando-as levemente sobre o ventre ligeiramente intumescido, cerrando suavemente os olhos, a cabeça elevada em muda prece.

Doce torpor envolveu a senhora. As cólicas e os violentos espasmos cessaram imediatamente, como que por milagre, e sentiu todo o corpo anestesiado, flutuando em um oceano de serenidade. Escutou-o dizer:

– Por muito desejardes este filho, permitimo-vos tê-lo, a fim de que se cumpram os compromissos assumidos quando de vosso reencarne. Provavelmente não me compreendereis, mas no momento isso carece de importância... Ainda falaremos. Agora dormireis e, ao acordardes, tudo estará em condições de seguir o rumo desejado.

Sob os estupefatos olhares da velha ama, o Rabi retirou-se silenciosamente, ordenando-lhe mansamente:

– Cuida de tua ama, boa mulher. Podes trocar a roupa do leito, pois a hemorragia estancou e não mais voltará.

Recuperada, plena de energias, no dia seguinte a dona da casa abandonou o leito, mergulhando de corpo e alma nos ensinamentos do Mestre. Reunidos em extensos serões noturnos, à luz das candeias ou das estrelas do formoso céu da Galiléia, ouviam verdades que lhes aclaravam o entendimento. A antiga enferma extasiava-se com a profundidade e justeza das colocações do novo amigo; não havia acaso, tudo se encaixava perfeitamente no Universo, em uma cadeia de ações e reações, preciosa engrenagem destinada a fazer mover a máquina evolutiva. Certa noite, quando todos haviam se retirado, restando somente Jesus e os discípulos, cuidadosamente indagou:

– Rabi, naquele dia em que me facultastes o maior dos presentes, a possibilidade de ser mãe, quase ao adormecer, sob o influxo das virtudes que me passáveis, ouvi de vossos lábios incompreensíveis palavras. Podeis esclarecer-me?

O Mestre dirigiu-se até a porta da sala, fitando o céu de onde enorme lua derramava claridade sobre campos e pomares, sorrindo. Quanto ainda teriam que aprender para não mais cometerem fragorosos erros, determinantes de sofrimentos e angústias... Olhando depois para a mulher, explicou:

– Convém saibais que uma única existência seria insuficiente para o espírito atingir a perfeição. As pessoas diferenciam-se, ocupando diversos estágios evolutivos. Ora, tomai ciência de que o espírito comete erros em sua roupagem carnal, devido à sua ignorância ou à sua rebeldia. À medida que reencarna, vai aprendendo progressivamente... A meta é o Amor incondicional, pleno... Em cada existência, encontros e reencontros destinam-se à resolução de impasses. Aquilo que se planta, irmãzinha, obrigatoriamente determina aquilo que se colhe... Como não poderia deixar de ser, minha amiga, tendes débitos e imperfeições que clamam por reajustes, o mesmo acontecendo em relação a espíritos com os quais vos relacionastes anteriormente. Alguém que foi vosso cúmplice em nefandos crimes cometidos em existência pretérita, temendo e rejeitando os imprescindíveis acertos, tem-se negado a nascer, embora desejeis afagá-lo e educá-lo, pois há muito o arrependimento sincero envolveu-vos o coração. Sucessivos abortos espontâneos têm interrompido vossas gestações, motivados pela persistente recusa desse espírito em aceitar-vos como mãe e, o que é mais difícil, a vosso esposo como pai. Nada mais fiz do que acalmá-lo com pacificadoras energias, sustando o processo de rejeição desencadeado por sua desesperada vontade. Tenho certeza de que, em se viabilizando o nascimento dessa criança, salutar processo de mudanças se processará em todos os envolvidos no trágico drama do passado.

Rindo, quebrando a seriedade do momento, abraçou carinhosamente a moça em prantos, dizendo:

– Confiai! Em breve tereis ao seio o pequenino... Então, podereis criá-lo conforme o que tendes aprendido de mim; remorso improdutivo, mágoas, rancores, tudo se dispersará ao influxo suave de vosso amor. Bem cedo detectareis as falhas de caráter da criancinha, procurando retificar-lhe os passos, como o jardineiro prestimoso que conduz o tronco da árvore para que não se desenvolva em sentido impróprio e tortuoso. No Universo, filha, tudo tende ao equilíbrio. Assim sendo...

Os dias de Jesus e seus discípulos eram destinados a iluminar e esclarecer as gentes da região. À noite, retornavam à herdade, cumprindo a mesma tarefa junto à senhora, servos e visitantes, num círculo quase familiar. O tempo corria e logo se foram, deixando para trás criaturas renovadas, aptas a encarar a existência com olhos que realmente enxergavam, tomando em sábias mãos as rédeas da encarnação, optando por redentores caminhos, portas estreitas que conduziriam, ao final de áspero trajeto, à amplidão dos espaços evoluídos.

Os meses transcorriam. O ventre da feliz jovem senhora distendia-se e breve sentia os movimentos da criança. Ocasionalmente, entristecia-se, sentindo que a criaturinha parecia negar-se à vida, temerosa do pretérito. Então, docemente entoava lentas e melodiosas cantigas de ninar, entremeadas de enternecedores monólogos, nos quais a figura de Jesus resplandecia, transmitindo noções de amor, perdão, resignação e, principalmente, confiança em um Deus pai, amoroso, tudo fornecendo a seus filhos para que encontrassem a real felicidade. Sentada sob as árvores que protegiam a casa dos ardores do sol, repousando as mãos no ventre volumoso, ela sentia o pobrezinho acalmar-se e uma saudade enorme de Jesus invadia seu coração. Seria tão bom vê-lo atravessar novamente o portão, a luz do poente dourando-lhe a figura bonita!

Enquanto o tempo passava, a mulher preocupava-se. Onde estaria o esposo? Há muito partira, não mais retornando à herdade e sequer dando notícias. As atividades concentravam-se no fiel Naim, que as desempenhava a contento. A colheita de trigo abarrotava os celeiros, aguardando comercialização; os rendimentos auferidos com a venda de frutas acumulavam-se em seguro baú... Tudo indicava tranqüila e constante prosperidade. Faltavam poucos dias para o nascimento da criança!

Enquanto isso, em Magdala, o tempo corria célere, entre absorventes e lucrativos negócios e a figura linda e jovem da amada. A esposa incômoda perdia-se em brumas e o moço procurava olvidá-la, embora soubesse que, caso desejasse sossego e segurança efetivos, precisaria livrar-se dela definitivamente.

Séria e amistosa conversa com o genitor da jovem romana selou o compromisso, marcando-se a data do casamento para breves meses. A face da noiva brilhava, irradiando amor e alegria, enquanto sombrio véu toldava os arroubos do noivo. Consumar a cerimônia tendo esposa alhures? Seria um canalha a seus próprios olhos, que diria aos da amada!

A solução consistia em eliminar a esposa. Encontrá-la-ia acamada, ainda mais após sua prolongada e preocupante ausência. Talvez houvesse falecido! Se não, um poderoso e letal tóxico se encarregaria de pôr término à sua vida, libertando-o para as alegrias do casamento com a linda patrícia. Além do mais, urgia reassumir o controle da herdade sem a ameaça constante da presença da esposa judia, pois certamente os parentes da noiva quereriam conhecer as terras...

Incerteza e remorso atormentaram-no durante dias, mas finalmente decidiu-se, adquirindo mortal veneno, a preço de ouro, em suspeita loja de produtos manipulados. Então, seguiu para a aldeiazinha da Galiléia.

Uma esposa feliz e nos dias finais de gestação acolheu-o. A notícia caiu como um raio em sua atarantada cabeça. Como pudera ser tão tolo! A título de últimos momentos de felicidade da enferma, expusera-se àquela surpresa indesejada!

A gestante surpreendeu-se com a reação; esperava alegria, mas, ao contrário, lia desespero nos negros olhos de Joshua. Que estaria acontecendo? Naquela mesma noite, talvez devido às emoções, precipitou-se o nascimento. E pela manhã, pequenino ser, entre linhos e bordados, dormia junto à venturosa mãezinha.

O pai? Não pregara os olhos, percorrendo ansiosamente os aposentos da pequena casa, dividido entre o nascimento do filho dantes tão desejado e os sonhos de ventura subitamente desmoronados. Que fazer? Renegar o amor que nutria pela linda romana? Jamais! Não poderia viver sem sua presença doce e linda... Livrar-se da esposa, mesmo com um filho? Estranha aversão ao pequenino tomou conta do seu ser, desde que pela primeira vez tomara nos braços o recém-nascido envolto em delicadas roupinhas. Odiava a criança! Seria por lhe roubar a oportunidade de ser feliz junto à mulher que idolatrava? Em meio ao desespero, singulares reminiscências envolviam-no: outros tempos, outros corpos, a mesma mulher amada, cruel conspiração separando-os... Aquela criança, aquele filho indesejado, então adulto, fornecera o filtro letal que ceifara a vida da companheira adorada!

A razão falou mais alto e o rico comerciante convenceu-se de que o aturdimento provocado pela inesperada notícia e as reservas em assassinar a esposa haviam desencadeado alucinações. Tudo ilusão, produto de sua mente confusa...

Os dias posteriores ao nascimento do primogênito foram tumultuados. Embora não evidenciasse nenhum problema, fruindo excelente saúde, ele chorava muito, recusando-se a sugar o seio materno. E quando pressentia a aproximação do pai, agitava-se alucinadamente, gritando como se estivesse sendo maltratado. Após inúmeras tentativas desgastantes e infrutíferas por parte da mãe, humilde escrava cedeu-lhe o seio pesado de leite e ele sossegou, agarrando-se ao corpo da serva com evidente alívio. Pobre criaturinha!

Diante daquele turbilhão de acontecimentos, Joshua teve que repensar sua vida. Recuperado do choque, raciocinou e traçou um plano substituto. Assim, para surpresa de todos, novamente viajou, pretextando negócios urgentes. Ia para perto da amada, decidido a abrir-lhe o coração, confiante de que se acertariam.

Uma calada e entristecida jovem escutou a difícil narrativa. Como se diques ruíssem, assim Joshua desvendou tudo, inclusive as criminosas intenções, frustradas pelo nascimento do filho. Não queria perdê-la! Poderiam resolver... Somente não conseguiria conviver um segundo a mais com mentiras... Atarantada, a moça solicitou:

– Preciso de um tempo... para pensar sobre essa enxurrada de verdades atordoantes. Casado?! És casado! Se meu pai souber, estarás morto! Vai-te. Assim que decidir, avisar-te-ei por uma das servas. Então conversaremos novamente.

Sozinha, atirou-se ao leito, deixando que as lágrimas fluíssem livremente, em franco desespero. Amava-o desde o primeiro encontro, sonhava ser sua esposa, mãe de seus filhos, convencera o pai a aceitá-lo, embora fosse de raça diferente... Também a amava, tinha certeza. Os sentimentos eram comuns, retratavam-se nos olhos, nas mãos que se buscavam...

As alternativas para a solução do intrincado problema sucediam-se. Deixá-lo definitivamente, levando ao conhecimento da família o acontecido? Ocultar a verdade, casando-se apesar da família já existente, obrigando-o a afastar-se definitivamente da herdade? Concordar com a eliminação definitiva da intrusa e criar como seu o pequenino órfão de mãe?

Pesado torpor envolveu-a e ela mergulhou em estranho sono... Como em sonho, via-se jovem e muito bela, casada com um homem que nada mais era que seu noivo atual. As roupas que ambos vestiam falavam de um passado distante, guardando características de séculos anteriores. Todavia, eram romanas... Amavam-se, era feliz, muito feliz, constituindo ambos o par ideal, até que uma mulher também bela e rica o cobiçara, conquistando-o graças a poderoso filtro de amor! Fizera mais... Envenenara-a, desposando-lhe o amado, traiçoeiramente destruindo seu lar, sua felicidade...

Uma mágoa imensa apertava-lhe o peito. Por que não permitir que a infame criatura recebesse na mesma medida? A esposa do noivo muito amado fora a responsável pela desgraça do passado... O recém-nascido, de alguma maneira, também estava envolvido... Estaria sonhando? Ou ficando louca?

Cambaleante, abandonou o leito, dirigindo-se ao pequeno altar onde eram cultuados os deuses do lar. Genuflexa, elevou o pensamento, pedindo auxílio. Subitamente, sob o influxo de pacificante onda vibratória, a raiva e o desejo de vingança cederam lugar a uma necessidade de esquecer, perdoar, relevar a afronta porventura recebida... Pagar o mal com o bem; renunciar ao amor impossível, preservando os elevados conceitos éticos e morais pelos quais se pautara até aquela data; estimular no homem amado bons sentimentos, tirando-lhe da cabeça as idéias homicidas; aconselhá-lo a voltar ao convívio familiar e amar o filho recém-nascido e a esposa que o destino lhe concedera.

Acalmou-se, embora a perda doesse profundamente, sentindo-se em paz consigo mesma. Embora romana, professando crenças politeístas, sua alma intuía a existência de um Ser superior, pai amoroso que cuidava de seus filhos com desvelo, concedendo-lhes sempre o melhor...

Suavemente, murmurou:

– Senhor, seja feita a vossa vontade!

As palavras doces e sábias surpreenderam Joshua! Pálida, trêmula, ainda assim a moça portou-se dignamente, lembrando-lhe os deveres familiares até então esquecidos, chamando-o à razão:

– Jamais seríamos felizes, embora muito nos amemos. Não se constrói nada de bom sobre o sofrimento alheio. Nossos desejos pessoais esbarram no direito do próximo... Mentirosos, omissos, assassinos, que nos restaria? Remorsos, tristeza, infelicidade...

Continuando, atalhou-lhe as contestações:

– Tampouco viveríamos uma farsa, ocultando do mundo a verdade, fingindo que filho e esposa não existem. Não poderíamos enganar a nós mesmos, meu amor! Volta! Uma conversa franca com tua esposa e muito carinho e respeito ajudarão a traçar a senda da verdadeira felicidade. Não fujas a teus deveres, iludindo-te com venturas impossíveis!

A silenciosa figura que retornou à herdade lembrava uma sombra do homem alegre de outrora. Olhando a esposa com o filhinho nos braços, concordou com as palavras da mulher amada, sentindo que incompreensível responsabilidade ligava-o àquela mulher. O pequenino fitava-o angustiosamente, persistindo em temer a presença paterna. Ironia! A esposa tanto batalhara por um filho, a ponto de julgar que ele os uniria, e ambos, pai e filho, repudiavam-se!

Gradativamente as coisas equilibraram; realmente, o respeito e o carinho pela esposa compensaram a ausência de amor, suavizando a perda da amada. Direcionou os negócios sempre prósperos a outras paragens, evitando voltar a Magdala, temendo o reavivar de sentimentos e emoções a custo trabalhados. O filho crescia saudável e lindo! Curiosamente, um traço de sua personalidade preocupava os genitores: era extremamente ambicioso, não se importando em passar por cima de tudo e de todos para impor sua vontade e conseguir o desejado.

Jesus havia estimulado na mãe da voluntariosa criaturinha surpreendente modificação. O Mestre realizara perfeita leitura dos arquivos conscienciais da mulher, detectando-lhe a prontidão para mudanças e a capacidade de auxiliar o comparsa de crimes do passado, o ambicioso feiticeiro da Roma de duzentos anos atrás. Graves imperfeições deveriam ser combatidas pela renovada mãezinha, mediante amorosos ensinamentos e disciplina.

E ela foi brilhante! Houve um momento em que a encarnação pretérita, onde se originaram os traumas do presente, revelou-se com clareza e ela reviu espiritualmente os lances determinantes dos sofrimentos da atualidade. No filho rebelde e agressivo, ambicioso e apegado aos bens materiais, recebia ela a oportunidade de quitar os próprios e pesados débitos, ensinando-o a amar o próximo como a si mesmo, libertando-o do exagerado vínculo às riquezas. No esposo amado, a chance de estimulá-lo ao perdão ensinado pelo doce amigo, através de sua paciente e diuturna exemplificação. Na jovem romana amada pelo esposo, criatura que soubera colocar o dever, o perdão e o amor incondicional acima de tudo, o exercício da gratidão, abençoando-a pela redentora renúncia, gradativamente educando os sentimentos de ciúme, inveja, apego.

Uma pergunta incomodava a judia. Onde estaria aquele que fora seu esposo no passado, covardemente assassinado, e a escrava que fora sua cúmplice nos hediondos crimes?

Naqueles idos tempos em que a mulher era criada para o lar e os pais decidiam o matrimônio de suas filhas, o indignado genitor da noiva supostamente abandonada, pois ela calara a respeito do ocorrido, combinou suas núpcias com promissor partido, à revelia dos desejos da jovem. Sabendo da inutilidade de resistir, submeteu-se. Da união adveio um casal de filhos, sendo que, desde muito pequeninos, ambos apresentavam sérios problemas digestivos, requerendo da jovem mãe extremos cuidados e rigoroso acompanhamento médico.

Dez anos depois, falecia o esposo da jovem romana em combate, pois integrava o corpo de oficiais do exército imperial, deixando-a viúva e em excelente situação financeira.

Na distante herdade, na mesma época, fatal enfermidade ceifara bruscamente a vida da esposa do agricultor e comerciante, para imensa tristeza de todos que a conheciam, mercê de sua bondade e acendrado amor ao próximo, refletidos nas meritórias obras entre os desvalidos da região. Assim, pranteou-se a partida daquela que, séculos atrás, eliminara vidas em nome de alucinada paixão. Soubera cumprir sua missão no seio familiar e comunitário, redimindo-se perante as leis divinas.

Decorridos os primeiros tempos de luto, amenizada a saudade da esposa, a quem aprendera a devotar imensa ternura e consideração, Joshua deixou-se embalar pelas recordações do amor impossível. Estaria sozinha? Amá-lo-ia ainda?

Ele convertera-se ao cristianismo, influenciado pela falecida consorte, exemplo de amor e dedicação ao Mestre Nazareno, desvelando-se no anônimo e profícuo trabalho de divulgação de sua doutrina, perseverantemente desempenhado até seu precoce desencarne.

A questão das convicções religiosas incomodava Joshua! Caso estivesse livre, como reagiria a moça diante de sua crença e dos valores determinados pelo advento de uma consciência nova a respeito das pessoas e do mundo?

Deixando a herdade, que se tornara um dos pólos de divulgação da doutrina cristã, em ensolarada e formosa manhã de primavera iniciou o trajeto para Magdala. Ia em busca da que fora sua noiva! Perdido em pensamentos, recordava-se de um dia distante, anos atrás, em que se encontrara, naquela mesma estrada, com o homem que desencadearia salutares mudanças em sua existência e na de outros a ela relacionados, impedindo sobretudo que, em um momento infeliz, optasse pelo assassinato, acarretando maiores débitos futuros para seu espírito, com acréscimo de lágrimas e sofrimentos.

Fora ali, naquela curva! Buscando com os olhos o antigo escravo que cumprira suas ordens na época, indagou saudosamente:

– Tu te recordas de Jesus na curva do caminho, quando deste o farnel com comida?

– Como não, meu senhor! Quem diria que ele estaria em nossas vidas, concedendo-nos a verdadeira liberdade, a do espírito. Para que preciso de um papel se me sinto livre e pleno sendo servo dele? Por isso recusei o pergaminho de alforria que muitos consideram precioso, optando por vossa confiança e pelo sincero desejo de cuidar do senhorzinho como se fosse meu filho também.

A grande cidade não lhe pareceu a mesma. Expandira-se consideravelmente e ele receou que a moça não mais ali residisse. E se estivesse casada e cheia de filhos? Restar-lhe-ia renunciar aos sonhos de amor...

O luxuoso palacete com seus jardins e fontes ocupava o mesmo local. Crianças brincavam ruidosamente entre as aléias floridas, vigiadas por idosa serva, na qual, emocionado, reconheceu a ama de outrora. Apoiou-se às grades do artístico portão, encostando a testa escaldante aos frios gradis. O que temera estava consumado! Casada, com filhos... Melhor partir sem com ela falar, evitando constrangimentos para ela e o esposo. O amor vivenciado com tamanha sinceridade e incomum pureza pertencia ao passado e como tal deveria permanecer, como simples recordação!

Sob o olhar compadecido do servo amigo, subiu agilmente à montaria, conclamando-o:

– Vamos, meu amigo. Acabou.

Uma voz alcançou-os, afetivamente dizendo:

– Senhor, senhor, conheço-vos! Não vos lembrais de mim? Sou a ama da senhorinha... Vinde, vou chamá-la. Ficará felicíssima! Esperai, por favor!

As duas crianças haviam interrompido as brincadeiras, aproximando-se das grades, amorosamente acolhidas pela serva.

A medo, indagou:

– São da tua senhora?

– Sim, meu senhor. Pobrezinhos! Faleceu-lhes o pai há meses!

Vestida de branco, gentil figura atravessava os jardins, atraída pela conversa. Não mudara naqueles anos todos, conservando a aparência jovem e o talhe esbelto e flexível! Avistando-o, intensa emoção estampou-se no belo rosto. Após instantes iniciais de incerteza, acelerou os passos, vindo em desabalada carreira envolvê-lo em apertado abraço.

– Sabia que virias, meu amor. Em lindo sonho, ela me disse que finalmente me devolveria o amor de outrora, para que juntos caminhássemos, unindo em uma mesma família afetos e desafetos do passado, na difícil e maravilhosa tarefa de sublimação do amor, elevando-o dos limites simplesmente carnais e familiares à grandeza do amor ensinado por Jesus, nosso Mestre.

Rindo da surpresa do moço, literalmente de boca aberta, ela argumentou:

– Também sou cristã, como vês. Assim, acalma-te! Somente quero lembrar uma coisa: eu ainda não o era, sequer havia ouvido falar do Profeta da Galiléia quando renunciei ao nosso relacionamento em prol do bem de outras criaturas, colocando o dever acima do querer momentâneo, conforme depois os Santos Evangelhos me disseram ser o correto. Importam os nossos sentimentos e não os rótulos! Hoje, tendo aceito o Mestre em minha vida, compreendo muito melhor a caridade e o amor ao próximo, acreditando que a reencarnação presente nos ofertará o abençoado ensejo de perdão e recomeço.

Depoimento

Queridos irmãos, difícil é perseverar no caminho do bem quando os anseios do coração solicitam atenção, ainda que à revelia do dever. São momentos de intenso conflito, nos quais nossos valores e crenças, profundamente arraigados e continuadamente repetidos reencarnação após reencarnação, clamam pela ratificação do homem velho, avalizando escolhas que redundarão em débitos futuros de significativa envergadura.

Só a nós cabem as escolhas! Livre-arbítrio! No entanto, as pessoas que nos cercam, influenciando-nos de uma maneira ou de outra, co-responsabilizam-se. Os sábios conselhos e ponderações da mulher amada guiaram-me os passos, relembrando-me o dever e a caridade, em suas mais amplas e profundas acepções. Renunciando à possibilidade de imediata felicidade, ela interrompeu o vicioso círculo de ações e reações negativas, propiciando o cumprimento de redentor projeto reencarnatório. Como em uma preciosa máquina, cujas engrenagens necessitam girar sincronizadas, um único elemento defeituoso ocasionaria o descontrole do mecanismo, provocando danos e desgastes, inviabilizando desígnios, retardando o necessário ajuste entre seres.

Muitos devem questionar se fomos felizes quando finalmente nos unimos. Com certeza! Não como as pessoas corriqueiramente julgam, acreditando que o casamento será um eterno mar de rosas, isento de problemas e desafios, mas verdadeiramente, realizando a tarefa a que nos havíamos proposto com prazer e incondicional amor. Aquelas três crianças deram um trabalho imenso! Sob o mesmo teto, no papel de filhos, reuniram-se os personagens da tragédia de outrora: o esposo assassinado, o fornecedor do letal tóxico e a serva cúmplice no crime! Como pai, o pivô da tragédia, o romano pelo qual uma apaixonada mulher não relutara em matar e corromper. Como mãe, a jovem esposa romana de outrora, sumariamente eliminada. Havia entre nós profundas mágoas, ressentimentos, ódios, tudo camuflado sob o tênue e abençoado véu do esquecimento, presentes em nosso relacionamento sem que pudéssemos explicá-los ou entendê-los. Iluminados pelos ensinamentos do Cristo, amparados por seus conceitos de verdadeira caridade, aquela que compreende, releva e ama, conseguimos vencer com muito esforço e paciência. Ao final da encarnação, éramos amigos e havíamos exercitado o desapego nas áreas afetiva e material.

Para que as coisas melhorem em nossa existência e haja real evolução do ser, precisamos simplesmente amar. O único problema é que ainda não sabemos exercer o amor, confundindo-o com sentimentos e emoções menores. Por isso estamos sobre o planeta Terra, para aprender a Amar! Surpreende-vos a colocação do verbo "estamos"? Presentemente, encontro-me encarnado. Nada de espetacular, apenas integrando uma família, com filhos, esposa, parentes... Prossigo na dificílima aprendizagem do Amor... As verdadeiras missões começam pela simplicidade...

Joshua

Marcus Virgilius, o espião

"Aproximava-se a festa dos Ázimos, chamada Páscoa. E o chefe dos sacerdotes e os escribas procuravam de que modo o eliminariam, pois temiam o povo." (Lucas, cap. XXII, v. 1 e 2).

"Chegada a manhã, todos os chefes dos sacerdotes e os anciãos do povo convocaram um conselho contra Jesus, a fim de levá-lo à morte. Assim, amarrando-o, levaram-no e entregaram-no a Pilatos, o governador."(Mateus, cap. XXVII, v. 1 e 2).

"Então, de Caifás conduziram Jesus ao pretório. Era de manhã. Eles não entraram no pretório para não se contaminarem e poderem comer a Páscoa. Pilatos, então, saiu ao encontro deles e disse: "Que acusação trazeis contra este homem?" Responderam-lhe: "Se não fosse malfeitor, não o entregaríamos a ti." Disse-lhes Pilatos: "Tomai-o vós mesmos e julgai-o conforme vossa Lei." Disseram-lhe os judeus: "Não nos é permitido condenar ninguém à morte." !João, cap. XVIII, v. 28 a 31).

"Então Pilatos entrou novamente no pretório, chamou Jesus e disse-lhe: "Tu és o rei dos judeus?" Jesus respondeu-lhe: "Falas assim por ti mesmo ou outros te disseram isto de mim?" Respondeu Pilatos: "Sou, por acaso, judeu? Teu povo e os chefes dos sacerdotes entregaram-te a mim. Que fizeste?" Jesus respondeu: "Meu reino não é deste mundo. Se meu reino fosse deste

mundo, meus súditos teriam combatido para que eu não fosse entregue aos judeus, mas meu reino não é daqui." (João, cap. XVIII, v. 33 a 36).

"Por estas palavras, Jesus claramente se refere à vida futura, que ele apresenta, em todas as circunstâncias, como a meta a que a Humanidade irá ter e como sendo o objeto das maiores preocupações do homem na Terra. Todas as suas máximas se reportam a este grande princípio. Com efeito, sem a vida futura, nenhuma razão de ser teria a maior parte de seus preceitos morais, donde vem que os que não crêem na vida futura, imaginando que ele apenas falava na vida presente, não os compreendem ou consideram-nos pueris." (O Evangelho segundo o Espiritismo, cap. II).

O Mestre partira.

Horas de profunda dor haviam marcado o decesso daquele que viera para iluminar os caminhos, afastando as trevas que envolviam a Humanidade. Sua trajetória propiciaria a muitos a oportunidade de reavaliar valores e crenças, ensejando, individual e socialmente, redentoras modificações.

Preso, dominaram-lhe o envoltório corpóreo, mas jamais o espírito. Açoitado, insultado, vilipendiado, torturado, soube pairar acima das dores da carne, exemplificando sempre, vivenciando de maneira virtuosa e destemida os ensinamentos que ministrara.

Outros padeceram idêntico suplício, pois assim eram comumente castigados os infratores, segundo as leis romanas vigentes à época; suas figuras perderam-se no tempo, olvidadas e desconhecidas. As palavras, gestos e atitudes de Jesus, no entanto, permanecem através dos séculos e sempre estarão presentes, pois que lavradas por irrevogáveis Leis, as divinas.

Amor, compreensão, humildade, tolerância, paciência, resignação, renúncia, perdão, caridade na sua mais pura acepção...

Preso ao madeiro infamante, Jesus converteu-o em luminoso símbolo de redenção e liberdade, conservando o mesmo equilíbrio dos tempos em que percorria as estradas e caminhos de sua amada Galiléia. Ferido, sangrando, dilaceradas carnes, jamais permitiu que as ulcerações físicas lograssem atingir-lhe a alma de alvinitente pureza. Olhando a turba que se agitava insultuosa e ensandecida a seus pés, amou a todos ainda, compreendendo-lhes a ignorância espiritual, ultrapassando as barreiras do tempo, visualizando o futuro, através e além dos séculos vindouros, quando vivenciariam seus ensinamentos e os escárnios e impropérios seriam transformados em palavras de consolo e pacificação. Então, as mãos ameaçadoramente erguidas abaixar-se-iam nos misteres do abençoado trabalho de ajuda ao próximo, elevando-se ao Criador, convertidas em instrumentos de amparo e louvor. As reencarnações suceder-se-iam e, na longa senda evolutiva, as imperfeições gradualmente seriam dissipadas; conhecendo a Verdade, libertar-se-iam das sombras inerentes ao estágio evolutivo de cada um.

Compadecido, fitou-os e débil sorriso iluminou-lhe as esgotadas feições. Tinha plena consciência de que radioso amanhã aguardava a Humanidade! Aquele era o começo, a derradeira e difícil hora... Confiante, entregou-se ao Pai.

Postado à frente da vociferante multidão, um homem permanecera imóvel e calado o tempo todo.

Jovem, de atlético porte, rijos músculos e tisnada tez, não fossem as roupas da terra, passaria por cidadão romano, provavelmente um soldado. Maxilares cerrados, braços ao longo do corpo, mãos contraídas de tempos em tempos, um observador mais atento detectaria tensão nervosa reprimida a níveis extremos, prestes a extravasar. Poderia precipitar-se em direção à cruz a qualquer momento, tal a fixidez com que a olhava.

Avassaladora onda de pensamentos agressivos e sombrios envolvia o moço, mas os gritos e os insultos da multidão não pareciam dissuadi-lo do intento de observar o desenrolar dos fatos, pois continuara no Gólgota até o derradeiro suspiro do Mestre, mentalmente registrando cada detalhe do doloroso calvário.

Seus olhos acompanharam a movimentação aos pés da cruz. Um único discípulo, o mais jovem, a quem chamavam João... Mulheres piedosamente chorando pelo Mestre... Uma delas, de suave beleza, olhos inchados de tanto prantear, a mãe, Maria de Nazaré, não arredara pé, acompanhando a morte do filho amado, daquele que carregara nos braços, que amamentara ao seio, a quem pensara ensinar, ainda pequenino, as coisas da vida; lembrava-se do primeiro sorriso, de quando primeiramente a chamara, do primeiro dentinho, dos risos pela casa, dos pezinhos tropicantes ao aprender a andar... Os olhos de Jesus fitaram-na e ela julgou neles entrever silencioso pedido de desculpa por não poder eximi-la de tanta dor... Outra, de tão esplendorosa beleza que as vestes discretas não conseguiam ocultá-la, aos prantos. O homem lembrou-se dela, das cercanias de Magdala. Também Maria, Maria de Magdala...

Os céus escureceram, prenunciando tempestade. Ventos furiosos agitaram os arvoredos e nuvens de poeira levantaram-se. Recortadas contra o plúmbeo horizonte, as três cruzes. Jesus entre os ladrões!

A multidão retirava-se às pressas, abandonando o local do martírio, temendo a iminente tempestade. Poucos permaneceram nos misteres ulteriores ao desencarne de Jesus: soldados romanos, alguns assistentes do templo de Jerusalém, provavelmente informantes, as mesmas mulheres, João...

Então, percebendo que tudo estava consumado, o homem voltou para casa, palmilhando entorpecido e desesperado os caminhos e ruas da cidade de Jerusalém, qual morto-vivo. Os pés pesavam como chumbo, as lágrimas desciam incontroláveis, finalmente liberando as intensas emoções das últimas horas, relaxando a tensão a que se submetera ao anular a vontade de postar-se ao lado do condenado, conclamando as autoridades e a turba à razão. Fora demasiado, mesmo para ele, um soldado de Roma, afeito aos combates, ao sangue derramado, à dor...

Chegando ao lar, atravessou o portão quase que correndo, dispensando com distraído gesto o servo que lhe fora ao encontro, preocupado com a aparência suja e desgrenhada do amo, estranhando as vestes amarfanhadas, a fisionomia descomposta.

Subiu as escadas vagarosamente, as pernas fortes recusando-se às ordens mentais, terminando por adentrar o aposento de dormir, jogando-se sobre o leito, vestido como estava. Imensa prostração envolveu-o e pesado sono subtraiu-o à dor. Solícito servo, após diversas inspeções, resignou-se a deixá-lo dormir sem banho e ceia, constatando-lhe a profundidade do sono e o cansaço. Recolheu-se também, intrigado com o incomum comportamento do amo, de natural comedido e meticuloso em questões de higiene e alimentação.

Há muito amanhecera quando Marcus Virgilius despertou; os acontecimentos do dia anterior voltaram lentamente à dolorida cabeça e com eles insuportável angústia a constranger-lhe o peito, como se vigorosa tenaz apertasse o coração acelerado. Como pudera calar-se, deixando que tudo aquilo acontecesse? Como?

Jesus!

As recordações brotaram nítidas.

Ouvira falar daquele homem inicialmente pela boca dos servos da casa... Então, imputara à crédula simplicidade das criaturas o milagre relatado, acreditando que buscavam iludir-se, fugindo à realidade de suas vidas desprovidas de liberdade. Uma das escravas adoecera e, apesar dos cuidados médicos, os sintomas agravaram-se tanto que fatalmente determinariam a morte da infeliz. Aquiescendo ironicamente à solicitação de um de seus serviçais, permitira a entrada de um dos seguidores do tal profeta no alojamento. Por estranho "acaso", a mulher restabelecera-se, fato que reforçara a fé dos servos, arregimentando novos adeptos para o Rabi, pois em nome dele fora realizada a imposição de mãos e a pretensa miraculosa cura.

Surpreso, agradecido pela recuperação da valiosa escrava, aprestara-se em colocar nas calejadas mãos da rude e humilde figura, provavelmente um pescador, algumas peças de ouro. A serva valia mais, muito mais, em qualquer leilão! Um sorriso brando acompanhara o recebimento da generosa ajuda, seguido da informação de que seria destinada aos menos favorecidos. Lembrava-se de haver sorrido também, intimamente duvidando da sinceridade do homem, perguntando-se quais seriam seus pensamentos caso realmente estivesse disposto a abdicar dos muitos confortos proporcionados pelo metal.

Depois, dele ouvira falar nas rodas de conversação dos amigos e companheiros de trabalho. Ironia, despeito, inveja, raiva, preocupação com as possíveis intenções políticas do profeta nazareno...

Há pouco deixara Roma, iniciando suas atividades nas conquistadas terras da Palestina. Jovem e ambicioso, pertencente a rica e conceituada família, decidira enfrentar as dificuldades em distantes paragens, estabelecendo seguros alicerces de bem sucedida carreira militar, degrau para sonhos mais audaciosos, possivelmente o senado. Afinal, muitos haviam chegado ao poder através de triunfais marchas sobre povos, delineando com sangue o caminho da ascensão pessoal. Faria o mesmo! Designado para a cidade de Jerusalém, comandava um dos muitos centuriatos de que dispunha o império romano para garantir a tranqüilidade e a subserviência nas nações sob seu férreo jugo.

Nos últimos meses, percorrera as ruas da populosa cidade e os vilarejos que a cercavam, observando os procedimentos do orgulhoso e irresignável povo dominado, sentindo nos ares o descontentamento. Trabalhando nos palácios, presenciara em inúmeras oportunidades contactos entre dignitários romanos e judeus, estes lutando desesperadamente para manter a ascendência sobre o povo, mesmo que ao elevado preço de forçosa aliança com o inimigo. Os sacerdotes, aqueles mesmos que se postavam nas tribunas do templo, arvorando-se em conselheiros espirituais, sorrateiramente adentravam os luxuosos salões dos mandatários de Roma... Certamente, a maior parte dos conchavos políticos nada tinha de religioso, mas sim preocupações materiais: dinheiro, bens e, principalmente, poder. Ao saírem, afivelavam nos rostos máscara de piedade e resignação, abaixando as cabeças. Impossível deixar de sorrir, pois conhecia as reais intenções por debaixo da aparência de santidade; seus ouvidos de soldado haviam escutado os acordos e as palavras de duplo sentido, seus olhos observaram-lhes a conduta calculadamente servil!

"Raça de hipócritas..." Assim o Mestre os qualificaria!

Referiam-se a Jesus com raiva e preocupação, pintando-o aos olhos dos representantes romanos com as cores da traição e da revolta, recomendando que se prevenissem contra sua perniciosa influência sobre o povo, solicitando utilizassem a autoridade e o poder de Roma para interferir, uma vez que a subversiva criatura ameaçava não só a tranqüilidade das classes religiosas judaicas, mas também os romanos, afrontando a todos ignominiosamente. Relatavam que, sob a pretensa capa de respeito aos costumes de seu próprio povo, o homem injustificadamente chamado Rabi ousava colocá-los em constrangedora situação, porque, agindo em nome do Deus de Israel, deitava por terra dogmas e rituais, acrescentando à lei de Moisés noções que levariam as criaturas à busca interior, suscitando perigosos questionamentos. Adentrara o templo sim! Mal acolhido, não se amedrontara, retirando-se simplesmente, tornando praias e estradas, campos e casas, locais para o exercício de seu ministério, louvando o Senhor Deus, imaginem, sob as estrelas! Curava aos sábados, enfrentava a sabedoria dos doutos, pregava desapego aos bens materiais, atrevera-se até a questionar a presença de vendedores no templo, lucrativo negócio para a comunidade religiosa! E muito, muito mais! Verdadeira ameaça à ordem pública e ao poder constituído!

Realmente, o tal Jesus ocupava o pensamento de muitos, mas jamais desejara conhecê-lo melhor, considerando-o visionário, quiçá interessado no poder, por que não? Uma daquelas criaturas com carisma, a quem o beneplácito do acaso e o uso de palavras e temas adequados propiciaram a elevação a relativas alturas, permitindo certo domínio sobre o populacho inculto e carente.

Com desagradável surpresa e indisfarçável indignação recebera de seus superiores a incumbência de seguir Jesus disfarçadamente, elaborando relatórios pormenorizados sobre suas atividades, destinados às autoridades romanas. Um de seus subordinados poderia resolver a questão a contento! Por que ele pessoalmente?! Tentara explicar-se, ponderar, sugerir, todavia foram inflexíveis.

Azar! Amaldiçoara as rapinas religiosas que, com suas queixas e suposições, haviam-no colocado em apuros, jogando-lhe nas mãos o degradante serviço. Espião! Não poderia adivinhar que, meses após, passaria a abençoá-los, considerando-os o instrumento da Providência que lhe permitira conhecer Jesus e entrar em contacto consigo mesmo e com a Verdade.

Diante do inevitável, capitulara, tratando de arranjar vestes semelhantes às dos judeus, observando seus gestos e linguajar, garantindo a veracidade do disfarce. Em pouco tempo, julgara-se apto aos misteres da espionagem, considerando fácil e rápida a ingrata tarefa, pois o profeta certamente não passaria de rústica criatura e seus feitos seriam destituídos de quaisquer sutilezas, aumentados pela boca ignorante do povo. Breve apresentaria os relatórios, eximindo-se da inglória empreitada.

A tarde caía lentamente. O calor sufocante do dia começava a amainar e seu homem estava sentado em um dos barcos ancorados na praia. A multidão cercava-o à semelhança das ondas do mar às suas costas, inquieta e murmurante. E que multidão! Surpreso, constatara que ali pareciam estar reunidas as mazelas de toda a Palestina! De onde haveriam saído tamanhas misérias? Apiedado, amparara um adolescente que se arrastava sobre muletas, os cotos das pernas sangrando purulentos, levando-o até pequena elevação, onde procurara acomodá-lo, depositando em suas trêmulas, magras e agradecidas mãos uma moeda de significativo valor, disfarçadamente, para não atrair atenções, levando aos lábios o dedo em sinal de silêncio.

Mais além, um cego, outro, e mais outro... Feridas e chagas, lágrimas e gemidos. Criaturas manietadas, de dementes olhos e esgares...

E o homem sentado no barco, a fitar a multidão, de costas para o verde mar da Galiléia...

Finalmente ele falara e havia serenidade e sabedoria nas palavras soltas na cálida e olorosa brisa. Surpreendera-se, pois bem diversa era a idéia que fazia do Rabi e de sua competência como profeta. Enganara-se. Não se tratava certamente de um néscio e muito menos de um rústico. O porte altaneiro, os gestos nobres, a postura, a beleza, a luz que parecia envolvê-lo como contínua chama, tudo denunciava uma incontestável grandeza. Estivesse ele em meio a muitos, ainda assim se distinguiria!

Envidara esforços para manter a neutralidade, imunizando-se contra o encanto do Mestre, pois ali estava para ver, ouvir e avaliar, e não para se comover com as dores humanas e com a figura que, de encontro ao cenário róseo e dourado do horizonte, delineava-se luminosa.

Pequeninas mãos agarraram-lhe as pernas e ele deparara com a criaturinha a seus pés, as roupinhas limpas e rotas, os cachos castanhos a emoldurarem o rostinho confiante, os olhos escuros e belos olhando-o sem ver. Temendo que a pisoteassem, tomara-a ao colo, murmurando palavras suaves, enquanto com indignado olhar buscava a mãe da menina. Onde estaria a relapsa criatura, que deixava uma criança cega aventurar-se entre tantas pernas?

O Mestre silenciara e a multidão, antevendo a possibilidade de cura, ondulara em sua direção, cada um procurando ser visto e atendido. Levado pela vaga humana, encontrara-se frente a frente com o Rabi, objeto de suas secretas investigações.

Surpreendentemente, Ele sorrira, endereçando-lhe rápida piscadela. Perdera a fala, um nó na garganta, sentindo o rosto em brasas e o coração em disparado toque. Saberia Ele de algo? Detestara com todas as forças os sacerdotes judeus que o haviam colocado em tal enrascada e seus superiores, por haverem concordado com tamanho absurdo! Será que Roma não dispunha de espiões profissionais suficientes? Certamente os fariseus também os tinham! Por que ele? Por quê?

As mãos do Mestre estenderam-se para a meninazinha em seus braços. Uma delas afagara os cachinhos, desmanchando-os; a outra tocara-lhe os olhos instintivamente cerrados. Primeiro o direito, depois o esquerdo, enquanto as mãozinhas tateavam, agarrando-se finalmente à forte e bronzeada mão de Jesus... Ele rira o riso bom e profundo dos que amam.

– Olha, pequenina, olha as belezas que nosso Pai criou!

Os olhos até então cegos pestanejaram sob a áurea luz do crepúsculo. Inicialmente viram Jesus, depois o verde mar, de brancas e espumantes ondas, e mais além o sol, imensa bola de fogo a mergulhar nas distantes águas unidas ao céu...

Com insistentes súplicas, outros já desviavam a atenção do Mestre e Ele prosseguia sempre...

Uma mulher em prantos arrebatara-lhe dos braços a filha, prostrando-se de joelhos em agradecimento Àquele que já se fora, entregue aos doces misteres do Amor.

Emudecido, chumbado ao solo, atônito, quedara-se a observá-lo, pois para isso ali viera.

Palavras de consolo, esclarecimentos, alívio para as dores superlativas...

Descobriria, nos meses seguintes, que Jesus jamais se permitia desperdiçar o tempo, ocupando cada minuto em esclarecer e iluminar, como se houvesse um planejamento a ser seguido, uma hora pré-determinada para o encerramento de sua trajetória, e esse momento de despedida estivesse próximo.

Misturado à multidão de cada lugar, seguira-o, anotando mentalmente palavras, gestos e atos, cuidadosamente descritos à noite em pergaminhos, à luz dos candis, no silêncio das estalagens ou em qualquer lugar que lhe servisse de abrigo, pois espionar Jesus implicava não ter lugar certo para repousar. Baseado em tais apontamentos, elaboraria os relatórios que seriam enviados às autoridades romanas.

Em Cafarnaum, na casa de um pescador chamado Simão,

presenciara quando uma mulher, envolvida em longo manto, caíra aos pés do Mestre, afastando os panos e deixando ver rosto e corpo de impressionante beleza. As candeias iluminavam-lhe a formosura, as lágrimas, o desespero. Então, Jesus chamara-a pelo nome, como se de há muito a conhecesse, embora ela jamais o tivesse encontrado: Maria! Erguera a soluçante criatura, escutando-lhe as queixas com serena compreensão, confortando-a com sábias palavras, retirando dos frágeis e belos ombros o peso da culpa e da abjeção, permitindo-lhe recuperar a auto-estima, colocando a renovação interior e a caridade como imprescindíveis caminhos para a pacificação do ser e a felicidade.

À luz imprecisa, o romano julgara ver, logo no início da entrevista, vultos escuros e assustadores a rodeá-la. Tantos! Subitamente, afastaram-se, expulsos pela luz do Mestre.

Estivera também no banquete do estulto e orgulhoso fariseu Simão, que convidara Jesus com o intuito de submetê-lo à curiosidade de seus convivas, promovendo-se. Ali encontrara novamente Maria, desafiando preconceitos e hipocrisias da sociedade, expondo-se ao risco de ser apedrejada. Mais uma vez, lançara-se aos pés do Mestre, lavando-os com suas lágrimas, secando-os com os longos e macios cabelos, ungindo-os com precioso perfume, sincera oferenda àquele cujos dias na roupagem carnal logo chegariam ao fim.

Aos comentários mordazes que lhe criticavam a postura considerada demasiado benevolente, imprópria, o Rabi respondera com extremas sabedoria e sensibilidade, ousando desmascarar os conceitos distorcidos e hipócritas dos tempos, com justeza de pensamento e clareza de idéias. Penalizado, compreendendo a dor da mulher rejeitada em seus anseios mais sublimes, dissera: "O amor cobre a multidão dos pecados..."

Compará-lo aos difamadores? Impossível! Ele era de outra cepa, superior a tudo conhecido até então!

Prolongara a tarefa, demorando-se na observação que o fascinava cada vez mais. O trabalho, inicialmente considerado tedioso e inglório, revelava-se surpreendente.

Sempre disfarçado, peregrinara com Jesus, conhecendo-o, aprendendo a amá-lo. Como não amar, compartilhando de seus caminhos, apreendendo-lhe as idéias?

Mais do que Profeta, um Mestre! Perseguindo-o pelas estradas, tivera a oportunidade de saber como se portava no dia-a-dia, como eram as horas em que não estava cercado pela multidão. Jesus apreciava o banho em cristalinos regatos, as frutas secas, as longas e descontraídas conversas sob o manto das estrelas... Presenciara seu caminhar por alvas areias, qual menino, as vestes afastadas dos pés que buscavam as ondas desfeitas na praia, os cabelos soltos ao vento... Ou adentrando os barcos, em companhia de rudes pescadores, alegre com o resultado da pesca. À noite, nas casas humildes, as crianças buscavam-lhe o colo, ingenuamente maravilhadas com as emanações de amor que o cercavam e com o encanto das histórias: "...havia um rei que convidou...". As crianças espirituais, em seus corpos adultos, escutavam também suas parábolas... Contador de histórias, possibilitava o entendimento na exata medida da evolução espiritual de cada um.

Amava-o, Ele desvendara as verdades pelas quais sempre ansiara, ainda que inconscientemente! Os sonhos de glória e poder de outrora, alicerçados em conquistas militares, desvaneceram-se, parecendo ridículos, pueris, cedendo lugar aos anseios da alma relacionados às realidades do espírito. Almejar simplesmente os louros da terra quando o Mestre permitia visualizar as grandezas do Reino de Deus, na sua mais pura acepção?!

Discreto, preservara o anonimato, respeitando a tarefa e os deveres a ela inerentes, principalmente porque, em tais empreendimentos, recomendava-se distanciamento emocional. Como se ele já não estivesse envolvido, aos pés de Jesus!

Apresentara relatórios, isentando o Mestre de quaisquer culpas, recomendando não o hostilizassem, porque inofensivo para o poderio romano e até propício ao estabelecimento da paz, uma vez que pregava o distanciamento dos poderes terrenos e uma renovação interior benéfica e pacificadora.

Oficialmente concluída a investigação, retornara a suas tarefas rotineiras, mas continuara a buscar os locais onde Jesus estava, sempre que o tempo e as atribuições do cargo permitiam, misturando-se à multidão, sorvendo suas palavras, linfa que saciava a sede, acalmando a alma sequiosa de Verdade.

O Mestre não poderia deixar de notar a presença do jovem, principalmente por sua constância; os discípulos haviam-no alertado também, preocupados com sua segurança. Limitara-se a sorrir, recomendando que o deixassem ir e vir tranqüilamente, permitindo-lhe o acesso ao grupo sem maiores problemas. Jamais conversaram! Às vezes, os olhares cruzavam-se e Jesus sorria compreensivamente; o moço abaixava então os olhos, encabulado com a missão a que fora destinado, alçando-os depois, mergulhando-os nos do Divino Enviado. Não raro correspondia ao sorriso, o coração transbordando de fraterno amor por aquele que os céus haviam destinado como o Messias. Caso indagassem o motivo pelo qual aceitava Jesus como o filho de Deus, de acordo com as Escrituras, se mesmo os judeus duvidavam, não saberia responder...

Nos derradeiros dias, assistira à entrada de Jesus em Jerusalém. Saudado como libertador, aplaudido como rei, conscienciosa e categoricamente o Mestre alertara os entusiasmados discípulos, recordando-lhes a lucidez e a humildade imprescindíveis ao cumprimento da tarefa que a todos aguardava, ao mesmo tempo em que os avisava da inevitabilidade do doloroso desfecho, tantas vezes por Ele mencionado, necessário à implantação da Boa Nova e compatível com o precário nível evolutivo do planeta. Incrédulos, refutavam suas ponderações. Não vira Ele como fora aplaudido? Como estendiam as mãos para tocá-lo? Não poderia Ele satisfazer os anseios do povo, libertando-o do jugo romano, devolvendo-lhe a justa supremacia de nação eleita por Deus? Se isso ocorresse, seria aclamado rei, pairando acima de tudo e de todos!

Ainda não o haviam compreendido!

– "Meu Reino não é deste mundo..."

Não viera para promover mudanças exteriores, e sim para despertar nas criaturas a vontade e o entendimento indispensáveis às mudanças interiores. Somente assim o planeta Terra poderia superar o estágio de mundo de provas e expiações, através das transformações individuais, habilitando-se a destinações mais elevadas, livrando-se de doenças e privações inerentes aos seres de pequenina evolução espiritual. Então os caminhos seriam menos ásperos, alicerçados no amor e na caridade.

Não se iludissem! A hora aproximava-se e o cálice amargo teria que ser sorvido até o final.

Apaziguado pela justeza dos relatórios que apresentara às autoridades romanas, todos inocentando Jesus das acusações de interesses políticos e incitamento de ânimos, reputando-o calmo e pacífico, alheio a quaisquer pretensões de mando, salientando a excelência de seus ensinamentos, o jovem romano surpreendera-se com a prisão do Rabi, indignando-se. Como puderam seus patrícios compactuar com as aspirações e exigências dos sacerdotes, ansiosos em eliminar aquele que ousava revelar suas podridões e expor a pequenez dos maiorais da nação judaica? Compreendia-lhes as intenções! Desejavam ficar livres do Rabi, mas queriam fazê-lo de modo degradante, garantindo que suas palavras caíssem no descrédito. Por outro lado, executada a ação pelos romanos, resguardar-se-iam da ira do povo, anulando a ameaça sem sujar as mãos, ficando de bem com todos, imputando aos odiados conquistadores a autoria da pena! Olvidá-lo-iam rapidamente, seus ensinamentos perdidos para sempre...Como estavam enganados! Cada profecia do Mestre seria cumprida no tempo certo e seu ressurgimento do mundo dos mortos deitaria por terra as pretensões dos que o julgavam um engodo, ratificando as luminosas assertivas provindas de seus lábios, fortalecendo os corações que o amavam, garantindo a continuidade da tarefa. Sua doutrina de

Amor não seria sufocada por ardis ou pelo tempo. Ela atravessaria os séculos, sofrendo previstas distorções, recompondo-se pela atuação na Terra de espíritos reencarnados em excelsa missão e pelo advento do Consolador Prometido.

– "Passará o céu e a Terra; minhas palavras, porém, não passarão."

A folga rotineira no serviço permitira-lhe acompanhar a trágica e dolorosa trajetória final do amigo. Envergando os trajes que usara nas secretas diligências, misturara-se ao povo, estarrecido com o desenrolar dos acontecimentos. Apresentara aos guardas credenciais que lhe permitiram acessar os locais de condenação e suplício. Presenciara os cruéis castigos impostos ao pacífico Rabi pela soldadesca rude, acreditando que o soltariam ao fim de tamanhas humilhações e dores. Depois, o pusilânime Pilatos, omitindo-se à justiça, o poder e as vantagens comprando-lhe a consciência. A bem da verdade, Pilatos intentara subtrair o Mestre à morte, reconhecendo-o justo, propondo fosse solto, de acordo com os costumes da Páscoa, mas os judeus preferiram libertar Barrabás, o criminoso. Impusera-lhe cruel castigo, ordenando sua flagelação, na esperança de que com isso se contentassem. Todavia, nada fora suficiente! Coletiva sombra envolvia a turba que exigia o sacrifício do inocente. O Mestre incomodava-os, constante lembrança dos erros de cada um, a solicitarem indesejável modificação interior. Matassem-no, pois assim teriam sossego!

Moralmente fraco, Pôncio Pilatos lavara as mãos.

Em um crescente avassalador, carregaram-no, acomodando-lhe nos feridos ombros o madeiro humilhante e pesado, tangendo-o pelas ruas.

Angustiado, o centurião seguira o triste cortejo, sem se atrever a defendê-lo, acovardado diante da perspectiva de morte caso intercedesse em favor do prisioneiro. Quantos interesses escusos envolviam a condenação do Mestre!

Deitado sobre o leito, pensando nos acontecimentos do dia

anterior, compreendeu que Jesus sempre soubera o que o esperava, resignando-se e renunciando, inclusive, ao direito de fuga ou defesa. Por quê? Já não havia esclarecido e convertido a muitos? Já não operara surpreendentes curas? Por que a submissão ao infame martírio, deixando-se imolar qual cordeiro, aceitando os julgamentos injustos, distorcidos? E aquela multidão, por que preferira Barrabás a Jesus, abandonando-o, a Ele que os amara até o último instante, perdoando-os na derradeira hora?

E a justiça romana? Avisara-os da inocência de Jesus em relatórios precisos e isentos de suspeitas conotações,constituindo a verdade pura e simples sobre um homem excepcional! Nenhuma aspiração política notara em Jesus, nenhum desejo de opor-se ao poder constituído! Quanto aos incomodados sacerdotes, ao Sinédrio, a Verdade afrontava-os, pois costumavam portar-se indignamente, desonrando seus cargos com mesquinhas preocupações terrenas!

– "Daí a César o que é de César..."

O Mestre provara, por ações e palavras, seu desinteresse pelas coisas relativas à matéria. Por que, então, matá-lo?

Uma criatura confusa e revoltada, bem diferente do calmo e equilibrado oficial de antes, passou a desempenhar suas tarefas de centurião. Em vão tentava olvidar, mas a figura do Mestre não o abandonava. Culpava-se por havê-lo abandonado aos algozes, omitindo-se. E seus discípulos, onde estavam na hora do transe doloroso, pois somente um permanecera aos pés da cruz? Estendia a culpa a eles também... Todos o haviam desamparado!

Recordava-se dos olhos de Jesus, preso ao madeiro: serenos e mansos. Os filetes de sangue ressequido grudavam-se aos cabelos e à barba, provindos dos ferimentos ocasionados pela coroa de espinhos. Desnudo quase, os hematomas e sinais dos impiedosos castigos marcavam o corpo jovem e forte. Mesmo assim, não vislumbrara revolta ou decepção naqueles olhos, mas somente amor e piedade pela multidão em desequilíbrio à sua volta.

Por que não investira contra os soldados, afastando-os do inocente? Por que se acovardara como tantos outros, deixando que lhe infligissem maus-tratos, que o matassem, sabendo-o isento de culpa? Espionara dia após dia o Mestre, a mando das autoridades, inutilmente procurando algo que o incriminasse, descobrindo somente bondade e sabedoria!

"Justo", dissera Pilatos, mas igualmente lavara as mãos...

Noite após noite, ao voltar para casa, sentia-se febril, almejando deitar-se. Então, mergulhava estranha e prontamente em profundo sono, sem recordação de nenhum sonho.

Os dias decorriam lentos, infindáveis... Atormentado, doente, logrou afastar-se dos serviços para tratamento de saúde. A importância e a riqueza de sua família facilitaram tudo, fazendo os superiores relevarem suas estranhezas comportamentais nos últimos tempos, privilegiando-o com a ausência ao trabalho por tempo indeterminado. Na realidade, julgavam-no louco ou pelo menos seriamente desequilibrado...

Apressou-se em abandonar Jerusalém, sentindo que a barulhenta e agitada cidade sufocava-o. Ansiava por isolamento e tranqüilidade! Os dias compartilhados com o Mestre, mesmo disfarçado e à relativa distância, haviam possibilitado a descoberta das confortadoras e balsamizantes energias advindas da Natureza. Aprendera a amar os campos e os céus, as flores e a água. Recordava-se do Mestre amado em constante contacto com a Natureza, da maneira como esta parecia entregar-se-lhe. Ventos e tempestades amainavam, astros luziam com inigualável fulgor, o mar vinha beijar-lhe os pés... Ouvira dizer que uma estrela especial, de incomparável luz, marcara o humilde local em que Ele viera ao mundo... Os animais aproximavam-se sem medo algum, pressentindo-lhe a bondade...

Marcus Virgilius reconhecia a urgência de reequilibrar-se, recuperando a saúde e a competência no trabalho, serenando mente e coração... Continuasse como estava, certamente adoeceria de maneira grave, candidatando-se a desonrosa dispensa dos serviços. Surpreendera desconfiados e esquivos olhares em sua direção, temerosos de uma crise nervosa, de um ataque de loucura...

Os habitantes da pequenina aldeia, rodeada de verdejante vegetação e floridos campos, acolheram-no com receio. Abandonara os disfarces, envergando trajes romanos, embora declinasse o uniforme de centurião. Simpático casal de velhinhos concordou em recebê-lo na casa simples e asseada, forçados pelas inflexíveis determinações das leis romanas e agradavelmente convencidos por generosa oferta de pagamento, que o jovem empalidecido e triste, de educados gestos e palavras, fez questão de honrar no ato. A velha senhora alojou-o em um dos quartos, cercando-o de maternais cuidados, transferindo-lhe filial amor.

Pela manhã, o antigo espião abandonava a casinha, perdendo-se em longos passeios, procurando o abrigo de frondosas árvores e o frescor da beira dos rios e cascatas, saciando a sede em transparentes águas e entretendo-se em longos banhos, que lhe dispersavam as deletérias energias. Alimentava-se frugalmente, deliciando-se com o sabor do queijo fresco e do mel puro colocados pela anciã no farnel.

As cores foram voltando às faces, embora o coração doesse sem parar e o remorso pela omissão pesasse continuamente. Uma saudade inexplicável comandava seus dias, sempre envolvendo Jesus.

À noite, abandonava o corpo exausto sobre o leito e mergulhava no sono. Então, sem que soubesse, o espírito libertava-se das pesadas amarras da carne, alçando liberto vôo, juntando-se a muitos que igualmente haviam conhecido o Rabi. Numerosa assembléia acolhia-os no Mundo Espiritual e instrutores complementavam o que haviam aprendido com o Mestre, preparando-os para as sublimes tarefas de divulgação da Boa Nova. Mal acordava, assaltava-o a saudade inconsciente dos lugares de sublime beleza que visitara enquanto o corpo físico jazia adormecido e das pessoas de afins vibrações com as quais convivera em espírito.

Marcus Virgilius aguardava radical mudança em sua vida, embora não soubesse precisar qual seria ela!

Fugia aos relacionamentos, esquivando-se dos contatos humanos. Queria ficar a sós, a cabeça girando em mil pensamentos e dúvidas, o coração desejoso de algo indefinido. Foi assim que, nos primeiros tempos, deixou de notar a saída dos anfitriões em certos e programados dias da semana. Todavia, mais calmo, refeito das emoções violentas desencadeadas pela morte brutal do Mestre, candidatando-se a novas oportunidades e experiências de vida, auxiliado por amigos espirituais, atentou no fato. Intrigado, ousou tocar discretamente no assunto; ficaram nervosos, as explicações não convenciam. Experimentou contatá-los em separado... As versões colidiam! Estava diante de um mistério... Decidiu segui-los! Afinal, já fora espião uma vez!

A clara noite de luar facilitou a tarefa. Envoltos em seus mantos, os velhinhos percorreram a pequena distância em passos miúdos. Candeias iluminavam a casa semelhante àquela que o recebera. A porta abriu-se incontinenti à batida do ancião e o romano pôde ver que outros da aldeia ali se encontravam.

Um homem, que ele conhecera ao espionar Jesus, um de seus discípulos precisamente, postava-se ao lado da mesa, erguendo aos céus sentida prece. As palavras da oração ensinada por Jesus chegaram-lhe aos emocionados ouvidos. Conservavam idênticas beleza e sabedoria!

Então não o haviam esquecido! Recordavam-se do Mestre, disseminando-lhe as idéias! Feliz, ultrapassou a soleira da porta entreaberta, adentrando o recinto humilde.

A voz silenciou e o medo transpareceu nos olhos de todos. Temiam as conseqüências! Como os entendia! Também ele receara por sua segurança há bem pouco tempo. No entanto, urgia convencê-los de suas boas intenções, pois almejava notícias do Mestre e, através do rude pescador, certamente as conseguiria, recuperando um pouquinho da presença do Divino Enviado.

Sem que soubesse como, surpreso constatou que estava ele a discorrer a respeito do amigo, do Mestre conhecido quando espião a serviço dos interesses romanos. A maneira como isso acontecia, à revelia de sua vontade, já não tinha importância... Finalmente sabia que Jesus sempre estaria em seu coração! Compreendia que, se todos que o amavam houvessem arrostado as autoridades e a enfurecida turba, o sangue correria e muitas vidas seriam perdidas, ceifando futuras oportunidades de profícuo e precioso desempenho em sua seara. Entendia-o! Não reivindicara para si as defesas e justificativas do mundo, aceitando os dolorosos impositivos de sua missão, abdicando do direito de justo julgamento, isentando os que o amavam da obrigação de serem solidários na hora difícil, permitindo-lhes continuarem vivos para a difusão da Verdade do Pai.

Caíram por terra os improdutivos sentimentos de remorso! Perdoar-se-ia, seguindo adiante, honrando-o. Propagaria seus ensinamentos! Exemplificaria!

Naquela noite, as palavras inspiradas do romano revelaram aos humildes da pequena aldeia o lado humano e o divino de Jesus, mostrando que ele vivenciara cada momento de forma plena e equilibrada. Falou-lhes do amor do Rabi a tudo o que o cercava, à terra, às águas, às flores, aos animais... Contou-lhes sobre as frutas apreciadas pelo Mestre e a forma como as buscava nos galhos mais altos das árvores, assemelhando-se a uma criança. Apresentou-lhes o Jesus, emissário do Pai e de Suas Verdades. E rememorou as cenas que presenciara...

Contador de histórias... Encantadoras, simples e profundas narrativas através das quais o divino amigo soubera levar sua mensagem às multidões de diferentes níveis, permitindo que cada um, segundo sua capacidade, adentrasse as verdades do Reino.

O discípulo do Mestre deixou a aldeia no dia seguinte à revelação, dirigindo-se a outras vilas, sempre pregando a volta de Jesus após a morte, conforme Ele prometera, narrando sua convivência com os escolhidos em maravilhoso e inolvidável período, definitivo preparo para o árduo trabalho que viria.

O centurião permaneceu algumas semanas a mais no seio daquelas pessoas simples, encantando-as com a sinceridade de suas narrativas, repassando-lhes as impressões produzidas pela acurada observação a que submetera Jesus. Pelo fato de ser romano, ouviam-no com redobrada atenção, considerando-o insuspeito, pois natural seria que ele se opusesse àqueles ensinamentos e ao Mestre.

Foram dias decisivos para o soldado. Convencido de que deveria auxiliar na tarefa de propagação da Boa Nova, questionava-se sobre a maneira como isso ocorreria. Onde? Naquela aldeiazinha? Ou em outros locais, em contínua peregrinação, a exemplo de outros?

Súbita e reveladora intuição mostrou-lhe o caminho.

Que dissera o Mestre certa vez, quando o afrontaram com a acusação de que tomava assento ao lado de prostitutas, ladrões e gente de má fama?

– "Os sãos não precisam de médico."

Onde mais, a não ser no seio dos romanos, reduto da brutalidade, da violência, no qual a moral se corrompera a tal ponto que os valores haviam sofrido uma inversão extremamente danosa? Ali Jesus era necessário, médico de almas!

Finalmente abandonou a aldeiazinha, voltando a Jerusalém, reassumindo seu posto à frente dos soldados.

Os dias transcorriam calmos, sem aparentes mudanças. Surpreendeu-se, pois aguardava insólitos acontecimentos, que lhe alterassem de forma radical o rumo da existência, ensejando a oportunidade de levar Jesus a uns e outros através de suas palavras. Nada! Os meses arrastavam-se sem que a ocasião propícia adviesse. Começou a duvidar, aventando a hipótese de que, na aldeia, a instabilidade emocional houvesse gerado ilusórias idéias e intuições! Sua cabeça agitava-se em um turbilhão de pensamentos... Certamente não seria bom o suficiente para divulgar a mensagem do saudoso Mestre!

Suavemente, o tempo encarregou-se de aplacar a ansiedade daquela alma, propiciando o restabelecimento de imprescindível equilíbrio. Sem que o centurião percebesse, um novo homem começara a ser forjado a partir das redentoras palavras e dos atos de Jesus, necessitando somente de mais preparo e experiência. Olhando seus subordinados, gradual e imperceptivelmente deixou de vê-los como simples peças da máquina de guerra e poder, entendendo-lhes os problemas e necessidades existenciais. Se o Mestre aceitava as diferenças de cada um, repassando grande parte dos ensinamentos em forma de parábolas ao alcance de todos, quem seria ele para exigir alguma coisa daqueles que estavam sob suas ordens? Eram diferentes entre si, com capacidades e afinidades diversas. Para conseguir acessá-los, primeiramente necessitava compreendê-los, aceitando-os. E ter paciência, muita paciência, pois quase todos concordavam com a maneira como viviam, consistindo em acordar pela manhã, alimentar-se da forma mais farta possível, trabalhar, relacionar-se sexualmente, dormir e acordar uma vez mais, em um círculo vicioso e contínuo, alheios às realidades do espírito, ignorando haverem sido criados para superiores desígnios.

As rudes brincadeiras, o tinir das armas, os jogos de guerra com que se entretinham, tudo o afetava desagradavelmente agora... No entanto, em outros e não muito distantes tempos, fora o primeiro a promovê-los e incentivá-los. Inicialmente, sentiu ímpetos de distanciar-se daquilo, abdicar do exército, volver a Roma, onde privilegiaria os estudos, abandonando definitivamente as pretensões militares. Então, as palavras de Jesus chegaram-lhe nas asas de saudosas lembranças:

– "Os sãos não precisam de médico..."

Ficou!

Despercebidos, alguns anos passaram. Marcus Virgilius também não registrou as profundas mudanças operadas passo a passo em sua maneira de ser. Os ensinamentos do Mestre, o apoio de luminosos mentores espirituais, a contínua vigilância e a férrea vontade de aprimorar-se impulsionaram significativa transformação, permitindo-lhe repassar o que aprendera com Jesus, o divino amigo, aos que o cercavam, de maneira natural e anônima, sem constrições ou julgamentos. Assim, os ânimos de seus subordinados foram asserenando... Os exemplos do oficial, repetidos durante anos, calaram fundo, propiciando modificações individuais e iluminação interior. Respeitavam-no, admirando-o por sua integridade e justiça. Pressentindo-lhe o intento de auxiliar, aos poucos os dramas pessoais revelaram-se ao comandante, e não eram poucos! Pequenas histórias, muitas dolorosas, constrangedoras outras, revoltantes algumas... Serenamente, as lições de Jesus foram repassadas, muitas vezes através da repetição de suas parábolas. A cada um segundo sua compreensão, sem questionamentos desnecessários, com incondicional amor.

Jesus instalou-se entre os homens da milícia comandada pelo centurião que o espionara, Marcus Virgilius.

Não só os soldados buscavam sua ajuda, mas também os desesperados, os aflitos que ouviam falar de sua disponibilidade em servir ao próximo. Acolhia-os, escutando-lhes as queixas, acudindo-os, muitas e muitas vezes servindo de intermediário entre o sofrido povo e as autoridades romanas.

Durante anos realizou anonimamente o serviço a que se propusera naquele dia na aldeia, quando se libertara do remorso perturbador e inútil, assumindo o Mestre como senhor de seu destino. Julgara tê-lo perdido na cruz, reencontrou-o nos pequeninos.

As perseguições aos cristãos intensificavam-se, acirradas por judeus e romanos, que não admitiam houvesse alguém superior a eles ou a suas idéias, mesmo que tal supremacia excluísse os estreitos limites da vida terrena.

Muitos romanos haviam acolhido Jesus em seus corações, abdicando da plêiade de deuses, direcionando seus pensamentos ao Deus único e amoroso preconizado pelo Cristo. Resguardando-se das retaliações e até da morte, professavam sua fé no recôndito dos lares ou em ocultos locais, em sigilosas reuniões. Ali recebiam, muitas vezes, a visita dos que haviam sido companheiros do Mestre em suas andanças pela Terra, bebendo de fidedignas fontes os conceitos iluminadores. Nosso antigo espião unia-se a eles, a figura forte e máscula aureolada de luz, a voz inspirada contando sua história, repetindo ensinamentos jamais olvidados. O suplício de Jesus adquiria dulcíssimas conotações em seus lábios, transformado em um hino de amor à Humanidade. Sorrindo, relatava-lhes que o Rabi sempre soubera que ele o vigiava, anotando-lhe os mínimos gestos e palavras, acolhendo-o, no entanto, com indulgência. Soubera conquistá-lo, a ele, soldado de carreira, afeito às agruras da luta e às brutalidades das campanhas militares, através da mansuetude de suas palavras e atos e de seus exemplos jamais confrontados.

O centurião transformou-se em um contador de lindíssimas histórias.

– Estava eu certo dia em Cafarnaum, misturado aos que freqüentavam a casa de um pescador de nome Simão, quando uma linda mulher, com longos e sedosos cabelos a lhe tocarem a esguia cintura, avançou pela sala, lançando-se aos pés de Jesus...

O respeito dos comandados, a excelência de seu desempenho profissional e sua rica e influente família em Roma constituíram, durante muito tempo, segura guarida contra as investidas de detratores e denunciantes que tentassem inculpá-lo de ser cristão. Discreto, mantinha-se sereno em sua senda de trabalho, servindo e amando. Como jamais alguma autoridade houvesse perguntado sobre a fé que professava, igualmente jamais teve interesse em justificar sua maneira de ser, despreocupado de possíveis suspeitas a seu respeito, colocando-se nas mãos de Deus, alheio a comentários que dispersassem sua atenção das metas existenciais propostas.

Famosos pela qualidade dos serviços exercidos, sempre à altura das mais difíceis e intrincadas tarefas, detentores de surpreendente isenção de ânimos e justeza, os homens de sua centúria fizeram do trabalho real oportunidade evolutiva. Acostumados à belicosidade improfícua e desnecessária da maioria das tropas, responsável pelos desagradáveis incidentes que comumente descambavam em atos de revolta contra o domínio romano, os mandatários agradavam-se do desempenho do centurião e seus subordinados, fechando os olhos às denúncias que apontavam o oficial como cristão confesso.

Tal situação arrastou-se durante anos, até o momento em que, à sua revelia, foi transferido para Roma, deparando com implacável perseguição, dolorosos testemunhos sendo exigidos dos seguidores do Mestre! Muitos haviam perecido de morte violenta e cruel e a situação sobrepujava em seriedade o que ocorria em terras da Palestina.

Certo dia, escolta fortemente armada adentrou o quartel, especialmente destinada a prender o ainda centurião. Finalmente os invejosos detratores haviam conseguido incriminá-lo! Alguns de seus antigos soldados, indignados com a arbitrariedade e o desrespeito que atingiam Marcus Virgilius, considerado muito mais do que um simples comandante, arvoraram-se em seus defensores, cercando-o, tomando das armas e partindo para cima de seus compatriotas. Durante fugaz momento, alegrou-se com a solidariedade dos companheiros, com a estima que lhe dedicavam. Depois, lembrou-se de Jesus. Na triste hora da traição, Ele impedira mortes, ordenando nada fosse feito contra os que o aprisionavam. Embora tivesse em suas mãos o poder de derrubar quaisquer barreiras, que ainda assim calara, deixando a seus seguidores a mais bela e difícil das lições: mansuetude e perdão.

Com sereno gesto, o centurião obstou o ataque, recomendando calma e respeito às disposições da justiça romana. Deixou-lhes o encargo de prosseguirem na tarefa, jamais renunciando ao que haviam compartilhado. Pela rua repleta de assustadas pessoas, seguiu, mãos atadas, sempre tranqüilo. Aprendera com o Mestre, que fora manso e humilde...

Atirado a sombria prisão, confortou-se com a presença de outros que, como ele, acreditavam em Jesus, vivenciando-lhe as lições de amor. Nos dias seguintes, conquanto faminto e sujo, sentia-se envolto em balsamizantes energias, assumindo entre os alarmados companheiros de cela inata liderança, estimulando-os a orar, a meditar. Vendo-lhe o uniforme, muitos se admiravam, aguardando que o retirassem a qualquer momento da infecta masmorra.

Após uma semana, julgando-o suficientemente intimidado, cedendo à intensa pressão de representantes do poder público, admiradores da impoluta vida de Marcus Virgilius que o reputavam excelente em suas funções, retiraram-no da cela, conduzindo-o a amplo e aberto tribunal.

A fome toldava-lhe a visão, fazendo-o suar frio e tropeçar. Piedosos populares deram-lhe água e tâmaras secas, sofregamente mastigadas. Conhecia-os, ajudara-os certa vez... Outros a quem prestara idêntica assistência ali estavam também, receosos de manifestar apoio ao acusado. Sorriu, pensando mais uma vez no Rabi. Também Ele enfrentara semelhante omissão...

Perfilou-se ante as autoridades romanas constituídas. Às primeiras palavras, constatou que não lhes interessava sua condenação! Elogiaram melifluamente seu desempenho como oficial, deixando aberto e fácil o caminho para reintegração ao cargo, bastando dissesse não ser cristão, negando publicamente Jesus. Sequer exigiram provas maiores, somente mera declaração verbal.

Viver era tão bom! Seus olhos, num átimo de segundo, visualizaram o céu azul, as brancas nuvens, os pássaros, a luz do sol, flores, árvores... Suficiente seria negar...Todos compreenderiam, pois que muitos eram os que se calavam, ocultando a verdadeira fé...

Relembrou-se aos pés da cruz, no Gólgota de triste memória...

Jamais se omitiria novamente!

Sua voz forte e firme ressoou pela praça repleta:

– Senhores, alegra-me que tenhais percebido os relevantes serviços prestados por nossa humilde pessoa em prol de Roma durante longos anos. No entanto, a justiça e a integridade com que eles se revestiram estão pautadas nos ensinamentos profundos e iluminadores daquele que considerais necessário perseguir, mesmo após sua morte, na pessoa de indefesas criaturas, que somente querem honrar e vivenciar seus preceitos de paz, amor e perdão. Ser-me-ia aparentemente fácil negar o Mestre, silenciando pela vez segunda, privilegiando a liberdade do corpo físico. Sei que poucos me condenariam por tal ato, mas não conseguiria viver com a culpa, pois, desde que o conheci, envolto em roupas de disfarce para servir ao império romano, destinado a segui-lo, vigiá-lo, espreitá-lo, com a tarefa de delatar suas intenções e propósitos, desde então, senhores, abriram-se para mim as portas da verdadeira vida! Transformei-me naquilo que hoje sou: servo de Jesus, leal a ele e à sua Doutrina de Amor, humilde propagador de suas palavras. Cristão, jamais traí ou posterguei os ideais de meu país ou de meu povo, servindo-lhes honradamente. Tenho em paz a consciência! Fazei comigo o que tiverdes de fazer... Compreendo-vos e respeito vossos posicionamentos.

Imenso silêncio secundou as corajosas e nobres palavras do centurião. Irritados, os juízes ordenaram que o levassem, arremessando-o às feras na primeira leva de cristãos enviada aos circos, servindo de exemplo a todos os concidadãos para que não se atrevessem a desafiar as determinações do império. Jesus constituía pessoa não grata e seus seguidores também. Morte a eles!

Os companheiros de cela viram-no retornar... Os soldados atiraram Marcus Vigilius rudemente ao enxovalhado chão coberto de pútrida palha... O centurião arrastou-se para um dos cantos e as lágrimas descerem de seus olhos. O romano amava o Mestre, mas ainda não conseguia deixar de magoar-se com a simulação de julgamento e a maneira de agir dos patrícios, muitos dos quais pessoas com as quais convivera, que o conheciam. A alguns auxiliara com sábios e proveitosos conselhos, sempre calcados na doutrina do Mestre, embora não o soubessem... Por que tanta ira, se Jesus jamais lhes ameaçara o reino da terra?

Adormeceu.

Como outrora, quando presenciara o tormento infligido ao Mestre, seu espírito deixou as amarras opressoras do corpo, dirigindo-se a excelsas paragens do Mundo Espiritual. O homem sentado na pedra, os pés entre as mimosas e fragrantes florezinhas do campo, aguardava-o. Sorriu-lhe, o mesmo sorriso bom e amigo de quando o investigara, recomendando-lhe:

– Lembras-te de minhas derradeiras palavras? Servem para ti e para todos os que se acham nos difíceis embates da vida: "Pai, perdoa-lhes, pois não sabem o que fazem..." Afinal, ainda não aprendeste que cada um oferece e dá aquilo que tem? Então! Tu darás de teu amor, pois tens mais a dar... Não te aflijas! Confia e ama! Perdoa! Estás magoado? Quando aprenderás que somente somos atingidos quando permitimos? Esperaste demais de teus conterrâneos, contudo eles nada prometeram... Tu mesmo delineaste as expectativas...

Ao acordar, recordou-se claramente do "sonho". Estivera com Jesus! Ele tomaria conta de seus derradeiros momentos, aguardá-lo-ia, certamente, após a hora difícil e extrema! Uma sensação de paz envolveu-o e a mágoa diluiu-se no perdão...

Um homem diferente daquele que havia sido atirado à masmorra no dia anterior ergueu-se do infecto solo. Suas palavras levaram aos prisioneiros o Cristo redivivo! Jesus estava entre eles, confortando-os, insuflando-lhes a necessária coragem, semelhante à que Ele tivera nas horas angustiantes da cruz. O testemunho derradeiro seria importante para a evolução do planeta, não bastaria morrer simplesmente, mas morrer bem.

Os carcereiros trouxeram-lhes inesperada refeição matinal; a justiça romana não se incomodava em alimentar os que iriam morrer nas próximas horas, considerando isso despesa desnecessária. Um tanto envergonhados, disseram ao comovido oficial que seus milicianos haviam-nos convencido a efetuar a incomum entrega, pois não queriam o valoroso centurião alquebrado pela fome e pela sede, e sim, cheio de esperança e fé. Não lhes ensinara ele que a vida verdadeira estava após a morte e que o espírito era imortal? Não lhes dissera que o espírito retornava vezes e vezes, em diferentes envoltórios carnais, sempre rumo à evolução? Sabedores da existência de outros condenados, enviavam comida para todos, rogando a Jesus que os protegesse e amparasse na hora difícil. Junto, um pacote contendo limpo uniforme e alguns artigos de higiene pessoal. Haviam pensado em tudo...

Marcus Virgilius entendeu que sua tarefa sobre a Terra estava finda e que outros assumiriam seu lugar com igual garra. Como Jesus, divisou o futuro, pleno de amor e paz. Nada mais importava!

A multidão envolta em profundas sombras espirituais aguardava ansiosa a entrada dos cristãos, antegozando-lhes a morte sangrenta, almejando vê-los suplicantes, tentando fugir ao ataque das famintas feras. Pediriam clemência, contudo seria tarde!

Os portões abriram-se em meio ao estrídulo toque das trombetas, e a figura altaneira do centurião Marcus Virgilius adentrou a arena à frente dos condenados, arrancando entusiásticos brados da turba. Quedaram-se, aguardando, com exceção do oficial, que se dirigiu ao centro, voltado para as autoridades. O estrépito das jaulas sendo abertas causou um frêmito nos expectadores. As pobres feras, retiradas do selvagem habitat, longe da vegetação e das águas, famintas e acuadas, projetaram-se. Como que surpresas com a coragem do homem imóvel, alto e atlético em seu uniforme, o dourado dos peitorais, ombreiras e capacete refletindo o sol, pararam, acomodando-se sobre as patas, esperando também.

Os raios solares continuavam incidindo em cheio sobre os metais, retirando do uniforme do centurião chispas de luz, envolvendo-o em singular brilho. Lentamente ele retirou o elmo que lhe protegia a cabeça, deixando aparecer os cabelos que o tempo começava a tornar grisalhos e o rosto bronzeado e sereno. Naquele instante, Marcus Virgilius recordou-se mais uma vez das palavras sábias e justas do Mestre:

– "Daí a César o que é de César..."

Inclinou-se respeitosamente, erguendo a destra na clássica saudação. A voz do homem que um dia fora designado para espionar Jesus elevou-se clara e firme, no incomum silêncio que se fizera no lotado recinto, reafirmando sua lealdade a Roma e a César, segundo as atribuições de seu cargo.

No silêncio que persistia, seu olhar procurou o céu de límpido anil. Mentalmente complementou:

– "E a Deus o que é de Deus..." Aqui estou, Senhor!

Subitamente desperta da letargia, a imensa fera lançou-se aos ares, derrubando-o ao chão, em certeiro e fatal golpe. Em seguida, os cristãos que aguardavam em prece, de mãos dadas, foram atacados. Em instantes nada mais restava, a não ser o triste espetáculo dos pobres animais saciando a fome, em meio aos gritos e comentários dos que assistiam à cena.

O centurião sentia-se leve, flutuando... Longe da fétida arena, em campos de verde relva e flores coloridas e perfumadas... E transparentes cascatas... Nos ares, suaves vozes, em cânticos de inenarrável beleza. Conforme prometera, o Mestre ali estava, os olhos claros repletos de ternura, as mãos estendidas, envolvendo-o em apertado abraço de Amigo.

Depoimento

Dizem que, nos derradeiros instantes da trajetória terrena, a existência desfila aos nossos olhos espirituais em vertiginosa seqüência de fatos. Naquela arena, em esplendorosa manhã, sob céu de limpíssimo azul, sentindo nas faces as brisas, às quais as pesadas vibrações do ambiente não conseguiam roubar o doce odor das flores silvestres, comprovei a veracidade de tal afirmação, pois, de pés fincados no solo que guardava o sangue dos muitos cristãos ali sacrificados, o braço ainda alçado na saudação aos representantes do império, Ave César, passaram-me pela memória os acontecimentos relacionados ao meu encontro com Jesus, culminando com a derrocada de ultrapassadas crenças e valores, os rumos de minha vida completamente mudados. Relembrei as dúvidas experimentadas por ocasião do calvário do Mestre, as angústias, a vergonha de não tê-lo defendido... Depois, a consciência do perdão e do Amor incondicional do Mestre... A ânsia de servir- a ele, as incertezas, os medos do início da tarefa... Por fim, o amadurecimento e a modificação gradativos, o envolvimento com outras criaturas, tão carentes e perdidas como eu, buscando caminhos...

Minha espiritualização, como a de qualquer ser, fez-se passo a passo, sempre em contacto com meu próximo. Entendi que ninguém cresce sozinho! Precisamos de nossos irmãos para conhecermos e entendermos a nós mesmos, possibilitando a transformação, emergindo da ignorância como as borboletas o fazem de seus casulos...

Quantos adentraram a sala onde desempenhava as funções de centurião romano? Quantos foram até a minha casa? Quantos me pararam nas ruas? O tempo varreu a lembrança do número deles e a memória de cada caso... Dores, aflições, problemas... E as palavras de Jesus aliviando, aclarando caminhos, estabelecendo condições propícias para o recomeço, restabelecendo a auto-estima, a esperança. E tudo através de meus imperfeitos lábios...

Saibam que, muitas e muitas vezes, senti-me tão pequeno perante a magnitude da tarefa que considerei deixá-la a cargo de outros mais e melhor qualificados espiritualmente. Medo, medo de falhar, de não ser bom o suficiente para o Mestre! Então, a figura de Jesus vinha-me à lembrança, naquele primeiro encontro na praia, a criancinha cega em meus braços, a vestimenta judia ocultando minha verdadeira origem, espião a serviço do império romano e, admitisse ou não, dos escusos interesses de escribas e fariseus. Em seu semblante não havia censura, julgamento, revolta.... Seus transparentes olhos fitaram-me e Ele piscou com ar matreiro, como se dissesse:

– Eu te conheço, sei quem és e o que guardas no recôndito de teu coração. Resta tu me conheceres, romano!

Pacientemente Jesus aguardou que eu o conhecesse, prestando-se à sorrateira investigação. Aguardou que o entendesse e amasse, vendo muito além do disfarce, inútil para alguém acostumado a olhar dentro dos corações.

Então, novo alento inundava-me a alma e eu prosseguia, dando o melhor de mim, anônimo e solitário, no rotineiro dia-a-dia, espalhando os ensinamentos do Mestre sem alarde, de forma tão suave e discreta que eu mesmo chegava a duvidar da eficácia da tarefa. Não seria melhor gritar aos quatro ventos, assumir, deixar bem claro? Essas dúvidas, esses medos, essas incertezas, acredito eu, são comuns a todos que se propõem a trabalhar por Ele!

Quando a fera imensa e faminta despertou de seu temporário estupor, arremessando-se aos ares com redobrada fúria, sequer pude percebê-la ou sentir-lhe o impacto. Meus maravilhados olhos estavam fixos na figura iluminada do Mestre, parado na arena, sorrindo para os que em seu nome iriam sacrificar suas transitórias existências. Angelicais criaturas acompanhavam-no, suas translúcidas e alvas vestes roçando o chão manchado de sangue, prestando socorro aos que tombavam dilacerados pelos pobres animais há muito privados de alimento e enlouquecidos pelos brados da multidão. Naquele instante, o alarido da turba deixou de existir, substituído por suave melodia dos céus, divino cenário de hosanas à vida perene do espírito e suas conquistas evolutivas.

Perpassando os olhos pelas arquibancadas, senti-os umedecidos; generalizada nuvem escura envolvia-a, resultante de pensamentos e desejos estribados no desamor, na crueldade, na ignorância. Recordei o dia em que também estivera em meio ao povo, embora discordante e silencioso, defronte à cruz onde Jesus agonizava, percebendo em seus cansados e violáceos olhos lágrimas de compaixão e infinito amor. Ele pairava acima de nosso entendimento, pleno, divino!

Diante de mim, a multidão continuava agitada, estranho e emudecido elenco de fantoches das trevas individuais e coletivas. Em meio a ela, notei pequeninos focos de luz, poucos infelizmente: almas piedosas furtavam-se ao deprimente espetáculo de selvageria, orando pelos que tombavam na arena...

Silenciosamente dirigi voto de gratidão aos sacerdotes judeus que inconscientemente haviam-me impelido para o Mestre. Espião! Tarefa nada digna que me permitiu conhecer o Caminho, a Verdade e a Vida: Jesus.

Marcus Virgilius

Tarcísio, o oficial romano

"Dizia ele a todos: "Se alguém quer vir após mim, renuncie a si mesmo, tome sua cruz cada dia e siga-me. Pois aquele que quiser salvar sua vida a perderá, mas o que perder sua vida por causa de mim a salvará. Com efeito, que aproveita ao homem ganhar o mundo inteiro se ele se perder ou arruinar a si mesmo? Pois quem se envergonhar de mim ou de minhas palavras, o Filho do Homem dele se envergonhará quando vier em sua glória e na do Pai e dos santos anjos." (Lucas, cap. IX, v. 23 a 26).

"A coragem das opiniões próprias sempre foi tida em grande estima entre os homens, porque há mérito em afrontar os perigos, as perseguições, as contradições e até os simples sarcasmos, aos quais se expõe, quase sempre, aquele que não teme proclamar abertamente idéias que não são as de toda gente. Aqui, como em tudo, o merecimento é proporcionado às circunstâncias e à importância do resultado. (O Evangelho segundo o Espiritismo, cap. XXIV).

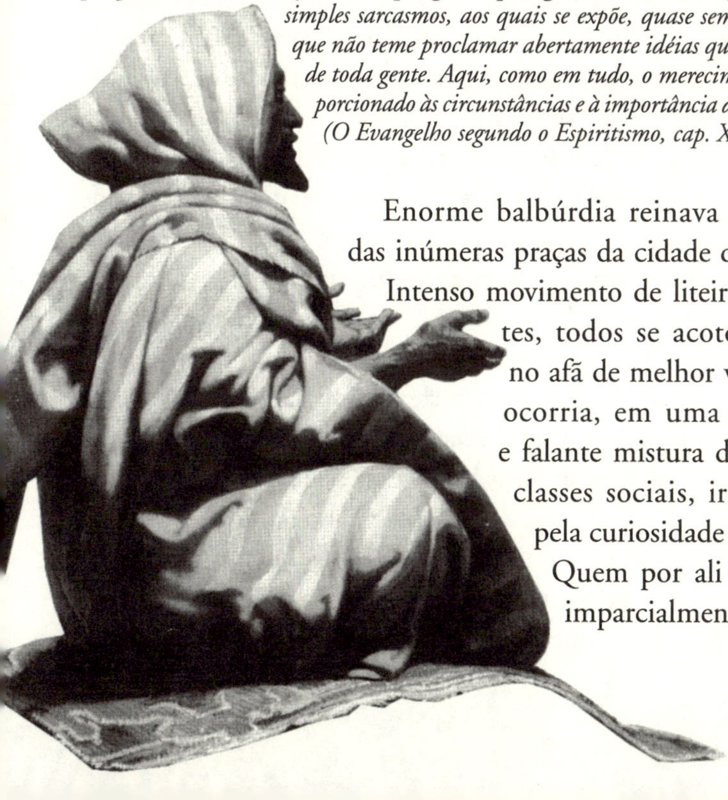

Enorme balbúrdia reinava em uma das inúmeras praças da cidade de Roma. Intenso movimento de liteiras e gentes, todos se acotovelando no afã de melhor ver o que ocorria, em uma colorida e falante mistura de raças e classes sociais, irmanadas pela curiosidade humana. Quem por ali passasse, imparcialmente observando a barulhenta turba, certamente poderia chegar a intrigantes ilações: o evento capturava a atenção de uns e outros, pobres e ricos, nobres e plebeus; pelo horário, o dia mal raiara, a disposição das pessoas estaria vinculada a enorme interesse; magotes de desocupados chisteavam, irritando alguns nobres mais enfatuados, mas suas fisionomias estavam tensas por detrás das enganadoras máscaras de indiferença e brincadeira, notando-se nos desesperançados olhares contidos lampejos de ira; a grande quantidade de soldados estrategicamente dispostos dizia do cuidado das autoridades romanas em garantir a ordem e o satisfatório desenrolar dos acontecimentos. Observador tão perspicaz não poderia deixar de deter-se, aguardando intrigado que o espetáculo iniciasse quando então teria a oportunidade de ver chegar um veículo fortemente escoltado por empertigados e circunspectos legionários, com seus impecáveis uniformes, reluzentes elmos aos raios do recém-nascido sol, as plumas desmanchadas pela brisa fresca da manhã. Assistiria também, caso tivesse um pouco mais de paciência, à chegada de interessante personagem... Não fosse pelas mãos manietadas às costas, dir-se-ia ser ele mesmo mais um dos convidados, tamanha sua serenidade diante do povo.

Tratava-se de belo homem, no apogeu de seus vinte e oito anos, corpo musculoso e bronzeado, comum aos aficionados de esportes e vida ao ar livre; seus olhos eram claros e os cabelos, aloirados; envergava com natural elegância o vistoso uniforme dos oficiais romanos. Estacionado o carro, cuidara de agilmente descer, dispensando a ajuda ou o incentivo da impressionante escolta. Feito prisioneiro, com certeza não amargara longos dias nas infectas masmorras de Roma, pois ostentava perfeito estado de saúde, guardando ainda as belas cores da liberdade.

Por breves instantes, a turba silenciou, olhos atentos na atraente figura, detalhando o responsável pela avalanche de comentários que, há dois dias, corria por toda a cidade dos césares, envolvendo a fascinante história do audacioso jovem que ousara contestar as vontades da favorita de Nero! A beleza física do moço justificava a paixão da ardente mulher, frustrada em seus ímpetos amorosos pela educada e firme negativa do soldado, inamovível em sua disposição. Suspiros e gritinhos de admiração partiram das alas onde mulheres da corte estavam reunidas, enquanto que jovens advindas das inúmeras casas de prazer da cidade lançavam nos ares elogios e convites dos mais francos e abusivos. Perante tais demonstrações, enrubesceu o jovem, abaixando os olhos de impressionante e translúcido azul.

De algumas partes brotaram conselhos diversos e insultos que aborreceram o prisioneiro, a julgar pelo franzir de cenho que não logrou disfarçar:

– Reconsidera! Cede-lhe aos desejos! Queres morrer por tão pouco? Afinal, que são algumas horas de amor forçado diante de uma vida inteira?!

Alguns homens, despeitados diante do franco interesse feminino, desataram a gritar acintosamente:

– Preferes a morte ao amor, tola e convencida criatura?! Quem achas que és para rejeitar aquela que agrada ao divino imperador? Morte! Morte!

Baixo olhar, controlando-se para não externar a raiva que teimava em invadi-lo, o oficial romano deixou-se conduzir, preservando a dignidade, fazendo moucos ouvidos ao alarido. Pensamentos diversos passavam-lhe pela cabeça e ele intimamente questionava se tudo fizera no sentido de evitar aquela dolorosa situação...

A história toda principiara há cinco anos.

***

Roma! Orgulhosa e bela Roma, de costumes convulsionados pelo orgulho e egoísmo de seus habitantes, reluzente de brancos mármores e apodrecida em devassidão moral! Roma! Cidade natal que amava com a ternura de quem se criara em seus palacetes esplendorosos, em suas ruas agitadas e interessantes! Impossível deixar de reconhecer o arrojo e a grandiosidade de suas construções, a beleza das estátuas, o primor dos encantadores jardins... Os templos, as estradas pavimentadas, os aquedutos... Desde pequeno, pela mão da mãe ou de prestimosas servas, aprendera a considerar-se cidadão do grande império romano, herdeiro de tradições e glórias inigualáveis. Tais sentimentos e emoções determinaram sua decisão de colocar a jovem vida ao dispor de Roma, passando a fazer parte de seu grande e vitorioso exército. Comandante de uma centúria, apesar de sua juventude e inexperiência, soubera haver-se com firmeza e discernimento, conquistando o respeito de superiores e subordinados. Para tal fora preparado desde criança! Os familiares julgavam que a carreira de armas seria substituída pela política, com honroso cargo no senado romano, tudo devidamente impulsionado por heróico e triunfal desempenho em batalha... Também ele assim acreditava...

Ao ser transferido para as distantes e nada sedutoras terras da Palestina, cenário de muitas dissensões e revoltas, não se amofinou; ao contrário, considerou o fato como importante oportunidade de crescimento individual e ascensão a mais altos postos militares. Inteligente e culto, decidiu estudar o perfil do povo da região antes da partida, acessando os pergaminhos e papiros que compunham o acervo das muitas bibliotecas de Roma.

Assim, o moço soube que encontraria uma população hostil, orgulhosa e rígida em extremo no que dizia respeito a convicções religiosas e pessoais, surpreendentemente monoteísta, inconformada com a subjugação, ressentida... Para os administradores e legados do império romano, as terras dominadas classificavam-se como um caldeirão fervente prestes a explodir, exigindo muito controle e diplomacia. Entre os documentos, alguns despertaram particularmente sua atenção. Eles relatavam lutas religiosas internas, envolvendo castas sacerdotais dominantes e os seguidores de um profeta submetido a infamante crucificação, castigo que a lei romana destinava a ladrões e criminosos vulgares. Para sua surpresa, os escritos descreviam-no como um homem extraordinariamente carismático, detentor de elevados dotes de inteligência e enorme poder de convencimento tanto em vida como após a morte, pois seus adeptos continuavam a desafiar as autoridades, insistindo em propagar-lhe a doutrina. Datavam de anos anteriores e estendiam-se até os dias atuais, em um crescendo de reclamações e informes de que os cristãos constituíam séria ameaça ao Estado e à segurança das classes mais favorecidas. Quem seria essa criatura que, apesar de justiçada por Roma a pedido de alguns de seus próprios conterrâneos, persistia alimentando os sonhos e as ilusões de muitos?!

Compreendeu que enfrentaria os partidários de Jesus, assim se chamava, preparando-se antecipadamente para a ocasião. Fora criado em meio a muitos deuses e numes tutelares, sem falar na infinidade de sortilégios, fetiches e dogmas herdados dos estrangeiros, advindos de povos subjugados em batalha e escravizados. Roma, sem sombra de dúvida, assemelhava-se a enorme caldeira de raças e credos que, não obstante o orgulho e segregacionismo dos romanos, insistiam em mesclar-se. Familiarizado com essa complacência religiosa, o rapaz questionava as razões pelas quais os cristãos eram tão perseguidos. Cultos estranhos, alguns até cruéis, eram tolerados por Roma, interessada muito mais no poderio econômico do que no religioso, facultando aos vencidos a alternativa de continuarem com suas crenças ou aderirem às do conquistador, o que geralmente acontecia sem maiores constrangimentos, uma vez que seus deuses, representados por formosas estátuas e ostensivamente cultuados, convenciam pela beleza e pelas promessas estreitamente ligadas a interesses materiais. Quem resistiria a Vênus de opulentas e níveas formas, aos rituais intensos e lascivos de seus cultos? E ao deus da guerra, responsável pela supremacia sobre outros povos? Como dizer não ao deus do vinho? Tão fácil de convencer, sem maiores discussões, somente deixando o tempo correr... Por que não era assim em relação aos hebreus? Por que um homem continuava, mesmo após morto, a causar tanta celeuma?

Em meio aos muitos pergaminhos, deparou com um que reputou interessantíssimo. Dizia seu autor: "constituem um povo à margem dos demais, principalmente no zelo com que mantêm as crenças religiosas e proíbem que deuses de outras nações sensibilizem sua cultura; são monoteístas, sendo o templo por excelência localizado em Jerusalém e extremamente precioso, tanto em arquitetura, ornatos e tesouros como em tradições. Ali sacrificam e prestam louvor a um deus não representado por estátuas ou outros objetos. Seu código de leis, em que a religião ocupa lugar de destaque, data de longos tempos, elaborado por um profeta denominado Moisés; seguem-no à risca ou pelo menos na medida em que não confronte com os interesses das classes dominantes. Curiosa situação tem permanecido durante anos, desde o aparecimento de um profeta que se nomeou Filho de Deus. Outros já haviam chamado para si tal honra, mas tombaram vencidos por sua própria incompetência. Jesus, contudo, arregimentou adeptos em todas as classes, inclusive as sacerdotais, continuando a excitar a imaginação do povo mesmo após seu sacrifício. Alguns de seus seguidores ostentam inflamado e convincente verbo, aliado a estranhos poderes que, à luz da razão, não conseguiríamos explicar. Açoitado, vilipendiado, perecendo de morte infamante, preso ao madeiro entre ladrões, dizem haver ressuscitado, retornando do mundo dos mortos para testemunhar sua origem divina, reunindo discípulos e seguidores para as derradeiras instruções. Pregava o amor ao semelhante, a caridade, a paz! Nas cercanias de Jerusalém, um de seus discípulos, inculta e rude criatura a quem chamam de Pedro, mantém uma instituição de amparo a pobres e estropiados; outro, de nome Saulo, conhecido como Paulo após sua conversão aos postulados do Rabi da Galiléia, odiado intensamente por seus antigos companheiros de crença, difunde a doutrina do nazareno por além terras..."

O extenso documento prosseguia, detalhando nomes, fatos, circunstâncias, em acurado trabalho de pesquisa e espionagem. Embora minucioso, deixava no ar muitas dúvidas. Brigavam entre si os judeus; como ficariam os romanos nessa história? Por que tanta preocupação com o Nazareno crucificado? Quais teriam sido seus poderes, a ponto de causar e sustentar tamanha revolução de idéias e crenças? Morto na cruz? Como um reles ladrão? Detentor de tais faculdades, citadas inclusive em outros documentos anexos, como deixara imolar-se?

Ao embarcar para as distantes terras palmilhadas por Jesus há anos, o jovem oficial levava consigo questionamentos dos mais diversos, bem como acentuada predisposição contra os seguidores do Nazareno, imputando-lhes, no mínimo, a pecha de desordeiros e agitadores da ordem pública.

A viagem foi longa e cansativa; a chegada, encalorada e poeirenta, em nada recomendando ao viajante a nova terra como hospitaleira e agradável. Percebia-se claramente a aversão dos habitantes aos romanos, embora o temor obrigasse cada um a dissimular seus pensamentos. Alguns, ávidos de posição social e vantagens financeiras, fingiam apreciá-los e o moço, sincero e leal, considerou-os como os mais perigosos, não se deixando enganar pelos falsos sorrisos e muito menos pelas mentirosas declarações de apreço. Detestou o novo endereço mal pôs os pés em solo firme, prevendo difícil e penosa estadia, iniciando imediatamente a longa contagem dos dias que restavam para a volta à cidade natal.

O contingente de soldados piorou ainda mais as coisas! Indisciplinados, rudes, briguentos, desonestos, preguiçosos... Na realidade, ressentiam-se também da hostilidade e frieza do povo conquistado e, ao longo dos anos de convívio, fizeram-se mais duros e insensíveis; os de caráter mais tíbio corromperam-se, exigindo propinas, facilitando e incentivando desmandos. A tarefa de reeducação seria árdua!

Os meses passavam... Fazia muito calor! Aquele poderia ser considerado um dos verões mais ardentes dos últimos tempos. Tinham que ficar em constante estado de alerta, pois os ânimos sofriam com o desconforto, as brigas entre soldados e populares eclodiam desagradável e continuamente, em uma sucessão de desgastantes episódios. Naquele dia em especial, ocorrera algo que o irritara sobremaneira: alguns soldados, durante uma das costumeiras rondas da madrugada pela cidade de Jerusalém, detiveram-se em uma das muitas tabernas, excedendo-se no vinho. O fato por si só, em horário de serviço, seria passível de severa punição, mas o que aconteceu em seguida deixou-o possesso! De passagem por uma das ruelas, ao amanhecer, avistaram encantadora jovem nas lides domésticas em um dos quintais. A casa parecia desabitada, a não ser pela presença da mocinha; incentivados pelo vinho, apoderaram-se dela, arrastando-a para um dos quartos e, não obstante seus lancinantes gritos e a proximidade de temerosos vizinhos, que não ousaram acudi-la, perpetraram covarde ação, abandonando-a sobre o leito, desfalecida e esvaindo-se em sangue...

Felizmente o pai e os irmãos foram avisados, retornando da lide em gleba próxima. Geralmente os judeus tratavam de calar-se diante das agressões dos romanos, temendo represálias, principalmente os humildes. Naquele caso, no entanto, a gravidade fê-los esquecer a segurança, levando os quatro homens, em estado de desespero e indignação, à presença do oficial romano. O mais velho, certamente o pai, educada e comovidamente, saudou-o:

– Senhor, que a paz esteja convosco!

A um gesto de Tarcísio, continuou:

– Viemos apelar para vossa honra e justiça, nobre senhor! Fomos lesados no que nos é mais caro, atingiram-nos da forma mais dolorosa! Nosso coração sangra por aquela que amamos e jaz à morte em casa! Apelamos para vossos sentimentos e boa-vontade, julgando terdes além-mar uma irmã a quem semelhantemente amais, cuja vida e felicidade vos seja cara...

A história triste e injuriosa foi despejada sobre o calado oficial. Vergonha! Honesto e bondoso, acreditava sinceramente que ao soldado cabia a missão de manter a ordem e batalhar, jamais torturar ou conspurcar. Sabia que os atentados ao pudor e as violações eram comuns, mas assumia posicionamento contrário, exigindo de seus comandados o indispensável decoro. Asseverou à família sua posição, prontificando-se a socorrer a pobre menina. Em minutos, um pequeno e resistente carro, puxado por fogoso cavalo, abandonava o quartel em desabalada carreira, dirigindo-se ao endereço passado pelo velho e seus filhos, que o seguiram em velha carroça, em vão intentando acompanhá-lo, impressionados com a surpreendente disposição do jovem oficial.

A casa estava silenciosa. Tarcísio atou o animal à frondosa árvore, que estendia os generosos galhos em direção à humilde moradia, venceu o pequenino espaço ajardinado e abriu a porta com cuidado, constatando que a haviam deixado destrancada. Encontrou-se em uma sala singela, impecavelmente limpa; flores recém-colhidas adornavam a mesa de alva toalha e tapetes coloridos revestiam o chão. O moço não pôde deixar de pensar que a jovem provavelmente as colhera bem cedinho, antes do trágico acontecimento... Um estreito corredor levava a outras dependências e seguiu adiante... Ruídos denotavam a presença de alguém em um dos aposentos e o moço deparou com velha senhora, carregando de encontro ao corpo frágil uma bacia com água tinta de sangue. Vendo-o, reconheceu uniforme semelhante ao dos agressores e postou-se corajosamente na passagem, ao mesmo tempo em que deixava cair a vasilha.

– Viestes completar o serviço? Por Deus, tende piedade! A pobrezinha esvai-se em sangue!

– Acalma-te, mulher! Vim ajudar... Se ainda houver algo a fazer! Deixa-me passar, pois a moça aparenta estar muito mal, correndo risco de vida... Precisa de um médico!

Algo na fisionomia bela e serena do moço tranqüilizou a anciã, fazendo com que lhe cedesse lugar. Suave e fresca penumbra, cheiro de ervas maceradas, escrupulosa limpeza e uma sensação de paz incomum em ambiente de dor... No leito, a figura delicada de uma jovem mulher, quase menina... Aproximou-se cuidadosamente, talvez receando constatar o estrago feito por seus comandados. Consternado, notou o rosto muito pálido, os soltos cabelos empastados de suor, os lábios exangues e, no lençol de pano grosseiro e alvo, enorme mancha de sangue que aumentava a cada instante. O moço, diante da gravidade do caso, a caminho da porta de saída, esclareceu:

– Um médico, necessitamos de um com urgência! Zela por ela, boa mulher! Em breve retorno com o socorro!

Meia hora depois regressava, trazendo no carro um homem idoso, de agradáveis e bondosas feições, portando uma maleta com remédios e instrumentos. Pela indumentária mal composta, deduzia-se que o oficial praticamente o arrancara de casa, sem lhe dar tempo para maiores cuidados pessoais. Examinou a mocinha, meneando desesperançadamente a cabeça de grisalhos cabelos, enquanto asseverava:

– Nada posso fazer, senhor oficial. Nada! Romperam-se as entranhas, tamanha a violência! Pobrezinha! Está inconsciente, sem dores, por enquanto... Provavelmente morrerá em poucas horas, quando muito à noitinha, pois não tenho como estancar a hemorragia...

Lendo nos olhos do romano silenciosa indagação, continuou:

– Se quiserdes, poderemos chamar outro profissional... Mas o diagnóstico será sempre o mesmo, acreditai-me!

A mocinha, como que desperta pela triste notícia, abriu os olhos, gemendo debilmente. Deparando com a figura alta e forte do romano, encolheu-se, as feições alteradas pelo medo. Tarcísio, pesaroso e comovido, tomou-lhe a mão, que a palidez da morte invadia, murmurando:

– Não temas, minha menina... Nenhum mal te atingirá de

agora em diante, eu prometo... Ficarás boa, cuidaremos de ti com carinho. Tenta dormir em paz, pois nós velaremos! Dorme, dorme, minha criança!

Os olhos da jovem fecharam-se e ela mergulhou mais uma vez em piedosa inconsciência. O médico sentiu-lhe novamente os sinais vitais, reafirmando:

– Não durará muito, menos do que pensei no início... Já se instala a palidez generalizada... Vede, senhor... Nada poderemos fazer por ela... Se me permitis, tenho outros pacientes! Em caso de dores, ela poderá precisar disto. Algumas gotinhas, três ou quatro, serão suficientes...

Abanando a cabeça grisalha, foi-se, após deixar nas mãos do oficial pequeno frasco de poderoso analgésico, resmungando:

– Uns salvam vidas, outros destroem-nas, sem se importarem com o desespero alheio... Quanto sofrimento esses romanos têm trazido ao nosso pobre povo!

O quarto ficou imerso em silêncio. A um canto, a velha senhora quedara-se, assentada em um banco pequeno, como que orando. Em vão o oficial tentou despertar sua atenção. Parecia em transe, longe dali. Pensando melhor, Tarcísio percebeu que assim estivera durante todo o tempo da visita médica, alheia a tudo o que fora dito. Estava bem velhinha, com certeza caduca, abalada demais com o ocorrido, deduziu o moço. E os familiares... Onde estariam? Provavelmente a desconjuntada carroça, no esforço de seguir o rápido carro, quebrara e viriam a pé... Coitados! Caso não se apressassem, encontrariam a moça morta!

Tão concentrado em seus pensamentos estava que não escutou os passos mansos do homem, um judeu forte e queimado de sol, envergando roupas simples e asseadas, com penetrantes olhos e indecifrável expressão neles. Não fez nenhuma pergunta, como seria natural, encaminhando-se para o leito, ao lado do qual ajoelhou. Uma de suas mãos, a direita, pousou levemente sobre a cabeça da enferma, enquanto a outra repousava sobre sua mão gelada e desfalecida. Sob os curiosos e desconfiados olhares do oficial, o velho, pois contava certa idade, embora seu corpo vigoroso, iniciou sentida prece, em que invocava a misericórdia de Jesus para a moribunda. Estranhamente, a criatura incluía os estupradores em sua súplica, pedindo ao seu Mestre por eles, como se também fossem carentes de auxílio! Depois, a calosa mão deslizou suavemente, à distância de alguns centímetros do corpo da jovem, pairando por instantes sobre o ventre rompido. Olhos fixos no vazio, o homem pareceu apartar-se do recinto. As palavras que pronunciou em seguida surpreenderam Tarcísio:

– Em nome de Jesus, estás curada!

A primeira vontade do romano diante daquilo que classificava como mera demonstração de fanatismo foi agarrá-lo pelo manto e levá-lo para fora, lançando-o à rua quente e empoeirada, ordenando que sumisse dali. Mas não houve tempo para a ação! Uma voz doce e meiga veio daquela que deveria estar em coma, dizendo:

– Tenho sede! Água, por caridade!

Inacreditável! Que estranhos sortilégios o discípulo de Jesus empregara para obter tal resultado?! Observando com atento interesse, constatou que a mocinha tinha agora as faces rosadas, toda ela perdendo gradativamente a lividez da morte. Os olhos do romano encontraram os da anciã e ela sorria, nada surpresa com a transformação, as vistas de enrugadas pálpebras mergulhadas em jubilosas lágrimas. Ajoelhada ao lado do leito, passando carinhosamente as mãos encarquilhadas pelos cabelos da menina, agradecia:

– Jesus! Mestre muito amado! Estais conosco e não nos abandonais à dor! Somos gratos por vossa solicitude de irmão amoroso!

Voltando-se para o velho, continuava alegremente:

– Pedro, meu amigo, Deus esteja sempre contigo! Mais uma vez foste o mensageiro da bondade do Mestre! Em oração, não nos atrevemos a solicitar a cura de Isabel, pois bem sabemos que a vontade do Pai é sempre justa e adequada, pedindo ao amado

Rabi tão somente o conforto para a hora difícil... No entanto, em sua misericórdia, trouxe-nos Ele a cura para o corpo de nossa menina, superando as expectativas e escutando a voz de nosso coração. Louvado seja Jesus, abençoado sejas, Pedro!

O oficial tudo escutava sem quase nada entender. Aquele velho, a anciã, a mocinha... Cristãos, sem dúvida... Que estranhos poderes possuía aquele homem?

Finalmente chegavam os três irmãos e o pai, confirmando em poucas palavras as suspeitas do romano: a carroça perdera as rodas e o eixo ao passar, em desabalada carreira, por uma depressão do terreno.

A notícia das melhoras da doente deixou-os radiantes. Abraçaram-se ao velho, rendendo graças à sua pessoa e ao Mestre, a quem imputavam a autoria da miraculosa cura. A velhinha, pretendendo estender ao romano as alegrias e louvores do momento, relatou a todos o empenho do moço em trazer o médico... Tarcísio admirou-se, pois já se preparava para abandonar estrategicamente o local, temendo julgamentos e censuras. Mais surpreso ficou ao ver-se abraçado e conduzido até a cozinha, onde participaria da refeição juntamente com a família, a mesma família que fora ultrajada pelos soldados sob sua responsabilidade! O pai, apontando-lhe um lugar à mesa, enunciou:

– Agora, quando a nossa menina está fora de perigo, rendamos graças a Deus e a nosso Mestre Jesus! Elevemo-nos ao Criador, repetindo a oração que seu Filho nos ensinou: "Pai nosso que estais nos céus..."

Terminada a prece, que Tarcísio intimamente reputou belíssima, todos se agitaram, alcançando o alimento disposto sobre a mesa pela velha senhora com alegre disposição. Mais uma vez, o romano sensibilizou-se ao ouvir o homem mencionar:

– Senhor oficial, sois bem-vindo a nossa casa, principalmente após a maneira solícita com que vos preocupastes com Isabel. Somente o Mestre poderá saldar a imensa dívida que temos convosco e esperamos que o faça em bênçãos de saúde e paz. Quanto a nós, seremos sempre gratos, esperando que nos honre com vossa confiança e bem-querer.

Estaria escutando bem? Até aquele dia enfrentara hostilidades mil, sentindo-se solitário, longe de casa e dos afetos de amigos e parentes, saudoso da terra natal e das pessoas. Inutilmente tentara aproximar-se dos habitantes da região, encontrando sempre as intransponíveis barreiras do ódio aos conquistadores. Justamente em meio àquela família tão duramente atingida, onde seria natural esperar rancor e ressentimentos redobrados, recolhia expressões de carinho e amizade?! O que os tornava diferentes?!

Inicialmente, ao aceder ao convite irrecusável de assentar-se à mesa, pretendia cumprir as formalidades inerentes à boa educação, retirando-se o mais breve possível... Depois, descobriu-se com fome e a comida caseira assemelhava-se a manjar dos deuses, sem falar na imensa paz que reinava na casinha simples e a todos contagiava. Pedro e os outros entabularam animada conversação, da qual se eximiu de participar, pois estava interessado em ouvir. Falavam de Jesus, o profeta morto na cruz, o tal cujo nome ouvira mencionado por romanos e judeus nos documentos em Roma... Pedro dizia:

– Estamos felizes em cooperar com o trabalho do Mestre! Antes de partir, bem claro Jesus deixou que a caridade deveria animar todos os nossos propósitos e alavancar todas as nossas ações. Assim, quase que mecanicamente, à revelia de conscientes propósitos de nossa parte, surgiu a Casa do Caminho, onde atendemos os desvalidos. Dia a dia aumenta a procura de alimento, pouso, remédios... E cresce também, principalmente, a busca da palavra que vivifica, dos ensinamentos do Rabi! Isso vem demonstrar que, quando nos lançamos à tarefa com pureza de intenções e abrimos o coração às inspirações da espiritualidade superior, a obra cresce e os resultados são inquestionáveis e maravilhosos. Temos paralíticos, cegos, leprosos... Doentes do corpo e da alma...

suplicando amor, atenção, carinho... Todos abandonados, lançados ao mundo e por ele repudiados... Queremo-los nós, os seareiros do Mestre de Nazaré!

Voltando-se para o calado oficial, inopinadamente perguntou:

– Quereis conhecer nossa Casa, senhor?

O romano quis recusar, fugir à inquirição, mas a curiosidade acabou falando mais alto.

– Sim, por que não? Assim, se não vos importardes com o aperto no carro, poderei conduzir-vos até lá, aproveitando a viagem! Antes de ir, contudo, estimaria rever a doente... É possível?

O quarto continuava fresco e imerso em suave penumbra, não obstante o calor e a luminosidade externos. A anciã substituíra os lençóis e a roupa da jovem, penteara seus cabelos, atando-os com uma fita. Tarcísio aproximou-se do leito, curioso e intrigado. Como o discípulo de Jesus, Pedro, realizara a cura? Simplesmente com rezas, sem remédios, mercê talvez de algum sortilégio? Intrigante!

Do rosto delicado desaparecera a palidez marmórea; os lábios rosados estavam relaxados e a respiração ritmada e tranqüila comprovava o bem-estar da moça. Constatou que era muito bonita, com longos cabelos negros e pele alva e perfeita. Muito jovem também, mal saíra da adolescência. Sentiu o peito apertado, pensando na terrível experiência vivenciada pela mocinha e nos traumas que poderiam advir. Que sonhos acalentaria ela a respeito do amor e dos homens a partir dali? Sentou-se na beirada do leito e ficou a observá-la. Foi então que os olhos se abriram e ela encarou-o fixamente. Não havia temor, raiva, ressentimento, somente serenidade naquele olhar... Na face, enorme hematoma arroxeava cada vez mais; marcas brutais de dedos nos pulsos e na garganta... A velha cobrira-os com ungüento caseiro, que os ressaltava; o cheiro penetrante e agradável de ervas espalhando-se pelo aposento...

Com voz gentil, Isabel disse-lhe:

– Senhor, agradeço-vos o interesse e os cuidados. Que Deus vos retribua em saúde e paz!

Nenhuma queixa... Esperava reclamações, choro, gritos, cobrança de atitudes em relação aos malfeitores... Nos olhos negros, imensa tristeza... Tinha certeza de que a agressão violara o corpo e a alma sensíveis! Então, por que não se rebelava, por que não acusava seus soldados? Resolveu esclarecer a situação:

– Permites algumas perguntas? Surpreendem-me a calma e a resignação com as quais encaras o ocorrido! Punirei severamente os implicados, podes crer! Contudo, em ti e em teus familiares não notei qualquer preocupação maior neste sentido... Como pode ser assim?

– Jesus ensinou-nos o perdão de todos os males que nos façam. Nas horas difíceis é que o verdadeiro cristão testemunha sua fé! Não penseis que sou indiferente aos horrores praticados nesta manhã; porém, senhor, trata-se de fato consumado, que nenhuma revanche reverterá! Punais ou não os infelizes que me seviciaram, caberá a mim lidar com o acontecido e eu, com o amparo do Mestre, pretendo exercitar o perdão, afastando de mim qualquer pensamento de ódio ou vingança. Estou envidando esforços para isso! Penaliza-me a dureza dos corações de vossos comandados, gostaria de ensinar-lhes as doces e libertadoras verdades com as quais o Rabi iluminou nossas existências, possibilitando-lhes romper a couraça que os impede de ver o mundo com melhores olhos, os semelhantes com o amor de irmãos. Na impossibilidade, resta-me orar por eles e empreender minha própria e difícil caminhada. Sobreviverei, este mal passageiro converter-se-á em duradouro bem, pois nosso Pai jamais deixaria que algo nos afligisse sem uma justa causa e sem um propósito enobrecedor... Basta confiar e seguir adiante!

O romano não teve tempo para argumentar ou concordar, uma vez que Pedro chamava-o do corredor, instando:

– Vamos, meu senhor! Tenho trabalho a minha espera e vós certamente o tendes também!

Voltando-se para Isabel, disse com ternura:

– Minha menina, fica com a doce presença do Mestre e com sua paz! Esperamos-te em nossa casa para a tarefa com as criancinhas... Assim, nada de desânimo ou mágoa, pois a seara do Mestre requer amor e desprendimento pessoal. Tudo passa... Tudo passa... Vamos, meu jovem, os doentes aguardam-me...

Tarcísio queria ficar, prolongar a surpreendente conversa com Isabel, mergulhar naqueles olhos calmos e doces, que as vicissitudes não logravam turbar, mas Pedro já se achava na porta, desamarrando as rédeas do animal, pronto para seguir. Só lhe restou acrescentar:

– Vamos! Isabel, eu voltarei e continuaremos nossa conversa...

A Casa do Caminho crescera no ritmo dos trabalhos, notou o romano. Não havia na construção simples e improvisada a beleza dos prédios de sua gente, com seus mármores níveos e suas flores de estufa. No entanto, frondosas árvores lançavam seus galhos sobre rústicos bancos, formando ilhas de frescor e serenidade na tarde escaldante; trepadeiras verdejavam, enroscando-se floridas nas toscas paredes, esparzindo perfumes na suave brisa, atraindo insetos e pássaros.

O interior fresco assemelhava-se a oásis no deserto. O velho discípulo de Jesus cumprimentava uns e outros com carinho, detendo-se aqui e acolá para ouvir, a palavra boa e generosa nos lábios. Os cômodos sucediam-se e o romano perguntava-se de onde teria saído tanto sofrimento! Tudo era muito limpo, os menos doentes auxiliavam aqueles em estado mais grave. Alguns homens, que Pedro denominou também discípulos de Jesus, coordenavam o trabalho, serviam, consolavam, entregando-se à azafama das enfermarias lotadas. Cegos, aleijados, paralíticos, leprosos... Impressionante! Jamais entrara em contacto com tamanhas misérias humanas e, ao mesmo tempo, com tanta grandeza! De família rica e influente, distante dos menos favorecidos, acostumado às batalhas pelo poder e supremacia do império, nunca dispensara maior atenção às lutas travadas pelo ser humano contra as dores do mundo, as doenças e carências. Nas guerras, a vitória e a derrota demarcavam o sucesso pessoal; na Casa do Caminho, o amor e a solicitude fraternos faziam a diferença entre a vida e a morte, entre a solidão e o aconchego de amigos... Tudo se fazia em nome de Jesus e com Jesus.

O oficial sentiu algo romper em seu peito, como se um dique ruísse, em cachoeiras de emoções. Cambaleou, sendo acudido por Pedro, que o assentou em um dos bancos, tentando justificar:

– Está muito quente! Muito quente mesmo! Bebei desta água, senhor... Bebei! Logo estareis muito melhor! Vamos, vamos descansar sob as árvores... Não podeis viajar assim, ainda que o caminho seja breve... Enquanto repousais, conversaremos...

Tarcísio, sentindo que as forças retornavam, pediu:

– Falai-me de Jesus!

Pedro desatou a rir:

– É o meu assunto predileto! Falar do Mestre assemelha-se a revigorante mergulho em refrescante manancial de água viva. Sentimos a alma robustecida e o coração em festa! Vou começar dizendo-vos como o conheci...

O discípulo parou por instantes e Tarcísio observou os olhos repletos de saudades e lágrimas... Balançando a cabeça, ele prosseguiu, a voz inicialmente tíbia, depois crescendo em entusiasmo:

– Sempre fui pescador... E dos bons! Minha rede jamais enfrentou mau tempo, sempre repleta de peixes graúdos, garantindo-me existência calma e rotineira. Um dia, no entanto, em uma praia de verdes águas e brandos ventos, Ele transformou-me em pescador de almas... Imagine que...

Ouvir Pedro era transportar-se ao passado, perder as noções de hora e lugar... O pescador falava do Mestre amado como se Ele estivesse para chegar a qualquer momento, adentrando a casa humilde, rindo e afagando, consolando e amando, incendiando mentes, estimulando nas pessoas a vontade de mudar...

Anoitecia quando o oficial deixou a casa, retornando às instalações do exército. Cumpridas as obrigações militares, Tarcísio encerrou-se no alojamento, buscando silêncio. Precisava pensar, refletir... Em sua cabeça, misturavam-se idéias, conceitos. O dia fora demais! Que estranho e maravilhoso homem havia sido Jesus! Quanto mais ouvia a seu respeito, mais ansiava por conhecer...

Adormeceu e teve sonhos em que o Mestre com ele conversava... Outros também ali estavam: Pedro, Isabel, a anciã... Acordou com uma sensação de paz e saudade, como se desejasse ficar para sempre sonhando com Ele.

Precisava ir imediatamente ao quartel. Urgentes medidas impunham-se no sentido de coibir futuros abusos e de punir os responsáveis pelo lamentável caso do dia anterior.

Quatro eram os implicados; olhando-os, sentiu incontrolável repugnância... Que diria a eles? Dois dias antes, seriam sumariamente enviados à prisão. Todavia, após conhecer alguma coisa sobre Jesus e sua doutrina, pela primeira vez colocava em julgamento os efeitos da punição sobre a criatura humana, começando a entender as limitações de cada um, sopesando a responsabilidade de um superior em relação aos subordinados... Para maior transtorno, não percebeu nenhum traço de arrependimento; ao contrário, estavam orgulhosos, gabando-se da façanha. Então, as palavras de Pedro no dia anterior, quando indignado tocara no assunto do estupro, voltaram-lhe à mente:

– Vede bem, meu filho, as pessoas encontram-se em diferentes estágios evolutivos...Em alguns o instinto predomina e não hesitam em ferir, magoar, matar, buscando somente o prazer inconseqüente, fugaz... Desde que consigam alcançar seus intentos, tudo vale, tudo é permitido! São extremamente egoístas, preocupando-se somente com o próprio bem-estar e a satisfação. À medida que o ser evolui, que seus sentimentos são trabalhados e aprimorados, a chaga terrível do egoísmo vai sendo extirpada e o amor, o respeito e a consideração gradativamente fazem morada em seu coração. Por isso Jesus pedia que não julgássemos, respeitando cada um e seu posicionamento temporário. Isso, contudo, não implica conivência, omissão... Necessário o perdão, mas imperioso efetivar ações que possibilitem e incentivem mudanças. Nossa amiga Isabel reerguer-se-á, pois é uma serva convicta do Senhor. E readquirirá o equilíbrio momentaneamente quebrado, compreendendo a imperfeição de nossos irmãos, perdoando, esquecendo, seguindo adiante. Quanto a vós, na qualidade de superior hierárquico, tendes a analisar dois lados, o de César e o de Deus, devendo servir a ambos com consciência e justiça.

Tão claro e tão difícil!

Com voz enérgica e serena, Tarcísio iniciou:

– Jamais, na qualidade de soldado romano e ser humano, permiti que um comandado meu exorbitasse do poder a ele conferido pelo império. Violentastes indefesa jovem e sereis submetidos a castigo disciplinar constante dos regimentos vigentes. Todavia, para vosso conhecimento, a moça injuriada cumpria importante tarefa em uma casa de assistência a desvalidos... Assim sendo, senhores, a agressão privou a comunidade do trabalho de importante colaboradora. Nada mais justo que, em seu período de recuperação, substituais o trabalho dela pelo vosso. Acompanhar-vos-ei até a Casa do Caminho. Estejais prontos em meia hora!

Foi com disfarçado sorriso que o velho pescador viu o contrafeito grupo de soldados parar em frente à casa. O oficial, ao contrário dos demais, achava-se à vontade, apresentando ao novo amigo, com sonora entonação, os faltosos:

– Notei que tendes os quintais repletos de serviço, Pedro... Sem falar no grande número de doentes para os poucos voluntários... Trouxe alguns de meus soldados... São homens fortes, robustos, bem dispostos... Sentir-se-ão menosprezados se não os acolherdes com muita labuta! Ficarão aqui até que Isabel retorne a suas atividades. Tendes expectativa disso?

– Normalmente, em casos em que a intervenção do Mestre acontece, a cura processa-se de forma rápida... Aqui, ao contrário, vejo a necessidade de mais tempo, o que será salutar para ambos os lados... Ficai tranqüilo, senhor oficial! Encarregá-los-ei daquilo que os mais fracos não conseguem fazer. Serão bem tratados!

Voltando-se para os soldados, fingindo ignorar a raiva estampada nos rostos avermelhados e nos dardejantes olhos, considerou bondosamente:

– Entrai, meus filhos, entrai. Vamos ao refeitório! Faz muito calor e um bom suco de frutas reanimará cada um de nós! Além disso, chegastes em boa hora: a do Evangelho! Vamos, entremos! Acredito que também gostaríeis de participar, senhor oficial!

Aquilo que o discípulo chamava de refeitório não passava de rústico salão, provido de mesas e bancos, achando-se repleto. Ali não estavam somente os assistidos pela casa, mas também os moradores das cercanias, todos interessados nas palavras de Jesus. Naquele dia, falava Tiago e fê-lo com tanta emoção e propriedade que Tarcísio desejou ouvir muito mais. Após a prece final, quando eram servidos o suco e os pães recém-saídos dos fornos, o moço acercou-se de Pedro, solicitando:

– Falai-me a respeito do Rabi, meu amigo!

Sereno sorriso iluminou as faces vincadas do pescador e ele sugeriu:

– Hoje, meu amigo, os doentes em grave estado exigem minha atenção. Contudo, creio haver uma alternativa: por que não procurais Isabel? Ela poderá instruir-vos com a mesma sinceridade e sensatez... E estareis ajudando em sua recuperação, distraindo-a de pensamentos tristes e ressentidos, possibilitando sua ligação com o Mestre por significativo espaço de tempo. Quando puder, passarei por lá e todos conversaremos juntos...

A idéia agradou sobremaneira a Tarcísio, principalmente porque seria uma oportunidade de rever a bela jovem.

A casinha estava silenciosa. Todos haviam saído para o trabalho, permanecendo somente a mocinha e a anciã da véspera, que confirmou ser avó de Isabel e residente não muito distante dali, com um dos filhos casados. Recebido com alegria e carinho, foi encaminhado ao quarto da enferma, que ainda guardava o leito. Ao vê-lo, os olhos de Isabel brilharam e encantador sorriso animou as cismadoras feições. Uma vez mais, Tarcísio condoeu-se das equimoses que lhe marcavam o corpo frágil, imaginando o sofrimento a que fora submetida. Como se lesse seus pensamentos, ela ponderou:

– Tudo passa, meu amigo! Tudo passa! Jesus, que era perfeito e sem máculas, pereceu na cruz. As agressões aos seres humanos e aos animais são prerrogativas dos espíritos imperfeitos e ninguém está isento de ser escolhido como alvo. Contudo, não devemos considerar-nos vítimas, pois a cada um segundo o seu plantio, não importa quando e onde ele foi realizado. Assim, precisamos perdoar para sermos perdoados...

À tarde, quando o calor do sol amainava, surgiu Pedro, montado em luzidio burrico, portando ramalhete de singelas flores um tanto emurchecidas e grande pote de mel, ofertas dos amigos da Casa do Caminho. Sua voz forte e alegre animou a casa. Trazia notícias!

– Estão indo bem os vossos soldados, senhor oficial... Profundamente raivosos e revoltados por terem que servir à "escória", como acintosamente nos denominam. Ótimo! Colocarão para fora o que sentem e veremos. Depois da tempestade vem a bonança! Tenho esperança de que serão conquistados por Jesus, aprendendo a amar, ainda que um pouquinho, o próximo. Enquanto isso, carregam madeira, levantam cercas, consertam telhados... Muito bom! O trabalho digno auxilia a educação! E Evangelho, muito Evangelho... Por enquanto, ficam parados, de cara feia, ouvidos moucos, mas não será assim sempre.

O oficial foi obrigado a rir diante da boa vontade do velho discípulo do Mestre, imaginando a situação! Mentalmente comparou o posicionamento de Pedro com o que ocorreria em um castigo rotineiro, envolvendo prisão dos estupradores e o quase que certo apoio dos companheiros de uniforme, que os incentivariam, aliviando-lhes as agruras da masmorra. Não se envergonhariam do ato praticado, não mudariam sua forma de pensar e sentir. Sairiam da prisão convictos de que estavam cobertos de razão, prontos para reincidir na primeira oportunidade. Com Pedro, ao contrário, teriam os primeiros contactos com Jesus e a oportunidade de reavaliação de suas crenças e valores.

Ao deixar a casinha humilde, Tarcísio sentia que fizera o melhor por aqueles homens sob sua responsabilidade.

O relacionamento do jovem oficial com seus novos amigos tornava-se mais estreito a cada dia e Jesus, imprescindível. A convalescença da judiazinha acontecia gradativamente, com a prognosticada lentidão. Há mais de um mês guardava o leito. Nada lhe doía, mas estranha prostração impedia Isabel de sair da cama por períodos mais prolongados, inviabilizando-a para as funções e tarefas rotineiras. Preocupado, o moço consultou Pedro a respeito do assunto e ele, largo sorriso no rosto queimado de sol, limitou-se a reticente colocação:

– Curo em nome do Mestre. Somente a Jesus cabe decidir quando Isabel estará em condições de retornar à normalidade... Paciência, meu amigo, paciência!

Tornou-se obrigatória a crepuscular visita à casinha do bairro pobre de Jerusalém. Cumpridas as obrigações profissionais, o moço demandava o lar humilde, onde compartilhava do aconchego e das fraternas demonstrações de apreço e carinho. Quinze dias após o triste incidente, reconheceu-se perdidamente apaixonado pela moça, fato fora do comum para ele, naturalmente controlado e racional. Deixou passar algum tempo mais e abriu-se com Pedro, recebendo belo sorriso de aprovação, acompanhado de forte abraço:

– Bravo! O amor entre homem e mulher constitui um dos mecanismos mais eficazes de aprimoramento do ser! Pessoas que passam a vida pulando de uma afeição para outra ou que não se ligam afetivamente a ninguém perdem em qualidade existencial, enganando-se com fugazes encontros da carne. Estão mais perto dos instintos do que do amor propriamente dito, aquele universal, destituído de apego, isento de mesquinhez egoística. Quando o ser ultrapassa a fase puramente instintiva, surgem as renúncias salvadoras, os monumentais trabalhos de regeneração espiritual que envolvem, de um lado, criaturas que vêm ao planeta na condição de missionários do amor e, de outro, aqueles que ainda não conseguiram suplantar suas dificuldades, constituindo instrumento de dor para si mesmos e para aqueles que os cercam. As famílias representam, no momento evolutivo da Terra, o mais importante cadinho de depuração do espírito! Conhecendo-vos o caráter, acredito estardes falando deste tipo de amor e alegro-me convosco! Qual a data das bodas?

– Pedro, amigo, sois o primeiro a saber de meus sentimentos! Confesso meu temor de ofendê-la com declarações de afeto, pois os romanos lhe causaram tanto mal... Aceitar-me-á?

– Tarcísio, precisais compreender que não se pode estender a todos de uma mesma nacionalidade o erro de alguns! Seria injustiça! Além do mais, parece-me que não estais só nesse sentimento tão puro e tão bonito... Bem tenho reparado em certos olhos negros que brilham ao ver chegar certa pessoa... Lábios que se abrem em encantados sorrisos... Trêmulas mãos... Bem dizem que o amor nos deixa cegos! Estais cegos para o óbvio, Tarcísio!

Naquele mesmo dia, encontrou-a no pequenino jardim dos fundos da casa paterna, entre as flores singelas, sentada em um banco, bordando delicada peça de roupa. Alegrou-se, pois finalmente abandonara o leito, sinal de que estava superando os traumas da agressão.

– Boas novas! Então saíste da cama!

– Sinto-me muito bem! Ontem conversei com Pedro e decidimos minha volta ao trabalho assistencial. Já combinamos tudo! Irei com meus irmãos, na carroça, como sempre. Aos poucos, integrar-me-ei novamente às tarefas da Casa do Caminho. Fazem-me falta imensa o trabalho e as doces emanações de fraternidade e amor da Casa!

Não obstante a satisfação inicial, o oficial reagiu desfavoravelmente à notícia. Precisamente no dia anterior, acedera ao pedido de Pedro, cedendo-lhe os comandados infratores por mais trinta dias. O bondoso homem alegara a necessidade de construir nova ala especialmente destinada ao atendimento de crianças enfermas abandonadas. Pessoalmente fora comunicar aos soldados sua decisão, no intuito de evitar reclamações e coibir gestos de má-vontade. Com surpresa, encontrara-os a erguer os alicerces, juntamente com colaboradores da Casa. Ficara observando à distância, protegido por frondosa árvore, intrigado com a estranha parceria, pois os altos e saudáveis soldados contrastavam com os frágeis protegidos dos Homens do Caminho, que se esforçavam ao máximo, porém, cada um dando de si aquilo que podia, não se constrangendo em admitir suas limitações e não se furtando à contribuição, ainda que modesta. Para seu espanto, os compatriotas receberam muito bem a notícia, consentindo e aprovando. O rancor e a irritação haviam desaparecido de seus olhos! Algo mudara desde que ali haviam iniciado o trabalho! Mesmo assim, Tarcísio considerava temerária a pretensão de colocar a mulher amada em contacto com seus algozes, frente a frente com os homens que quase a haviam matado! Objetou:

– Isabel, melhor esperar um pouco mais! Talvez mais um mês...

– Estou ótima! Além do mais, lá todos me querem bem e o carinho deles será bálsamo para as feridas que porventura restaram...

Impossibilitado de continuar a esconder as razões de seus temores, viu-se forçado a contar que encontraria seus agressores na Casa do Caminho, cumprindo pena que ele mesmo considerara ideal e, a menos que fossem retirados dali, ela seria obrigada a com eles cruzar a qualquer momento!

O rosto delicado empalideceu sensivelmente. Também ela temia o encontro! Intensa luta travava-se no íntimo da jovem, exteriorizada pela extrema palidez e pelas lágrimas silenciosas que insistiam em deslizar-lhe pelas faces. Por instantes, pairou no ar constrangedor e doloroso silêncio, até que Isabel pronunciasse com trêmula e baixa voz:

– Certamente não os poderei considerar amigos, a quem meu coração amará com os suaves e doces laços que costumam envolver pessoas que se estimam... Isso exigiria afinidade de vibrações... Todavia, como candidata a discípula de Jesus, cabe-me perdoar a eles, na medida daquilo que meu imperfeito espírito for capaz. Não os prejudicarei em nada, muito menos solicitando que sejam afastados da Casa que constitui bendita oportunidade de encontro com Jesus através de seu Evangelho. Conhecendo o querido Pedro, certamente ele estará doutrinando os três diariamente... Restam-me duas alternativas: enfrentar a situação, analisando os sentimentos e emoções envolvidos, aprimorando-os, ou aguardar que se cumpra o tempo de serviço dos infelizes na comunidade cristã. Que fazer?

O jovem romano, escutando-a, sentiu aumentar a admiração que sentia! Tamanha objetividade e lisura de caráter constituíam jóia incomum! Outra choraria, teceria acusações, lamentar-se-ia... Ela, contudo, encontrava ensejo para pensar primeiramente no crescimento espiritual de seus ofensores, embora não se furtasse ao sincero reconhecimento da dor e da mágoa ainda presentes. Doce e corajosa Isabel!

Intentando protegê-la, Tarcísio acrescentou:

– Espera! Daqui a um mês retornarão ao quartel e estarás protegida... Então, Isabel, eu mesmo poderei levar-te!

A moça nada disse, mergulhando em profundas cismas, evidenciando que necessitava pensar a respeito, sondar seus sentimentos e sopesar suas forças.

Na manhã seguinte, cansado de revirar-se na cama após uma

noite insone, Tarcísio seguiu para a casa de Pedro. O pescador já estava na labuta apesar da cediça hora, banhando doentes, passando pomadas, servindo desjejuns. Não se surpreendeu com a chegada do romano, transferindo a bacia para um dos auxiliares, conduzindo o angustiado moço a um dos bancos sob as árvores. Ali, cercados pelos perfumes da manhã, escutou-o atentamente.

– Pedro, preciso abrir meu coração! Sinto ódio, verdadeira torrente de ira a dilacerar-me o peito quando penso naqueles animais, principalmente agora, com a possibilidade de Isabel defrontá-los! Alimento ímpetos de matá-los, varrê-los da face da Terra! Sei que não se aproximarão dela, pois têm medo de mim, todavia, seus simples olhares constituem ultraje, ferem-me a honra! Durante todo o tempo de nossa convivência, Pedro, de vossos lábios ouvi os ensinos do Rabi e com eles concordei plenamente... Contudo, na hora em que o problema me diz respeito, esvaem-se os bons propósitos, tendem a anular-se as crenças de amor ao próximo, de perdão aos que nos ofendem! O ódio brota irrefreável qual planta daninha em terreno fértil! E eu que acreditava em possibilidade de mudança interior, em pacificação!

Quantas vezes não ouvira o apóstolo palavras semelhantes, porventura iguais, em lábios de criaturas decepcionadas com a constatação da própria incapacidade de mudança?! Quantos não se haviam afastado de Jesus por exigirem demais de si mesmos?! Fácil fosse a transformação e o Mestre não teria perecido na cruz, cumprindo difícil e luminosa trajetória, visando a deixar para a posteridade o testemunho inequívoco da veracidade de seus ensinamentos! Ele, Pedro, que passara pela inesquecível experiência de negar suas convicções na hora suprema, tentaria explicar ao moço romano que o árduo caminho não seria vencido em uma única e triunfante arrancada, exigindo autoperdão, auto-aceitação, quedas e recomeços, evolução gradativa de sentimentos...

A voz do discípulo a quem Jesus delegara a direção da tarefa após seu afastamento físico da Terra revelava terna compreensão:

– Tarcísio, meu filho, estais exigindo demais de vós. É natural que a presença dos criminosos cause dolorosas emoções, fazendo vir à tona sentimentos que julgáveis superados. Para falar a verdade, consideramos isso extremamente saudável, desde que tenhais consciência do processo, propondo-vos à mudança. Jesus jamais pregou o milagre da transformação imediata, milagrosa, livre de conflitos e isenta de dores e sofrimentos, pois bem conhece o processo e sua natureza! Trata-se de um verdadeiro trabalho de reconstrução, de regeneração do ser, para o qual, na maioria das vezes, são necessárias múltiplas reencarnações, em uma longa sucessão de aprendizagens.

O oficial calara, cabisbaixo, ponderando as palavras do amigo.

– Tarcísio, deixai-a vir até nós... Nada lhe acontecerá! Melhor! Vinde vós também, para que a cura seja de ambos. Acreditai-me! O monstro não é tão mau como vossa imaginação supõe... Vamos, quero mostrar-vos uma coisa! Vinde, meu filho!

Conduziu o moço até um quarto separado do restante da construção. Ao entrarem, insuportável cheiro de podridão ofendeu as narinas do romano, fazendo-o recuar instintivamente. Pedro prosseguiu em direção ao leito na penumbra, parecendo não notar a reação do companheiro. Sobre os panos, decompunha-se infeliz criatura, nos extertores finais; a lepra devorara-lhe o corpo em vida, deixando-o irreconhecível. Pedro, o bondoso Pedro, eximiu-se de relatar ao garboso oficial que ali se encontrava um romano como ele, vítima da atroz doença que não poupava sequer os orgulhosos conquistadores... Ao lado do moribundo, para extrema estupefação de Tarcísio, um dos implicados no estupro da jovem judia! Portando vasilha com fresca água, nela molhava panos e colocava-os sobre a fronte escaldante do enfermo, intentando minorar-lhe o sofrimento, ao mesmo tempo em que lhe falava serenamente, em nome do Mestre Nazareno!

Baixinho, Pedro esclareceu ao oficial:

– Ele ofereceu-se para a tarefa. Não o forçamos, em absoluto.

Alegou necessidade de aprender a amar ao próximo, ele que tanto já fez contra seus irmãos em Cristo. Bem vedes que errar é condição do ser humano; modificar-se, porém, implica livre escolha e vontade persistente, verdadeira ponte com Deus, a que todos terão acesso desde que a construam por si mesmos, no momento adequado a cada um e diretamente relacionado à evolução conquistada até então. No caso de nosso irmãozinho, o momento surgiu bem mais cedo do que esperávamos, alicerçado em sincero arrependimento e redentor trabalho de reajuste. Assim, meu caro amigo, confiemos no Mestre, oferecendo o melhor de nós em cada instante de nossas preciosas existências. Quando surgirem sentimentos e emoções contraditórios e angustiantes, não fujamos, enfrentemos o problema à luz do Evangelho e sigamos em frente! Eis ao que se referia Jesus quando nos dizia: "Conhecereis a verdade e ela vos libertará!" Ele falava do autoconhecimento, imprescindível à nossa evolução. Conhecer-se constitui o primeiro passo para a transformação da criatura!

O ar fora do quarto estava puro e perfumado pelas brisas matutinas. As coisas pareciam menos complicadas após a visão de sofrimento e amor presenciada no quartinho e o rapaz lembrou-se de que precisava voltar ao trabalho. Despediu-se mais calmo e confiante, asseverando:

– Amanhã, se ela assim o desejar, eu mesmo a trarei! Confio em vós, meu amigo!

Sorrindo, Pedro ajuntou:

– Quatro soldados foram-me confiados. Um deles, tivestes a oportunidade de ver, não mais se afastará de Jesus. Dos outros três, posso asseverar-vos que mais um assumirá o Mestre daqui a alguns anos, quando singulares circunstâncias determinarem a hora do testemunho, ocasião em que germinarão as sementes do Evangelho plantadas nesta Casa. Os outros dois voltarão para a rotina dos quartéis e das batalhas. Continuarão por toda a existência a privilegiar a materialidade e desencarnarão com idade avançada, ainda considerando Jesus um visionário sem futuro.

Pedro silenciou por instantes, prosseguindo depois:

– Quanto a vós, meu filho, sereis submetido, daqui a alguns anos, a difícil prova. Podereis, como agora, enfrentar ou fugir. Por que me olhais assim? Não sou bruxo, somente exerço naturais dons de profecia, o que não retira dos implicados o direito de exercer o livre-arbítrio.... Podemos mudar nosso destino desde que tenhamos conhecimento e vontade necessários para fazê-lo... Estou falando demais. Coisa de velho! Jesus vos acompanhe!

No final da tarde, Tarcísio declarou-se a Isabel, obtendo o consentimento da família para o casamento legitimado entre ambos no jardinzinho da residência envolta nas luzes do crepúsculo. Estavam noivos! Marcaram-se as núpcias para dali a quarenta dias. Então, Roma parecia distante, também distantes os familiares e amigos... Certamente todos desaprovariam o enlace em razão da origem da escolhida, mas o rapaz não se incomodava, preferindo nada comunicar, raciocinando que muitos anos decorreriam até que retornasse à terra natal. Certamente estariam com filhos, a união consolidada e firme, o que facilitaria a aceitação de uma estrangeira de humilde berço no seio da orgulhosa família. O enlace seguiria as tradições judaicas, bastantes para a noiva e seus parentes; quanto a ele, desligado das crenças religiosas dos pais pela aceitação inconteste de Jesus, certamente não sentiria falta dos rituais romanos, pois sabia que o amor profundo constituía o requisito mais importante no matrimônio.

Tarcísio teria a oportunidade de ver, dali a algum tempo e pelo menos em parte, o cumprimento das palavras de Pedro. O homem que se dispusera a assistir o moribundo leproso dedicou-se, nas horas de folga, à causa do Mestre, tornando-se valoroso servidor na assistência aos necessitados da Casa do Caminho. Os outros três simplesmente se afastaram; um deles ainda lançou saudoso olhar para trás, mas não teve coragem suficiente para assumir o que seu coração ditava. Quanto a Isabel, em contacto constante com seu agressor convertido às hostes do Cristo, reconciliou-se com ele, perdoando-lhe o mau passo, juntos trabalhando na seara do Mestre. Isso, porém, foi conseguido aos poucos, as mágoas dissolvendo-se diante do sincero arrependimento do soldado, estabelecendo elos de fraterna convivência.

Lentamente, os anos escoaram-se... A terra palestina deixou de ser penosa obrigação aos olhos do oficial romano, passando a ser vista como precioso celeiro de experiências e aprendizagens, iluminada pela luz da doutrina do Nazareno. Os filhos do casal vieram, alegrando o lar cristão, plenificando a união feliz e terna dos jovens.

A notícia do próximo retorno a Roma, decidido e ordenado por superiores hierárquicos, pegou Tarcísio desprevenido, pois há muito se esquecera de seus sonhos de exercer cargo público ou militar na longínqua terra natal. Agradava-lhe a vida em Jerusalém, muito embora as ingentes dificuldades enfrentadas para conciliar seu cargo e a assunção do Cristo como dirigente espiritual, sem falar na custosa convivência com a perseguição enfrentada pelos seguidores do Mestre, alvo de crueldades por parte dos expoentes religiosos e políticos dos povos hebreu e romano. Ainda assim, sopesando os percalços, somente vislumbrava alegrias na senda escolhida. Reconhecia-se outro. Fisicamente, os anos haviam-lhe conferido realce à beleza, tornando-o um homem deveras atraente. Do rapaz que desembarcara há sete anos, restavam os olhos azuis, os dourados cabelos, o porte atlético, sendo-lhe acrescentadas qualidades como o cativante carisma, a generosidade, o afável trato com as pessoas, a sinceridade, todas resultantes das concepções do Nazareno e do convívio com os discípulos de Jesus e seus seguidores. Envergando o orgulhoso uniforme romano, assemelhar-se-ia a muitos outros dos conquistadores, não fosse a paz refletida no azul do olhar, os gestos fraternos, as palavras adequadas e sábias, o menosprezo às exterioridades...

Cumpria voltar a Roma, contudo! Entrementes, faleceram-lhe os pais sem que, pela distância, houvesse tempo de demandar a terra natal para as exéquias, limitando-se a missivas trocadas com os dois irmãos residentes na capital do império, ambos protegidos pela imensa fortuna dos genitores. A bem da verdade, aguardava-o imenso patrimônio, aumentado pelo eficaz e honesto gerenciamento dos irmãos, suficiente para toda uma existência de luxo, bem ao gosto dos patrícios de então. A família, agora acrescida de duas lindas crianças, constituía sua esperança de ser bem aceito no regresso e o seguro porto que lhe restauraria as forças sugadas pela cidade voraz.

Em conversa amigável e eivada de receios com Pedro, o discípulo dissera-lhe:

– Qualquer que seja o lugar para onde o homem se dirija, leva consigo os tesouros espirituais amealhados. Deixais-nos por impositivos de vosso trabalho, seguramente respeitados pelo mundo espiritual. Sentiremos vossa falta, mas o Senhor conhece melhor do que nós os caminhos a serem trilhados... Em Roma, aborrecer-vos-ão os costumes aviltados, a permissividade, a corrupção que campeia avassaladora. Vossos sonhos de integrar o senado conflitarão com a licenciosidade e afrouxamento morais requisitados para sua consecução. A decepção intentará minar-vos o ânimo e questionareis como conviver com tantos erros e não fugir à verdade, não dissimular...

Diante do olhar aflito de Tarcísio, Pedro sorriu confiante, acrescentando:

– Permiti que vos lembre algo fundamental: as expectativas em relação a fatos e pessoas são levantadas por nós mesmos, constituindo, portanto, construção mental nossa, independente do que os outros pensem ou desejem. Inseridos no mundo, nem por isso seremos coniventes ou engrossaremos as fileiras dos cegos espirituais! Exerceremos a tolerância preconizada pelo Mestre, o respeito a cada um, a caridade verdadeira de aceitarmos os nossos irmãos como são, assim como devemos aceitar-nos com as limitações inerentes a nosso estágio evolutivo. Entendendo assim, fazendo desta forma, teremos vencido o estágio inicial da convivência pacífica e assegurado a manutenção de nosso equilíbrio e de nossa paz.

– Isabel e eu sentiremos a falta dos companheiros de fé...

– Certamente! Contudo, encontrareis em Roma a crença cristã infiltrada em todas as camadas sociais, não obstante as retaliações contra os que se atrevem a seguir Jesus. Tendo cautela, podereis continuar a freqüentar reuniões, participando de um grupo, conforme vossa preferência, não descuidando dos Evangelhos do Mestre. No mais, querido amigo, nunca esqueçais que o Pai concede sempre o melhor para nossa existência, ainda que não saibamos apreciar devidamente a escolha dele.

A imensa galera acolheu-os e Tarcísio não pôde deixar de recordar o distante dia da chegada, quando sonhos de glória profissional e poder temporal enlevavam-no e contava nos dedos os dias que faltavam para o regresso vitorioso. Agora, no entanto, desejaria permanecer com os amigos granjeados na seara do Mestre, preservar a família do contacto com a sociedade romana, prevendo as dificuldades de acolhimento e adaptação que todos enfrentariam.

Durante a viagem, as noites estreladas convidavam-no à reflexão; debruçado na amurada do barco, olhando o rastro de espuma, escutando o ritmado bater dos remos sobre as águas, pensava nos infelizes que esgotavam suas forças para impulsionar a pesada embarcação, condenados à morte em breve tempo pelo excesso de trabalho. Pedro contara-lhe a história de Estevão, que também mourejara nos remos e acabara sendo um dos maiores pregadores da palavra do Mestre. Quantos ali conheceriam Jesus? Quantos sequer teriam ouvido dele falar? A conversação inteligente e elevada dos discípulos fazia falta, entediava-se com os fúteis passatempos dos viajantes... Homens simples, de pouca cultura, agigantavam-se na palavra do Mestre, surpreendendo-o sempre com a profundidade de suas palavras. Um deles, este sim culto e preparado, de nome Saulo, realizava milagres com o verbo, sua retórica inflamada aliciando fiéis para o lado de Jesus... Quisera poder igualá-lo, propagar a doutrina do Mestre, levar a luz aos que se encontravam nas trevas da ignorância espiritual, mas reconhecia-se pequenino, sem falar que não conseguiria viver nas estradas, longe da esposa amada e dos filhinhos... Um dia dialogara a respeito de tudo aquilo com o Apóstolo dos Gentios e vira-o sorrir, laivos de saudade nos olhos escuros:

– Em um tempo que me parece distante, muito distante mesmo, entreteci encantadores sonhos de ventura com esposa e filhos... Contudo, a mulher que ocupava meus pensamentos seguiu muito cedo para a pátria espiritual, talvez por responsabilidade minha. Sequer nos casamos, meu amigo. Vi-me só, repleto de ressentimentos e mágoas, acreditando poder minorar as dores de minh'alma descontando em outros o meu sofrimento. Quando engendrava tenebrosos planos contra os seguidores do Mestre, Ele veio ao meu encontro na estrada de Damasco, cegando-me com sua imensa luz, fazendo-me enxergar as verdades das quais eu fugia. Hoje, são meus os filhos do Calvário, aqueles que sofrem os males do corpo e da alma! Privado das alegrias do casamento, tenho sublimado os anseios pessoais, direcionando-os ao Cristo, candidatando-me à árdua tarefa de levar Jesus aos meus semelhantes, iluminando consciências. Abigail, a noiva muito amada do passado, acompanha-me os passos, amparando-me do mundo espiritual, e nosso amor transcende a morte, persistindo maior e melhor. Há longos anos venho exercitando o desapego imprescindível à messe, treinando a capacidade de perdoar, aprendendo a ser verdadeiramente caridoso, virtude maior e imprescindível para chegar a Deus.

O homem de rosto e mãos marcados por cicatrizes sorriu, acrescentando:

– Quando vejo um casal feliz como vós, não posso deixar de recordar meus sonhos de juventude. Então, ponderações vêm-me à mente: casado, com filhos, teria condições de realizar o que faço hoje, percorrendo terras distantes, levando Jesus àqueles que nunca ouviram dele falar? Permaneceria meses, provavelmente anos longe dos que me seriam caros? A mesma pergunta que vos fazeis quando pensais em dedicar-vos ao Cristo em tempo integral! Em muitos casos, meu amigo, a felicidade terrena inviabilizar-nos-ia para projetos maiores de servir ao próximo, pois criaria apegos constritivos, naturais em nossa etapa evolutiva... Porém, por outro lado, porventura acreditais que a tarefa de orientar os filhos não é suficientemente importante? E a de divulgar Jesus entre os que nos cercam, no dia-a-dia, sutil e perseverantemente? A cada um aquilo que o Pai destinou, que sempre será o melhor, acreditai!

Violenta tempestade varreu os mares no dia anterior ao da chegada, causando avarias na embarcação e lançando às águas alguns tripulantes e passageiros, determinando um clima de tristeza, angústia e apreensão a bordo. Foi com alívio que desembarcaram, alegrando-se com o carro enviado a fim de conduzi-los a Roma, muito embora nenhum parente ou amigo houvesse demonstrado interesse em aparecer para saudá-los.

Tudo estava diferente, muito diferente. A cidade das sete colinas resplandecia em luxo e riqueza, arrancando exclamações das crianças e até de Isabel, que jamais imaginara tamanho fausto. Ele, soldado do exército conquistador, muito bem sabia de onde vinha tudo aquilo, produto de suor, lágrimas e sangue dos povos vencidos, vergados sob o peso de exorbitantes impostos!

A casa que pertencera aos pais e agora era ocupada por um dos irmãos estava, a exemplo de muitas outras construções, remodelada com suntuoso requinte. As escadarias de níveo mármore e as colunas que sustentavam as amplas varandas reluziam ao sol; flores e mais flores vicejavam nos primorosos jardins: fontes despejavam cristalinas águas de alvinitentes estátuas desnudas. Tarcísio sentiu saudade dos pais, principalmente da amorosa e compreensiva mãe, lamentando que ali não estivessem. Os irmãos receberam a família de Tarcísio no espaçoso atrium, surpresos com a presença da bela judia e das crianças, também de beleza ímpar.

Como o moço temera, torceram o nariz à vista da jovem simplesmente trajada, de origem inequivocamente estrangeira. Agradar-lhes-ia que o irmão contraísse matrimônio com rica patrícia romana, para que pudessem orgulhar-se da escolha, estendendo a si próprios o brilho da consorte. Como apresentariam aos amigos e parentes aquela mulher sem qualquer traquejo social, obviamente plebéia? Sem dúvida, belíssima, mas faltava tudo o mais para ser uma mulher de classe! Reservada, delicada de gestos e voz, no máximo poderia assemelhar-se a algumas patrícias romanas que teimavam em manter distância dos costumes da época, perdidas em virtuoso passado... Entediante!

Embora educadamente insistissem na permanência do casal na ampla casa por tempo indeterminado, Tarcísio e Isabel preferiram adquirir, longe do bulício da metrópole, em linda e arborizada chácara, simpática residência, na qual a simplicidade mesclava-se ao bom gosto e à tranqüila atmosfera do campo. Um ponto pesou sobremaneira na urgente opção dos esposos: como participar dos rituais de culto aos deuses do lar realizados diariamente, como acontecia entre os romanos? Sentiam-se encabulados em assistir às cerimônias sem que estivessem imbuídos de verdadeiro sentimento de religiosidade, aceitando-as como meras práticas exteriores determinadas por ancestrais costumes. Deixar de comparecer seria ofender os anfitriões... Na casa simples e própria poderiam continuar a conviver com o Mestre abertamente, nos cultos evangélicos e nas conversações informais de cada dia, educando os pequeninos na fé cristã.

Como Pedro tão bem ponderara, os problemas surgiram assim que Tarcísio resolveu dar espaço a seu anseio de concorrer a cargo no senado. Às primeiras conversas e deliberações, claro tornou-se que seria impossível, na atual conjuntura, aliar os preceitos de vida estribados na doutrina do Messias às espúrias posturas adotadas pela esmagadora maioria dos políticos. Viu-se às voltas com aquilo que Jesus postulara como impossibilidade de servir a dois senhores! Optou pelo Mestre, diplomaticamente tratando de afastar-se, preferindo, para desgosto de seus irmãos, continuar em seu posto de oficial a concorrer ao senado romano.

Por intercessão de seus familiares, à revelia de seu conhecimento, designaram-no para o palácio de Nero, onde seria responsável pela segurança do excêntrico imperador.

Surpreendeu-o desagradavelmente a psicosfera tensa e pesada que cercava Nero e sua corte. Grassava por toda a parte a corrupção e a busca desenfreada do prazer, incentivadas e efetivadas pelo expoente maior do governo, levando toda uma imensidão de criaturas, direta ou indiretamente associadas ao poder, a expor sua face menos digna. Não havia limites: tudo era permitido em nome da satisfação dos instintos e da ambição! Insano, o imperador fazia matar e matava por suas própria mãos, ao influxo de seus desagrados; não raro, em meio a suntuosos e exóticos banquetes, entre iguarias e capitosos vinhos, tombavam sem vida os que incorriam em sua ira, vitimados por sutis e fulminantes venenos. Em toda a parte, o temor mesclava-se à ânsia de agradar e ascender socialmente.

Os primeiros dias no palácio foram extremamente difíceis para o jovem. Desesperou-se. Após os anos de convivência com os discípulos de Jesus, privando com a amizade sincera de todos, escutando-lhes as palavras e as considerações sábias e ponderadas, onde o amor determinava o caminho das ações, sentia-se agora em um inferno! Solitário, despreparado para o clima de constante terror, desamparado... Cogitou em abandonar tudo, sair dali, retornar para perto da Casa do Caminho... Mas, como?! As garras da águia romana eram fatais e estendiam-se a todos os lugares... Que seria de Isabel e das crianças caso incorresse no desagrado de Nero?!

Em meio ao desalento, a recordação das palavras de Pedro

sob as antigas arvores do pomar, assentados ambos em rústico banco, tendo à frente um cesto de dulcíssimos frutos recém-colhidos, meses antes do retorno a Roma, amparou-o . Na ocasião, o discípulo dissera-lhe:

– Amigo Tarcísio, certa feita estávamos com o mestre e Ele tomou assento, como nós estamos agora, em meio a publicanos, ladrões e mulheres de má vida... Os fariseus, que não perdiam a oportunidade de tentar colocá-lo em situação difícil, achegaram-se de nós, irônica e maldosamente questionando a presença do Mestre entre as pessoas de duvidosa reputação, verdadeira ralé da sociedade, segundo eles... Quando lhe contamos isso, preocupados com o que dele poderiam falar, Jesus somente riu, como os pais ou irmãos mais velhos riem das estultices das crianças, limitando-se a mencionar: "Os sãos não precisam de médico" !

Em Roma, lágrimas comovidas desceram pela face do oficial. Intimamente agradeceu pela oportunidade ímpar de aprendizagem entre os que haviam conhecido Jesus pessoalmente, amando-o como mestre e irmão, com Ele palmilhando as estradas e os caminhos. Louvou também os anos de paz e serenidade desfrutados na distante Jerusalém e arredores, o trabalho na Casa do Caminho, os abençoados serões sob as grandes árvores, a lua clareando as pessoas reunidas em nome do Divino Enviado, seu Evangelho iluminando as consciências... Sentiria saudades, mas trataria de despi-las de amargo travo, deixando somente o doce perfume da amizade e do fraterno amor pairar, pronto finalmente para cumprir sua parte, levando Jesus aos doentes da alma... Onde melhor do que no palácio de Nero? Não poderia expor suas crenças às claras... Contudo, através de suas posturas, da forma de encarar as pessoas e a existência, faria a diferença em meio às iniqüidades, paulatinamente, dando sua pequena contribuição em nome da paz e do amor de Jesus.

De início, seus comandados, a maioria rudes e afeitos a desmandos, desdenharam-no. Com serena firmeza, o moço posicionou-se, começando a trabalhar aquelas almas embrutecidas sem que eles percebessem. Primeiramente, convocou-os a severa e justa disciplina militar, exigindo, na área profissional, atitudes condizentes com o serviço que prestavam no palácio. Sabia que, fora dali, não lhes poderia coibir os instintos e predileções, contudo tais exigências seriam o ponto de partida para futuras e benéficas mudanças. Aprendera que a dor sempre visita as criaturas que se recusam à verdade, chamando-as à razão... Nas horas de dificuldade, ele seria a pessoa procurada para os conselhos e o auxílio. Criticá-lo-iam, diriam ser exigente, severo, certinho demais, mas, no momento do sofrimento, dos apuros, por acaso quereriam alguém irresponsável como apoio e amparo? Com Jesus, tudo daria certo! Questão de paciência e perseverança...

Estava há dois meses na árdua e incipiente tarefa quando um fato insólito colocou-o em indesejado e perigoso destaque. Até então procurara evitar contactos mais íntimos com os membros da corte imperial, desempenhando as funções com zelo e eficiência admiráveis, mas distanciado dos cortesãos. Naquele dia, mal tomara assento à mesa de trabalho, um dos soldados transmitiu-lhe indiscutível ordem:

– A ilustríssima Popéia Sabina ordena vossa presença imediata em seus aposentos, senhor!

A favorita de Nero, célebre por sua licenciosidade e beleza, requisitava-o?! Mau presságio! Que poderia querer a voluntariosa mulher? Histórias mil sobre seus escabrosos casos e sua ascendência nada benéfica sobre Nero corriam pelos corredores palacianos, repetidas por bocas patrícias e plebéias... Dali desciam para as ruas, objeto de comentários infelizes e alvo de imitação de uns e outros. Lembrando a proposição cristã do não julgamento, buscou apagar a impressão desastrosa e o preconceito, concedendo à moça um voto de confiança. Afivelou no másculo e belo rosto impassível máscara, apressando-se em atender à intimação.

Os luxuosos aposentos de Sabina ficavam próximos aos do

imperador, embora sem comunicação entre eles. As más línguas diziam que Nero usava e abusava do sexo, sendo promíscuo ao extremo, não se contentando unicamente com a bela e extravagante favorita, ardorosa na cama e fora dela, preferindo privacidade em seu reduto particular. Assim, tinha ela que conviver com o séqüito de homens e mulheres que adentravam o quarto de seu amante oficial, fingindo nada ver ou perceber. Crueldade de Nero? Talvez... Descaso? Possivelmente...

Um cheiro atordoante de incenso e perfumes exóticos atingiu-o quando linda e sorridente escrava fez com que adentrasse o recinto. As portas que conduziam às floridas varandas estavam abertas e, entre os cachos coloridos e perfumados, destacava-se a belíssima figura de mulher, envolta em diáfanos e indiscretos panos, que mal velavam o corpo recém-saído do banho matutino. Embora encabulado com a quase nudez da moça, Tarcísio não pôde deixar de notar a perfeição das formas voluptuosas e a beleza dos imensos olhos esverdeados que o fitavam zombeteiramente, divertidos com seu embaraço, incomum entre os homens da corte romana.

Em uma das mãos levantava rica taça de vinho e na outra, um pastelzinho de nata sedutoramente mordiscado de quando em quando; vendo-o calado à espera, abandonou ambos sobre uma das mesinhas e foi-lhe ao encontro, exclamando:

– Então vieste! És figura difícil, meu caro oficial! Embora todos lutem por um lugar perto do imperador, foges constantemente. Não penses que deixamos de notar... Por acaso tens algo contra nós?

A repreensão pretensamente gentil vinha acompanhada de amável sorriso, revelando os dentes perfeitos. Desviando os olhos, o moço abaixou-os, educadamente respondendo com outra pergunta:

– Senhora, será que deixei de bem cumprir meu dever? Esperáveis, porventura, mais do que zelar pelo bem-estar e segurança do imperador e dos que lhe são caros? Acredito sinceramente não ser necessário infligir-vos minha insignificante presença para alcançar os objetivos de meu cargo. Sou um soldado, senhora, não um convidado!

Popéia Sabina riu agradavelmente, jogando para trás a cabeleira farta e fulva.

– Ora, ora! Finalmente um desinteressado em meio a uma alcatéia de bajuladores e ambiciosos! Ou será que temos aqui alguém a quem nossa companhia não agrada? Neste caso, Nero poderá aborrecer-se com tua indiferença e desprezo, senhor! E eu, particularmente falando, sentir-me-ei ultrajada!

O olhar da moça perdeu a suavidade e ela ordenou:

– Daqui para frente, até segunda ordem minha, participarás das festas, entendeste?

Tarcísio ainda ousou objetar:

– Senhora, se não vos aborreceis, preferiria deixar da maneira como está. Além do mais, tenho mulher e filhos que exigem meu cuidado... Vossa preocupação honra-me, mas...

– Cala-te! Decidimos que, a partir de hoje, conviverás conosco!

– Senhora, por piedade, estais a valorizar em demasia minha pessoa, pois não passo de um simples soldado...

– Assim o entendes, meu caro, todavia tens estampa para ocupar cargos muito mais elevados... À noite, no banquete, conversaremos melhor e certamente te convencerás do que digo! Uma coisinha a mais: o convite é para ti, exclui tua esposa... Deixa-a em casa, a cuidar dos pequenos...

Ao sair do perfumado recinto, o oficial respirou a longos haustos o ar da manhã que findava, uma angústia a oprimir-lhe o peito, prenúncio de dificuldades, talvez. O convite, ou melhor seria dizer, a convocação, prognosticava sérios problemas futuros, pois os modos provocantes e os olhares da jovem não permitiam qualquer dúvida a respeito de suas intenções. Encostou-se em uma das colunas do prédio, fechando os olhos, mentalmente estabelecendo sintonia com a Casa do Caminho e seus amigos, implorando auxílio espiritual. Raciocinava: seria tão difícil executar seu trabalho de forma digna e correta? Não conseguiria esquivar-se da festa e, embora nunca houvesse participado, cansara de ouvir comentários. A julgar pelo que se falava, a noitada seria longa e penosa, exigindo elevados recursos espirituais para ser suportada!

A realidade deplorável excedeu em muito as expectativas de Tarcísio. Pontual, à hora aprazada adentrou o salão de festas deserto, tendo a oportunidade de observar a magnífica decoração ainda intocada, os confortáveis e luxuosos triclínios espalhados pela amplidão, ladeados por mesinhas guarnecidas de frutos e flores. Jamais vira tantas flores juntas! Guirlandas pendiam das colunas de mármore, sobrenadavam nas fontes inúmeras e na enorme piscina que ocupava um dos cantos dos jardins contíguos, circundavam a belíssima estátua de Vênus. Onde já entrevira aquelas formas delicadas e perfeitas, aquela sensualidade que parecia animar a pedra a ponto de ensejar o toque? Passos suaves à sua retaguarda, quase imperceptíveis, e cálida mão que lhe enlaçou a destra subtraíram-no à observação. À luz das tochas ardentes nos jardins, constatou uma vez mais que se tratava de uma belíssima mulher! Naquela noite, suplantara-se: intuindo os gostos discretos de Tarcísio, selecionara vestes de leve seda branca, que lhe marcavam os contornos do corpo sem ofenderem o pudor; nos cabelos fulvos, uma tiara de diamantes e pérolas, recolhendo-os em opulenta cascata de fios e anéis caprichosamente arranjados; as demais jóias, também em brilhantes e pérolas, compunham harmonicamente o conjunto. O rapaz não pôde deixar de pensar que tudo aquilo igualaria o resgate de um rei e que as jóias e as sedas realçavam admiravelmente a pele sedosa e clara da sedutora Sabina!

A voz suave e ligeiramente rouca murmurou:

– Não achas que Vênus é enaltecida quando sua mais dileta e fervorosa sacerdotisa acede em emprestar-lhe as formas?

Fitando-a, sentiu-se aturdido, o coração estranhamente acelerado, o pulso latejante... Pequenina veia pulsava em sua fronte bronzeada... A cortesã, conhecedora das reações masculinas, sorriu, os braços enlaçando-o ardorosamente. Tarcísio surpreendeu-se correspondendo apaixonadamente ao beijo, mergulhando em desconhecida vertigem. A lembrança da esposa diluiu-se, restando somente o corpo da jovem, suas mãos, os lábios quentes e macios... Quis ainda reagir, fugir ao encantamento, mas a sensação era demasiado prazerosa...

Foi salvo pela chegada ruidosa de alguns convidados, cujas vozes se faziam ouvir à entrada do salão. Solicitada, a encantadora criatura desdobrou-se em gentilezas e sedução, enquanto os olhos verdes buscavam incessantemente os do oficial. Uma hora depois, em meio a toques de trombetas e aplausos, Nero chegava; alguns mais afoitos e bajuladores prostraram-se-lhe aos pés, o que provocou no imperador imenso agrado, ocasionando um dilúvio de corpos a imitarem o gesto... O oficial contemplou com espanto e repulsa as descabidas e ridículas manifestações, conservando-se respeitosamente em pé, em honrosa reverência, despertando a atenção do instável imperador, que violentamente o confrontou:

– Por que esse homem não se ajoelha perante seu divino imperador, senhor da vida e da morte? Acaso considera-se melhor do que os outros que lambem o chão por onde passo?

Observando a ira crescente a refletir-se nos avermelhados e míopes olhos de Nero, uma conciliadora Popéia ajuntou:

– Tende compaixão, divino Nero! Não vedes que o pobre está de tal forma deslumbrado com vossa magnificente presença que se queda paralisado?! Não consegue se mover! Deixai-o de lado, fostes demais para a miserabilidade humana do pobre... Poderíeis, neste momento sublime e excelso, brindar-nos com um de vossos poemas, aproveitando que estamos de joelhos, pois esta constitui a única posição compatível com vossa grandeza poética!

Inteligentemente, a bela mulher tratava de desviar a assassina intenção, salvando o oficial de morte certa. Enquanto Nero buscava preparar-se para a entediante sessão declamatória, sob os olhares precavidamente embevecidos dos cortesãos, a moça aproveitou o ensejo, retirando Tarcísio das vistas imperiais, repreendendo-o severamente:

– Estás louco?! Quando todos ajoelham, joga-te ao chão também! Por bem menos muitos morreram... Para viver ao lado de Nero e gozar das alegrias do poder, faz-se imperioso anularmo-nos como pessoas e adotarmos atitudes de seus eternos adoradores! Daqui a pouco, quando o vinho aquecer mentes e corações, poderás voltar, meu caro... Estás vendo aquele maciço de folhagens e flores, no canto mais distante da festa? Esconde um triclínio... Encontrar-te-ei lá quando o divino Nero, embalado pelo vinho e pela vaidade, agarrar-se com alguma das mulheres presentes, perdendo a razão. Será o sinal para nós, meu querido... Fica atento, pois, e não me decepciones...

A moça deixou-o, assentando-se ao lado do amante oficial, servindo-lhe pessoalmente as iguarias, ordenando com gestos que os servos mantivessem sua taça cheia de vinho. Rapidamente, animava-se o salão! Dançarinas sumariamente vestidas executavam lascivas coreografias sob entusiásticos aplausos da platéia, indo acabar nos braços dos mais arrojados. Um escravo hercúleo subjugava fileiras de lutadores, aguardando o sinal característico de perdão ou morte, consubstanciado no polegar erguido ou abaixado de Nero. Isso parecia divertir o imperador, uma vez que a massa dos cortesãos ansiava pelo estalar dos pescoços vencidos e ele comprazia-se em frustrar-lhes as expectativas de vez em quando... O vinho liberava as últimas travas, os casais relacionavam-se abertamente sobre os triclínios ou nos bancos dos jardins envoltos pelos perfumes da noite, não raro em grupos... O soberano insistia na bebida, tudo observando.

Uma jovem lindíssima, mal saída da puberdade, adentrou o salão, trazida por enfeitados eunucos, os assustados olhos vagando pelo recinto, praticamente empurrada por seus condutores. Em frente a Nero, caiu ao solo, mantendo a cabeça baixa, trêmula e apavorada. Olhando-a inexpressivamente, ele indagou:

– Quem é?

O chefe dos eunucos redargüiu, após respeitosa reverência:

– Vós solicitastes sua presença, ó divino! Trata-se da filha de Ticínio, de quem vos agradastes ao passar pela casa em que habita a família do mercador...

– Ah! Entregai-a a Popéia e ela saberá o que fazer com ela... Detesto menininhas ingênuas e chorosas! Hoje desejo tão somente os carinhos da minha deusa de fogo! Sabeis, minha bela, que vossos cabelos, assim iluminados pelas velas, lembram labaredas?!

Amanhecia quando o oficial da guarda palaciana desceu as escadarias do palácio. Servos iniciavam a limpeza, em silencioso batalhão, recolhendo os vestígios da festa. Imensa angústia afligia a alma de Tarcísio. Difícil noite aquela! Agradecia a Deus pelo providencial salvamento que a escolha de Nero, recaindo inusitadamente sobre Popéia, ocasionara, impedindo a sedutora moça de encontrá-lo no protegido canto.

O moço olhava o sol que iniciava sua trajetória nos céus de puro azul, lembrando-se de que aquele mesmo astro, não obstante a distância, estaria iluminando a Casa do Caminho, seus trabalhadores e abrigados! Nada a ver com a orgia da noite anterior e muito menos com Nero e seus cortesãos! A voz de Pedro, o amigo mais dileto, repetiu-se mentalmente:

– Tarcísio, estais compartilhando raros momentos de tranqüilidade e salutares vibrações entre os que conviveram com Jesus e os pobrezinhos... Então, extraímos o melhor de nós com facilidade... Não vos enganeis, contudo, tendo uma visão distorcida dos sentimentos norteadores de nossa existência de seres ainda imperfeitos e sujeitos a quedas! O orgulho e a vaidade far-nos-ão acreditar sermos perfeitos e incorruptíveis! Posso narrar-vos triste e constrangedor episódio em que eu, o discípulo mais próximo do Mestre, aquele a quem Ele delegou a responsabilidade de coordenar o movimento de expansão da Boa Nova nestes primeiros momentos de Cristianismo, reneguei a pessoa de Jesus por temer as torturas e a morte!

Certamente já tereis ouvido a história de outros lábios... No começo, aborrecia-me, morria de vergonha, mas agora considero o fato mais uma das quedas comuns ao ser humano, previstas pelo Mestre e não julgadas por Ele como ausência de amor. Com o tempo, aprendi a aceitar que há arestas em nós ainda não lapidadas, esperando o momento adequado de serem trazidas à consciência e trabalhadas à luz da doutrina do Divino Amigo. Infelizmente, estudar as palavras e conceitos de Jesus e com eles concordar, não nos isenta das dificuldades em agir da maneira certa ao ficarmos frente a frente com situações de confronto entre a razão e o coração. Faz parte da árdua e difícil trajetória da criatura rumo à excelência! Caímos, levantamos, reconsideramos, às vezes persistimos no engano e temos que enfrentar maiores lições... Hora haverá, caro amigo, em que vacilareis e os instintos falarão mais alto. Talvez tenhais a tendência de imputar ao outro a responsabilidade pelo erro. Na verdade, estareis camuflando a imperfeição ainda existente em vosso espírito, delegando a outrem a culpa dos atos dos quais participastes ou tivestes a vontade de participar. Lembrai-vos: o primeiro passo para a benéfica mudança consiste em reconhecer o que temos dentro de nós, assumindo nossos sentimentos sem improdutivas culpas, procurando educá-los..

Andando pelas alamedas floridas, rumo às estrebarias onde abrigara o animal que o conduziria à chácara, rememorava cada instante da noite passada. Sentira desejo por aquela mulher! Ainda, à mera lembrança de seus abraços e beijos, o sangue pulsava! No entanto, amava a esposa... Se estivessem protegidos atrás das folhagens, em meio à orgia na qual ninguém se preocupava com o comportamento alheio, teria resistido? Provavelmente não... Resistir ou ceder, contudo, não se revestiam de importância, pois já transgredira em pensamento, desejando com Popéia Sabina estar! Quão bem Jesus colocara a questão!

Os dias seguintes foram atribulados e tristes. Até então, apesar das palavras de alerta de Pedro sinalizando o que poderia ocorrer, acreditara possuir uma fortaleza moral que o situaria acima dos vícios da época. A bela cortesã deitara por terra suas crenças e convicções! Era vulnerável como qualquer outro! Certo que não se alegrara com o observado na noitada de orgias do palácio de Nero, enojara-se com a licenciosidade e a degradação, mas, mesmo assim, um sentimento muito profundo empurrava-o na direção daquela mulher, expoente maior da permissividade do império romano, fazendo-o olvidar, ainda que por apaixonados instantes, as responsabilidades de esposo, pai e cristão!

Temeroso de encontrar-se novamente com a bela cortesã sem estar devidamente estruturado, solicitou licença de dez dias, pretextando motivos de saúde. Encerrou-se na chácara, onde a calma e a beleza do lugar com certeza conseguiriam beneficiá-lo, entregando-se a longas caminhadas pela propriedade, sempre no intuito de equacionar o dilema emocional em que se encontrava.

Três dias haviam decorrido quando luxuoso e garrido carro percorreu velozmente o caminho que conduzia à ampla e confortável casa de Tarcísio e Isabel. Cortinas de seda protegiam as janelas do veículo contra o sol e sua proprietária seria certamente uma mulher, a julgar pelos delicados e feminis adornos do veículo. Um escravo luxuosamente trajado subiu as escadas de pedra, sendo recebido pela surpresa esposa do jovem oficial, não acostumada a visitas e muito menos a visitantes de aparência tão nobre, fato que veio reforçar seus temores de que algo muito grave ocorrera em Roma, determinando o afastamento do consorte das atividades militares e seu incomum mutismo. Indagada a respeito do paradeiro de Tarcísio, indicou o caminho da represa imediatamente, pois era notória a pressa dos que haviam chegado.

Em poucos minutos, o veloz carro parou diante de pequeno bosque, impossibilitado de prosseguir no acidentado terreno. Uma mulher trajada com esmero, ostentando seda vermelha e preciosas gemas da mesma cor, desceu do veículo, enfrentando a trilha coberta de folhas secas que serpenteava rumo abaixo, em direção das águas, cujo barulho já se escutava. À menção do escravo em antecedê-la no declive, determinou aguardasse ali mesmo.

Popéia Sabina não suportara a saudade e a incerteza! Acostumada a jogos de sedução nos quais sempre dominava, fortes e doces sentimentos e emoções envolviam-na pela primeira vez, furtando-lhe o sono e a tranqüilidade. Ouro, jóias, vestidos, prazer carnal, tais haviam sido suas prioridades até o momento, mas o oficial de rara beleza, com seus olhos claros e respeitosas maneiras, conquistara o gélido coração da famosa cortesã! Perderam a razão de ser seus gestos e gemidos de amor premeditados, os beijos com falso ardor, os abraços forçados... No suceder de inúmeras encarnações, finalmente o amor suplantava o instinto, ainda que em suas manifestações iniciais. Popéia não se recordava de, até o momento, haver sofrido rejeição, sempre garantida por sua beleza e pelo temor que todos devotavam à favorita de Nero! No entanto, o homem amado atrevera-se a fugir do palácio, buscando o isolamento da natureza, quando deveria ter-se atirado em seus braços e mergulhado na paixão!

Desviando os pés da trilha coberta de folhas mortas para não fazer ruídos denunciadores de sua presença, procurando preservar a integridade das vestes preciosas, a moça amargurava-se com a recordação da beleza pura e destituída de artifícios de Isabel, exposta aos reveladores raios de sol sem que imperfeição alguma sobressaísse na pele perfeita, nos olhos, nos cabelos sedosos... Feroz ciúme envolveu-a! As longas noitadas de vícios, a alimentação desequilibrada, as bebidas, tudo contribuía para os sinais que a maquiagem buscava disfarçar. A pergunta fatal e sempre preocupante atormentou-a: até quando seria jovem e bela, justificando o amor dos homens?

O barulho crescente indicava a proximidade de uma cascata; o ar tornava-se gradativamente mais fresco e úmido; um pouco mais além, a moça deparou com formação rochosa da qual se precipitava cristalino lençol de águas; em plano inferior, envolta no véu de respingos e cercada por enormes pedras, a natureza recolhera a água em funda bacia, liberando-a em encantador riacho, que serpenteava mata adentro, formando mais adiante uma represa construída por mãos humanas, destinada a abastecer a propriedade ininterruptamente. Estacou, impressionada com a beleza do lugar, onde aragens e pássaros haviam espalhado sementes de flores e estas desabrochavam por todos os cantos, em coloridas e perfumadas alcatifas. Sobre uma das rochas, o romano descansava após o banho, vestido apenas com ligeiro saiote de linho branco, à semelhança dos lutadores. O corpo atlético reluzia ao sol e ele parecia adormecido ou mergulhado em profundas cismas, os olhos cerrados, os músculos isentos de tensão... Popéia desejava saber onde estariam seus pensamentos... Provavelmente na bela esposa! Diziam-no fiel! Ciúme atroz voltou a apertar o peito da voluntariosa e apaixonada criatura! Completou o caminho, evitando denunciar sua presença, no que foi auxiliada pelo barulho das águas.

Pobre Popéia Sabina! Como poderia adivinhar que Tarcísio nela pensava, embora se esforçasse para fugir às lembranças?

Ajoelhou-se ao lado do moço, sempre silenciosamente, envolvendo-o com amorosos braços. Mesmo sem abrir os olhos, o oficial conheceu a identidade daquela que o enlaçava, sentindo-lhe o odor adocicado do precioso perfume, o calor do corpo, a ansiedade do abraço. O moço entendeu que ela o procurara em seu refúgio e receou maiores problemas, pois seu coração continuava a desejá-la... Em vão fugira da corte! Aquela mulher, famosa pelos desatinos e impudores amorosos que lhe marcariam tristemente a existência, nele despertava sentimentos e emoções jamais experimentados! Continuava a amar a esposa, respeitando os sagrados compromissos matrimoniais, mas, como se vindo de remotas eras, algo muito intenso, talvez incontrolável, irrompia avassalador. Desde que a conhecera, desconhecia o sossego! De ponderado e calmo passara a agitado e irritadiço, surpreendendo familiares e subordinados.

Os braços suaves persistiam no perturbador laço... Quis ficar, deixar-se levar pelo momento, amá-la em meio às flores e aos respingos da queda d'água... O perfume das pétalas abertas ao sol misturava-se ao dela, os pássaros teciam primorosa sinfonia na mata, a brisa agitava os cabelos longos e macios da moça, fazendo-os roçar por seu corpo na pedra... Era imprescindível fugir à magia! Desvencilhou-se do abraço, assumindo austera postura de soldado, simulando indiferença.

– Senhora! Por acaso necessitais de meus humildes serviços? Deveríeis ter sido comunicada de minha ausência por alguns dias... Meu substituto certamente estará à altura e a vosso dispor.

Irritação e orgulho animaram os verdes olhos, que lançaram chispas na direção do insolente que ousava ignorar-lhe os evidentes apelos amorosos. Com surda voz, ordenou:

– Quero-te no palácio! Constato que estás muito bem de saúde, nada impedindo um imediato retorno! Acabou-se a boa vida, soldado! Caso prezes tua segurança e a de teus familiares, sugiro que, no máximo em duas horas, assumas o posto que deverias honrar!

Sem esperar resposta, volveu, percorrendo às pressas o caminho florido, pisoteando-o com seus pezinhos raivosos. No carro, longe dos olhares indiscretos, a orgulhosa favorita de Nero deu livre vazão às amargas lágrimas. A rejeição doía-lhe na alma!

Iniciou-se no interior do palácio imperial verdadeira caçada, da qual logo todos tiveram ciência, a não ser o imperador, que se mantinha na ilusão de único e bem-amado, entrincheirado em seu orgulho e vaidade desmedidos. De um lado, inconformada com a negativa cortês do oficial, Sabina; e do outro, o belo Tarcísio, também apaixonado, mas cônscio de seus deveres e das implicações que os atos trariam a si próprio e aos que o cercavam. Sofriam ambos, pois o coração do oficial disparava à visão da moça, quase sempre ao lado de Nero, sentindo ímpetos de arrebatá-la ao amante e com ela desaparecer, o ciúme aguilhoando-lhe a alma dia após dia. Outros a cortejavam, não podia deixar de notar, mas a linda mulher ignorava-os, sinalizando com clareza que somente tolerava o relacionamento com o imperador por motivos óbvios, em que se misturavam ambição e medo. E ela acreditava-se não amada! Popéia ignorava os complicados meandros da alma! Soubesse ela das noites insones do jovem, do ardor perseverantemente reprimido.

Desespero, ciúme e ira envenenavam cada vez mais os dias e as noites da bela criatura! Acreditava que a formosa e jovem esposa de Tarcísio fosse o motivo da persistente rejeição. Optou, então, pelo afastamento definitivo de Isabel. Poderoso filtro, somente duas ou três gotinhas em cálice de licor servido à bela judia durante recepção palaciana, da qual a pobre moça não pudera esquivar-se, resolveu a questão, desencadeando, após algumas horas, já na casa da chácara, morte súbita e com todas as características de fatal e insuspeito ataque cardíaco.

Para Popéia Sabina, o obstáculo estava eliminado!

O romano pranteou com enorme pesar a companheira tão precocemente desaparecida, com a coragem e a fé dos que sabem da existência de uma vida após a morte física. Ficavam-lhe os filhinhos para amar e cuidar, exigindo atenção redobrada na falta da meiga Isabel. Em momento algum desconfiou de envenenamento, até porque estava apaixonado em demasia por Popéia Sabina, acreditando-a incapaz de perpetrar tamanho crime. Após o luto determinado pelas conveniências sociais, Tarcísio considerou o trabalho eficaz terapia para o sofrimento. A chácara, sem a presença amorosa e gentil da esposa, perdera o encanto. A solidão pesava. Cada aposento guardava marcas da criatura sábia e terna que o conquistara na distante Jerusalém, os filhos necessitavam de acompanhamento mais próximo. Assim, fechou as portas, mudando-se para Roma, acompanhado pelos servos mais diligentes e confiáveis, crendo ser mais fácil desempenhar suas funções de pai caso as crianças estivessem mais próximas de seu local de serviço.

Os amplos e luxuosos corredores do palácio de Nero, embora sempre repletos de pessoas que iam e vinham, pareciam-lhe desertos diante da saudade de Isabel... Ouvia conversas, risadas, planos, alcovitices... Alheava-se, pois nada lhe dizia respeito, ansiando por amigas palavras... Popéia afastara-se, deixando-o em paz, em salutar e inesperada trégua. Sentia-se culpado, como se estivesse a trair a esposa, ainda que em pensamento...

Quando já se acreditava livre do assédio, este recomeçou de forma discreta e sedutora. Embora liberto dos laços conjugais, Tarcísio analisava a situação por outros aspectos igualmente importantes e restritivos. Conscientizava-se das profundas diferenças entre ambos, não pretendendo entregar-se aos dominadores e inquietantes sentimentos, entendendo que o prejudicariam, afastando-o dos preceitos cristãos pelos quais pautava seus dias. Para conviver com a moça, temia ter que renunciar ao Cristo! Além do mais, imperioso reparti-la com Nero, pois o imperador jamais a deixaria ir, visto que, não obstante as infidelidades praticamente públicas de ambos, ele continuava agradando-se dela. Insustentável! Para o oficial, os conceitos de amor e relacionamento iam muito além de simples conjunção carnal!

Tarcísio questionava como pudera apaixonar-se daquela forma por Popéia Sabina! Nada tinham em comum, os sentimentos em relação a si próprios e às pessoas não se assemelhavam sequer, as prioridades eram opostas... De onde viria aquela intuição de que se pertenciam? De onde a saudade quando estavam longe? De onde o anseio por abraços e beijos que sentia conhecer de há muito? Racionalmente repudiou qualquer aproximação, deixando bem claro que a morte da esposa não modificaria suas intenções em relação à cortesã. Não a julgava, principalmente porque bem enxergara a trave em seu próprio olho, mas reconhecia a impossibilidade de compartilharem a encarnação como homem e mulher.

Popéia Sabina sentiu-se enlouquecer! O homem amado continuava a fugir dela! Quais seriam os seus motivos? Espiões foram chamados e colocados em seu encalce dia e noite, em apurada sindicância. O relatório minucioso apresentou-se em poucos dias, enfocando algo que pareceu verossímil para justificar o doloroso repúdio. O comandante da guarda palaciana de Nero era cristão!

A moça, que temera a existência de outra mulher, acalmou-se:

– Menos mal! Poderia ser uma rival, afastando-o de meu amor! Alguém mais jovem, talvez mais bela... Cristão! Tarcísio, Tarcísio...

A cortesã julgava haver finalmente encontrado uma justificativa plausível para as negativas e recuos do belo oficial, pois eram de domínio público os zelos dos cristãos no tocante à moral, bem como os estranhos conceitos e normas que envolviam a seita repudiada pelo Estado. Desconhecedora da doutrina do Mestre Nazareno em suas bases profundas e iluminadoras, à semelhança de demais romanos, limitava-se às comuns e nem sempre verídicas informações, considerando o cristianismo pernicioso, atribuindo a conversão do legionário a atos mágicos e cerceadores do livre-arbítrio. Jesus impedia que Tarcísio a elegesse objeto de seu amor! Então, nada mais simples: convencê-lo-ia a renegar o tal Cristo! Quais sortilégios os adeptos da crença cristã teriam utilizado para aprisionar a vontade do amado? Quebraria seus encantos com a magia do amor! Vênus seria sua inspiração! Expulsaria definitivamente o Profeta morto de seus caminhos, teria o romano a seus pés, implorando atenção, suplicando-lhe carinhos, ou não se chamava Popéia... Fora treinada nos jogos de amor desde os doze anos, por experimentadas e famosas profissionais do sexo; a corte de Nero fora perfeito palco para o desempenho e aperfeiçoamento de seu papel de mulher fatal, lasciva e sedutora, senhora dos homens e da paixão. Até a chegada do oficial, jamais amara, limitando-se a servir sexualmente, auferindo lucros, visando a poder e glória, sem comprometimento do coração, fingindo sempre.

O imperador, sua maior e mais perigosa conquista, cumulara-a de riquezas e ela apoiava suas taras, incentivando-as, entendendo que assim estaria preservando o posto de favorita. Para tanto, não se pejava de utilizar poderosíssimos filtros afrodisíacos, estabelecendo uma dependência, impedindo-o de desapegar-se do relacionamento, não importando o quanto ele a maltratasse. Nero acreditava amá-la, tudo lhe permitindo, voluntariamente cego às infidelidades da bela mulher, paralelamente envolvido com outras parcerias sexuais. Assim fora até o surgimento de Tarcísio, quando a desenfreada e inesperada paixão conseguira tirá-la do sério, desequilibrando-a . Queria-o de qualquer forma, não importavam os meios! Eliminara a esposa, eliminaria Jesus!

Quis a moça melhor conhecer o adversário, no intento de adequadamente selecionar as armas e os trunfos a serem empregados na batalha contra as convicções religiosas do amado. Envolvida em escuro manto, aventurou-se em locais indicados por seus agentes, redutos de encontros cristãos, arrepiando-se nos lúgubres corredores das catacumbas, iluminados pelas bruxuleantes luzes dos archotes, varridos por úmidos ventos canalizados. As longas e silenciosas procissões de seguidores do Mestre rumo aos secretos conclaves assemelhar-se-iam a cortejos de mortos-vivos não fosse a serenidade das preleções, os amorosos semblantes, os fraternos gestos. Discípulos de Jesus, aqueles que com Ele haviam convivido e outros que o haviam aceitado após sua crucificação, abraçando todos a tarefa de divulgação da Boa Nova, falavam de um homem excepcional, de rara formosura física e indescritíveis dotes espirituais, pregando uma doutrina de amor. Nas galerias subterrâneas onde os mortos repousavam, inexistia a tensão do palácio imperial, o pavor de ser envenenado a qualquer momento, o desassossego das intrigas malévolas, a ânsia aflitiva do poder...

Seria tão bom se tudo aquilo que o Rabi da Galiléia dissera fosse verdade, pensava Popéia, pois ela poderia acreditar que seus sonhos e ilusões de riquezas e mando seriam de nenhuma importância, abandonaria a vida fútil da corte, fugiria para bem longe com Tarcísio, teriam filhos, uma família... Nero faria parte de um passado triste e destituído de honra e dignidade... No entanto, longe das catacumbas, novamente no ambiente vicioso e sedutor do palácio, o apego às posses materiais falava mais alto e os incipientes anelos de crescimento espiritual naufragavam no vasto lodaçal das misérias humanas. Dinheiro, sexo, poder! Em sua mente, a figura nunca vista de Jesus confundia-se com a de Tarcísio, ambos belos e inacessíveis, distantes de sua realidade. Embora seu coração anelasse pela presença de ambos em sua existência, ainda não se dispunha a pagar o justo preço!

Escurecera muito cedo naquela noite. A tempestade fazia-se anunciar nos uivos dos ventos e nas plúmbeas nuvens... Estranha tensão pairava no ar... Popéia passara o dia em sombrias cogitações, o corpo escultural derreado sobre um único triclínio, dolorido pela ansiedade. Após uma série de visitas às catacumbas, determinadas no início pela curiosidade e depois pela fascinação que Jesus exercia sobre seu espírito irrequieto e inteligente, na véspera decidira pela definitiva não aceitação do Mestre, rendendo-se às suas imperfeições espirituais e ao assédio das sombras. Angustiada, pouco dormira desde então, aguardando o anoitecer com ansiedade, determinando a assustada serva que lhe trouxesse importante informação: estaria Tarcísio responsável pela ronda noturna, acompanhando o trabalho dos soldados no palácio?

A rotina do zeloso oficial era bem conhecida: após distribuir as tarefas, ele mesmo percorreria os corredores, assegurando-se da segurança de Nero e dos demais. Excepcionalmente, devido a séria indisposição digestiva do imperador, cancelaram-se as costumeiras atividades de lazer, reinando insólito silêncio no palácio, fato que convinha aos planos da atormentada moça. Penetrando nos aposentos imersos em penumbra, a escrava exclamou sigilosamente:

– Senhora, ele está no gabinete, ocupado com pergaminhos. Está sozinho, senhora!

Popéia suspirou com irritação, sussurrando para si mesma:

– Pergaminhos! Provavelmente escritos contendo os tais Evangelhos do Mestre Nazareno! Não fossem tais ensinamentos, estaríamos juntos, aproveitando os privilégios da corte! Nero também não prima pela fidelidade e costuma fazer vistas grossas às minhas aventuras...

Realmente, eram comuns as orgias, as trocas de casais, as práticas liberais...

Andando agitadamente de um lado para o outro, murmurava:

– Sendo discretos, o imperador não nos importunaria...

A moça preparou-se com especial requinte, exigindo das escravas particular esmero no penteado e nas massagens com perfumados e afrodisíacos óleos. Conhecendo a natural reserva do moço, escolheu trajes discretos e evitou a ingestão de vinho. Depois, engolindo o orgulho, apresentou-se a ele, solicitando, em tom implorante e meigo, com ele falar. A confissão de um amor desvairado não surpreendeu o oficial, mas as condições e propostas apresentadas pela jovem deitaram por terra qualquer chance de entendimento afetivo, pois eram contrárias a tudo em que ele acreditava. Limitou-se a indagar, como se necessitasse da corroboração do que julgara ouvir dos sedutores lábios:

– Se bem entendi, não pretendeis abandonar a convivência com Nero, muito embora eu possua bens suficientes para vida confortável e aprazível longe da corte! Quereis que me torne vosso amante, compactuando com os desmandos que grassam pelo palácio, desfrutando da tolerância daquele que ocupa o posto oficial de amante?

– Tarcísio, ouve-me, por piedade! Por que não podemos aproveitar a liberdade da vida na corte? Todos se comportam assim! Adoro festas, alegria! Amo ser desejada, cortejada! Que importa onde estejamos, o que está acontecendo, se meu coração te pertencerá? Lutei muito para conseguir o que tenho e não posso abandonar tudo, meu querido... Queres modificar-me, à feição daquilo que teu Jesus faz com as pessoas? Tolice! Não ignoro tuas convicções religiosas... Estares mancomunado com os cristãos, contudo, causa-me espanto! Nero odeia os cristãos! Se ele souber... No entanto, em nome de nosso amor, farei vista grossa a tuas crenças e proteger-te-ei o segredo, desde que prometas abandonar tais idéias... Fiquemos na corte, gozemos a vida, que é curta, meu querido. Logo estaremos velhos, a beleza perder-se-á para sempre! Nenhum ouro fará nossa juventude retornar. Serão longos os anos de esquecimento para os que muito brilharam, como é o meu caso! Por isso tudo, meu amor, pretendo viver intensamente cada momento, sem nada desperdiçar, e fazes parte deste meu sonho! Não me interessa pacata existência de esposa, filhos para cuidar e estragar o belo corpo que Vênus me concedeu! Desejo amar-te com loucura, acima da razão e dos empecilhos da moral, não importa o amanhã ou quem atingiremos em nossa trajetória! Se preciso for, eliminarei qualquer um que ouse interpor-se em nosso caminho!

Tarcísio escutava a explosão de emoções com tristeza. Seu coração desejava poder amá-la, mas eram tão diferentes... A convivência seria inaceitável, infelicitando ambos, ocasionando desgraças. Procurando magoá-la o menos possível, educada e definitivamente acrescentou:

– Senhora, encaramos a existência de modo muito diverso Preocupai-vos com o presente material, enquanto eu me atenho ao presente espiritual, priorizando minha evolução nesta área. Sei que, após a morte do corpo físico, a alma sobreviverá e os tesouros a seu dispor nada terão a ver com os da Terra. Apesar do afeto que em mim despertais, não desejo compartilhar vosso destino. Perdoai-me! Sois bela, inteligente, jovem, encantadora... Não vos faltarão amores maiores e melhores... Se permitis, senhora, o dever me chama!

Naquela noite mesmo, Tarcísio foi preso. Uma Popéia raivosa e inconsolável adentrou os aposentos de Nero, despertando-o de profundo sono ocasionado por ervas analgésicas, exigindo providências contra o oficial! Retirado do leito, as dores voltando, a amante desfiando uma catadupa de reclamações e exigências, o imperador encolerizou-se em extremo, acreditando-se ultrajado pelas atitudes do comandante da guarda palaciana. A ordem de prisão foi expedida incontinenti e a história espalhou-se pelo palácio, ganhando as ruas, acrescida de comentários maliciosos e risos. Assédio sexual e desrespeito a Popéia Sabina? Como, se era sabida e notória a paixão da deslumbrante mulher pelo belo Tarcísio, que persistia desdenhando a favorita de Nero?! A sentença, açoite em praça pública e prisão por tempo indeterminado, provocara celeuma. Popéia fizera mais nos dias subseqüentes, sugerindo ao real amante a possibilidade de seu oficial compactuar com práticas cristãs, sugerindo a incorporação de uma exigência ao libelo acusatório. O preso deveria, por precaução, abjurar a crença cristã e o Profeta da Galiléia, prestando culto público à deusa Vênus... Vendo o imperador apático diante do alvitre, ela acrescentara:

– Pensando melhor, divino, ele também deveria cultuar-vos, pois sois deus vivo!

Não querendo fazer sofrer o amado nas infectas prisões do império, Popéia apressou-se em providenciar exíguo prazo para o cumprimento da punição, crendo sinceramente no recuo de Tarcísio quando encarasse de perto as possíveis provações advindas de qualquer atitude não consonante com os anseios do imperador. Então, tudo voltaria ao normal e o oficial seria menos inflexível, cedendo-lhe aos desejos. Seria invejada pelas mulheres, disputada pelos homens inconformados com sua escolha... Iludida Popéia!

Nero pessoalmente quis participar da cerimônia de desagravo e abjuração. Em seu orgulho e vaidade imensos, jamais acalentaria a mera suspeita de que a amante privilegiasse o oficial de sua guarda, a quem considerava uma peça a mais no cenário do palácio, indigno de maiores atenções, inexistente para sua divina pessoa. O castigo levado a efeito diante de seus olhos constituiria simples diversão, com sérias chances de entediá-lo, pois o acusado fatalmente se humilharia, implorando perdão, negando o carpinteiro. Afinal, quem se atreveria a enfrentar a cólera de Nero?

Popéia guardou o leito, pretextando estado de nervos pela afronta do romano, sugerindo ao comparsa amoroso que fosse severo, todavia magnânimo. Como argumentos, demonstrou ao imperador que a perda do excelente comandante, o melhor dos últimos tempos, poderia conturbar a tranqüilidade de que desfrutavam todos desde que o mesmo assumira as responsabilidades palacianas de segurança. Bastaria que lhe dobrassem a orgulhosa cerviz, mostrando quem dava as ordens! Quanto ao assédio, a astuta mulher transformou habilmente a indignação do amante em vaidosa empáfia, asseverando-lhe desenfreada paixão e inabalável fidelidade. Com melíflua voz, sussurrava aos ouvidos imperiais:

– Vós, que sois o maior, o mais belo, o mais inteligente dos mortais, podeis demonstrar generosidade sem que vossos atos e palavras soem pusilânimes! Vossa simples presença colocará o desavisado em seu lugar! Quanto a mim, prefiro abster-me do confronto, considerando que tomareis as providências indispensáveis ao resgate de minha honra ultrajada perante o mundo!

A feiticeira criatura tecia-lhe elogios, finalizando:

– Que olhos poderia eu ter para outros homens, se vós a todos ofuscais, meu senhor e deus?!

O espetáculo prometia. Nero em pessoa consentira em comparecer! Os maledicentes da corte faziam correr à boca pequena que Popéia convencera o imperador a descer de sua pompa para presenciar e determinar o castigo do homem que se atrevera a repudiá-la! Quando da entrevista com o oficial, a moça descuidara da escrava que costumava assessorá-la nos ajustes amorosos com uns e outros, e a jovem escutara a conversa por detrás da porta, repassando-a ao próprio amante, um dos inúmeros soldados, que se encarregou de disseminar a novidade pelo palácio. Em breve todos se informavam de que o assunto assumira proporções estatais, na medida em que a rejeitada mulher tratara de queixar-se ao amante oficial, manipulando fatos e palavras, atitudes e razões, disponibilizando a máquina administrativa de Roma em favor de seu frustrado romance. Sempre atentos às novidades, os cortesãos apostavam que o garboso oficial seria privilegiado assim que se livrasse do embaraçoso castigo. Seria açoitado ou simplesmente perdoado? O inusitado bom humor de Nero sugeria o bom término das coisas. Rindo, o imperador afirmava para os mais íntimos:

– O pobre homem deixou-se enfeitiçar pela formosura de Popéia, a mais bela das belas, como não poderia deixar de ser, uma vez que desfruta de minha predileção! Ela, virtuosa e sincera, queixou-se com justos motivos. Quanto à suposição de que o comandante da guarda palaciana esteja ligado aos execráveis cristãos, considero-a improcedente e absurda! Ele não seria louco!

* * *

Um arauto primorosamente vestido desdobrou o pergaminho de acusação que, em súmula, imputava a Tarcísio a séria suspeita de conduta imprópria em relação a ilustre dama da corte, aventando também a hipótese de o romano professar as crenças cristãs.

Olhando a figura de Nero, envolta em espalhafatosos e ricos trajes, Tarcísio íntima e sinceramente lamentou que o destino do império estivesse em tais mãos. Intensa raiva, da qual se julgava incapaz, dele tomou conta e teve ímpetos de gritar verdades entaladas em sua garganta seca e apertada. Abaixou a cabeça, envergonhado com a ira assassina, que não coadunava em absoluto com os ensinamentos do Mestre Jesus. Percebeu que, na verdade, sentia ciúmes e inveja do infeliz que podia abraçar Popéia sem ter consciência de como ela era interiormente, despreocupado de nada além da beleza esplendorosa e sensual! Como isso estava acontecendo com ele? Abaixou a cabeça e mergulhou em prece, implorando auxílio para suplantar os conflitos que lhe agitavam a alma, acalmando-se aos poucos, alheio aos gritos que estrugiam de todos os lados. Olhos cerrados, respirou em longos haustos... Ao ser intimado a pronunciar sua pretensa defesa, fê-lo com serenidade:

– Augusto imperador, acredito haver insultado a nobre Popéia com palavras inoportunas e indelicadas, pelas quais me penitencio, embora em momento algum desejasse afrontá-la. Tudo não passou de um mal-entendido, pelo qual peço desculpas, oferecendo as dores da punição como desagravo à honra da ilustre senhora.

– Muito bem! Também acreditamos que estejas contristado com o ocorrido! Mas... E a acusação de ser cristão?! És cristão? Pessoalmente, como teu imperador e deus, duvido que sejas tão tolo! Assim sendo, para provar que és inocente dessa barbárie, sacrificarás a Vênus e a mim!

O moço lembrou-se de Pedro. Ele negara o Cristo, temeroso das conseqüências que poderiam advir caso assumisse o Mestre. Independente dos anos decorridos, a lembrança da negativa acompanhá-lo-ia, como ele mesmo afirmara sob as frondosas árvores da Casa do Caminho. Poderia ele, Tarcísio, romano a serviço de Nero e cristão, conviver com tais lembranças? Pedro retomara a jornada em nome do Mestre, com Ele e por Ele, realizando uma obra monumental e imprescindível ao Cristianismo nascente, suplantando medos e arrependimentos; mas ele, Tarcísio, teria que tomar a decisão cônscio de que, pelas características de sua profissão, restar-lhe-ia continuar no palácio, ocultando a verdade, mentindo a cada dia... Ou falar a verdade, colocando-se mas impiedosas mãos do imperador...

– Senhor, sou cristão!

Um brado de espanto perpassou pela multidão silenciosa. Acabara o infeliz de assinar sua sentença de morte! Nero, decepcionado com o correr dos acontecimentos, tolhido em suas falsas pretensões de liberalidade, aborreceu-se, ordenando que o levassem imediatamente a ermos sítios, cortando-lhe a garganta e atirando os restos aos cães. Arrepanhando o manto com teatrais gestos, retirou-se, seguido pela boquiaberta corte. Incompreensível, sussurravam uns e outros, lamentando as apostas perdidas, os investimentos fracassados. Vale a pena mencionar que grande volume de apostas circulara pelo palácio real, a maioria dando como certos o perdão e o êxito do romance entre Popéia Sabina e Tarcísio!

Em seus aposentos, as janelas veladas por pesadas cortinas, Popéia dormia, anestesiada por chás calmantes e poções.

A manhã do dia seguinte surgiu em meio a forte chuva, embalando o sono da moça com o ruído dos pingos nos telhados e nas piscinas do palácio. Ela sonhava sonhos de amor com o belo oficial romano! Neles, o amado perdia a indiferença e enlaçava fortemente seu corpo flexível, beijando-a com paixão, retribuindo-lhe as carícias, murmurando palavras ternas. Despertou feliz e animada, ordenando banho e farto desjejum, selecionando ela mesma as alvas vestes, o perfume mais precioso, as jóias mais belas... Aquela seria uma manhã de luz e festa, não importava a chuva. Melhor! Confinaria o oficial ao reduto sedutor de sua alcova, entre sedas e linhos, e o gotejar seria música de acalanto à paixão! Tarcísio deveria estar de volta a seu posto, pois assim combinara com Nero anteriormente. Ela o procuraria e se lançaria aos seus pés, implorando que a amasse! Agora tudo daria certo! O susto certamente servira para alertar o moço sobre a necessidade de ser mais maleável, mais cordato. Cantarolava, envolta pela água tépida e perfumada, brincando com as pétalas de rosas que sobrenadavam. Jamais amara antes, agora tinha a certeza!

No longo cerimonial subseqüente à ablução, a moça observou atentamente cada detalhe, cuidando para que tudo fosse branco, desde a seda das vestes até as pedras preciosas e as flores nos cabelos. Ordenou à escrava de sempre que sondasse a chegada do oficial e onde estava, deixando de notar-lhe o olhar temeroso, bem como os olhos baixos e igualmente amedrontados das demais... Seria feliz, pensava Popéia, feliz como nunca fora até então!

Vendo que a escrava não se aprestava a cumprir as ordens, estranhou, indagando:

– O que estás esperando, criatura? Que eu me aborreça? Hoje não! Nada pode me tirar do sério neste dia,nada! Portanto, avia-te!

– Senhora, senhora, uma desgraça aconteceu e não tivemos a coragem de relatar! Vosso oficial, senhora, a mando do imperador, foi executado ontem! Como dormistes o dia todo praticamente e a noite também, julgamos inconveniente despertar-vos, pois se tratava de fato consumado! A esta hora, senhora, os cães devem tê-lo devorado, porque o imperador ordenou que o lançassem ao monturo, sem direito a exéquias romanas! Vênus vos proteja!

O coração da moça fechou-se em tristeza, conquanto o exterior continuasse belo e falsamente alegre. Os lábios sorriam e a alma chorava! Em vão tentou acreditar que o tempo apagaria a lembrança do ocorrido e o remorso. Com o passar dos anos, a figura do amado confundia-se cada vez mais com a do Nazareno, fazendo com que, nos momentos de maior desesperança e infelicidade, desejasse o consolo das palavras e ensinamentos do Mestre, rápida e brevemente conhecidos antes da morte de Tarcísio. Todavia, faltavam-lhe fé e perseverança ainda... Devassa e inconseqüente, ainda assim soube servir à causa do Cristianismo quando solicitada por discípulos do Mestre, conseguindo livrar das prisões diversos expoentes da fé cristã, permitindo prosseguissem um pouco mais na seara de luz.

Sacrificada por Nero a pontapés, passou para a história como uma criatura bela e fútil, à mercê de caprichos sexuais, companheira conivente de um imperador sanguinário e ensandecido... O esquecimento que esconde o pretérito das existências impediu-a de reconhecer em Tarcísio um grande amor do passado. Amou-a ele também, embora continuasse a persistir na lealdade aos compromissos familiares e aos ideais cristãos. Afinal, quem manda no coração?! Chamado ao testemunho difícil, por obra e artimanha da mulher amada, lutando contra as próprias imperfeições espirituais, escolheu Jesus, furtando-se aos altos postos no império, à paixão degradante, às ilusões. Optou pela verdade, optou pelo Cristo, assumindo-o publicamente.

Depoimento

Mergulhados no corpo físico, envoltos pelo esquecimento benéfico daquilo que fez parte de nossas existências anteriores, encontramo-nos ao sabor de nossos sentimentos. Que mais fez Jesus do que revelá-los a nós, desvendando as verdades interiores de cada ser, alertando-nos para os caminhos a serem percorridos na longa estrada evolutiva! Ao impacto dos acontecimentos, como somos nós realmente? O que ocultamos, inconscientemente preservado em preciosos arquivos do ser, reclamando por burilamento? A quem amamos e a quem odiamos? Que sentimentos são esses que brotam de nós com a força avassaladora das tempestades em alto mar, fazendo naufragar crenças superadas e inúteis? Jesus chamou os homens à razão, exortando-os a olharem-se interiormente. Com certeza, o Mestre detinha o conhecimento dos diferentes estágios evolutivos da criatura sobre a Terra. Daí a razão de suas parábolas, permitindo a cada um dos ouvintes diferenciadas percepções, daí sua paciência, sua tolerância, sua isenção de julgamento. O candidato a seguidor de Jesus, em lendo o Evangelho e estudando-o, detectará diferentes estágios de compreensão no decorrer de sua existência, resultantes do crescimento do ser durante a jornada como encarnado. Assim, o mesmo Evangelho assume diferenciadas conotações, de uma criatura para outra e na mesma pessoa, conforme seu momento evolutivo.

Sabia Jesus também que idéias inovadoras encontram resistência e que seria imprescindível coragem para levantar bem alto a candeia e clarear os caminhos, quase sempre com sacrifício e renúncia. Há mais de dois mil anos assim tem sido... Os cristãos de outrora precisaram encarar de frente a morte para testemunhar a fé que professavam. Atualmente, os percalços são diferentes na forma, semelhantes na essência. Os circos, as feras, os postes de suplício, tudo faz parte do passado, mas os sentimentos persistem, determinando a trajetória de cada um, e nem sempre temos a coragem de assumir os verdadeiros anseios da alma, preferindo as ilusões e luzes do mundo a Jesus. Ou então, na tentativa inconsciente de burlar as dificuldades do caminho, supomos conseguir adequar o Cristo a nossos interesses, vivenciando conceitos religiosos adaptados a nossas conveniências, sutilmente deturpados e definitivamente inúteis, pois ninguém impedirá o surgimento da verdade libertadora, ainda que à custa de muito sofrimento, resultante de nossa rebeldia e ignorância.

Na árdua senda evolutiva, a complexidade de nossos sentimentos, crenças e valores determina inevitáveis conflitos, revolucionando o homem velho que mora em nós e que clama pelo homem novo. Como Tarcísio, na Palestina primeiramente e depois na Roma de Nero, pude constatar a veracidade desta afirmativa. O jovem romano que aportou em terras distantes, com o sonho de conquistar grandezas futuras no Senado, nada tinha a ver com o que retornou a sua cidade natal, enfrentando sérias dificuldades de adaptação ao mundo do qual viera e que prosseguia nos mesmos moldes e rumos.

Falando com sinceridade, volvendo de Jerusalém a Roma, realmente me julgava imune às tentações que atingiam os demais, acreditando que os valores referentes à família, ao amor e à fé achavam-se solidamente preservados, que nada lograria atingir-me, que eu sabia... Imaginem o susto! Em um átimo, um grande afeto de existências pretéritas ameaçou tudo em que acreditava, suscitou dúvidas, requereu imensa força e incansável perseverança para fazer o certo, pois o coração clamava pela felicidade fugaz do momento.

Após minha morte, que se deu em lugar distante da cidade, em uma das colinas de Roma, guardei a dolorosa sensação da afiada espada a seccionar-me a cabeça, observando horrorizado a disputa do corpo mutilado pelos cães vadios e esfomeados... Nada agradável, posso afirmar! Finalmente suplantando as impressões da morte violenta, auxiliado por amorosos irmãos espirituais, pude percorrer os corredores do palácio e constatar a forma como encaravam meu sacrifício. Julgavam-me louco! Para eles, eu havia desperdiçado a oportunidade de riqueza e felicidade! Os mesmos mentores conduziram-me a outros locais, onde residiam ou trabalhavam homens e mulheres que haviam assistido ao meu julgamento na praça, propiciando-me a alegria de vislumbrar anseios de mudança reforçados pelo ato de coragem que um soldado romano ousara frente a Nero, assumindo Jesus.

Popéia, a mulher amada, conheceu o doce Rabi da Galiléia no silêncio de seu ulcerado coração, embora ainda não ousasse expô-lo corajosamente ao mundo. Teve medo! Medo da morte, da pobreza, da solidão... Outros o tiveram também e continuam tendo até hoje, optando pelas religiões que nada deles exigem em termos de transformação espiritual, seguindo a massa, recusando-se a enxergar a verdade, cujos embriões jazem adormecidos em cada um, fugindo dos semelhantes por temerem neles se encontrarem... Em vão tentam apagar as candeias do Mestre, empanando-lhes o brilho por instantes, iludidos com as honrarias passageiras do mundo.

As candeias imortalizadas por Jesus brilham sempre. Suas luzes não se extinguiram no correr dos séculos e jamais se extinguirão, porque sempre haverá discípulos dispostos a tomá-las corajosamente, levantando-as bem alto, dando prosseguimento à missão iniciada pelo Nazareno!

Tarcísio, oficial da legião palaciana de Nero.

Tiago, o eremita

"Alguns fariseus se aproximaram dele, querendo pô-lo à prova. E perguntaram: É lícito repudiar a própria mulher por qualquer motivo? (Mateus, cap. 19, v. 3 a 6).

"Os escribas e os fariseus trazem, então, uma mulher surpreendida em adultério e, colocando-a no meio, dizem-lhe: Mestre, esta mulher foi surpreendida em flagrante delito de adultério. Na lei, Moisés ordena apedrejar tais mulheres. Tu, pois, que dizes?" (João, cap. 8, v. 3 a 5).

"Na união dos sexos, a par da lei divina material, comum a todos os seres vivos, há outra lei divina, imutável como todas as leis de Deus, exclusivamente moral: a lei de amor."

"Nas condições ordinárias do casamento, a lei de amor é tida em consideração? De modo nenhum."

"Nem a lei civil, porém, nem os compromissos que ela faz contrair, podem suprir a lei de amor, se esta não preside à união, resultando, freqüentemente, separarem-se por si mesmos os que à força se uniram."

"Não existe adultério onde reina sincera afeição recíproca."

(O Evangelho segundo o Espiritismo, cap. XXII).

Distanciada de pequenina aldeia, em ermas paragens da Palestina, entre a áspera e íngreme beleza das rochas escurecidas e rebordadas de flores e parasitas, oculta pela luxuriante vegetação, disfarçada e obscura, a gruta há alguns anos abrigava um homem lançado à margem do convívio humano por frustrada paixão.

As paredes de pedra serviam-lhe de casa. O amplo aposento por elas formado transformara-se em habitável refúgio, graças à engenhosa perseverança de seu ocupante. Toscos móveis de bruta madeira dispunham-se no interior escrupulosamente limpo; nos fundos, o leito de fibras vegetais coberto com colorido tecido, alguns travesseiros... Rústico fogão fora instalado sobre duas pedras, natural e estrategicamente dispostas, guarnecido de utensílios, muitos dos quais confeccionados pelas hábeis mãos do dono da moradia. A natureza elaborara singular tubulação, fendendo o teto da grande caverna, ligando o interior ao exterior em superior patamar, indo ter em clareira da densa mata, fornecendo assim entrada e saída de ar, bem como difusa iluminação.

Sobre toscas prateleiras, potes de barro guardavam plantas desidratadas, cuidadosamente protegidas por folhas impermeabilizantes, revelando o interesse do morador pela medicina natural. Contrastando com a simplicidade do local, pergaminhos e papiros ocupavam significativo e bem cuidado espaço nas estantes ou quedavam abertos sobre longa mesa, improvisada com toras e pranchas.

Àquela hora do dia, a gruta achava-se deserta, silenciosa. Os únicos sons que até ela chegavam procediam da mata: o farfalhar das folhas agitadas pelo vento, o álacre gorjeio dos pássaros. Adentrando a espessa vegetação, logo se encontraria cristalina e encantadora cascata, despencando-se declive abaixo, terminando por deslizar sobre alvas pedras e seixos, em gélido riacho margeado por areias, iluminado pelos raios solares que teimavam em atravessar as altas copas das árvores. Sob as águas límpidas, revoluteavam cardumes de peixes com suas escamas cintilantes e coloridas.

Ao anoitecer, sobraçando cesta de vime repleta de plantas, retornava o ocupante da insólita moradia. Alto e forte, braços e rosto bronzeados, tratava-se de homem ainda jovem, de belas feições e saudável aspecto. Em seus olhos escuros, percebiam-se sinais de desesperança, envelhecendo-o prematuramente, petrificando-lhe sentimentos e emoções. O semblante aparentemente calmo dissimulava íntimos tormentos.

Depositou a cesta na mesa, aprestando-se em retirar as plantinhas, em sua maioria folhas e raízes, limpando-as e passando-as cuidadosamente em água fresca retirada de enorme pote de barro. Feito isso, estendeu-as sobre alvo pano de linho para prévia secagem. Ao concluir a tarefa, a gruta mergulhava em sombras e ele acendeu a candeia, dependurando-a em um suporte de ferro preso à parede. Dirigindo-se ao fogão, ateou fogo à lenha seca que ali depositara, iniciando o preparo de uma sopa. Abandonou o recinto rapidamente, enquanto a luz do crepúsculo ainda clareava o exterior, rumo à cascata, descendo agilmente os degraus naturais até o ponto em que as águas formavam plácida bacia, onde se banhou, desdenhando da fria temperatura da água.

Envergando roupas limpas, retornou, olhando o escuro céu no qual as primeiras estrelas surgiam. Seu semblante entristeceu-se, tomado por pungentes saudades e pela consciência da impossibilidade de retornar ao passado e evitar os dolorosos acontecimentos de outrora. Impossível volver aos ditosos tempos, às noites repletas de amor e carinho! Balançou a cabeça vigorosamente, afastando os importunos pensamentos, murmurando baixinho:

– Ó Deus de Israel, sei que não sou digno de consideração, mas imploro vosso auxílio para olvidar tantas dores e aflições e alcançar a paz!

Na gruta, serviu-se da ceia simples e substanciosa, mal sentindo o gosto dos alimentos, mergulhado que estava no exame de alguns velhos pergaminhos. Assim procurava espantar as lembranças, envolvendo-se no trabalho. A candeia apagou-se ao findar o azeite e ele buscou o leito, rapidamente adormecendo.

Anos atrás, fugindo da desilusão, Tiago chegara àqueles abençoados sítios, deparando com a ampla caverna, estrategicamente oculta aos olhares humanos. Ferido emocional e espiritualmente, qual agonizante animal, nela se refugiara, acreditando-se protegido, distante da Humanidade. Em ninguém mais confiava! Passou a viver em profunda solidão, somente quebrada por um ou outro animal selvagem... Ignorava-os e nenhum ousou importuná-lo, estabelecendo-se, assim, um acordo de vizinhança jamais infringido por nenhuma das partes.

A mata tudo fornecera, dos móveis ao barro para a confecção de utensílios, sem falar no alimento farto, consubstanciado em frutos, raízes e peixes. Soubera respeitá-la, utilizando somente o necessário, repondo sempre que possível aquilo de que se servia. Assim, a cada árvore derrubada, outra era plantada por suas mãos, as sementes das frutas eram lançadas ao solo fértil, os peixes recebiam o excedente dos alimentos e multiplicavam-se com maior rapidez...

Ocasionalmente abandonava o reduto, dirigindo-se à cidade mais próxima a fim de adquirir o que lhe faltava, voltando incontinenti ao ermo e belo sítio. Jamais fora à aldeia; os moradores do povoado ignoravam sua existência.

O árduo trabalho inicial no afã de tornar habitável a gruta preenchera-lhe os dias, extenuando-o e garantindo benfazejo sono noturno. Com o decorrer do tempo, as recordações fizeram-se mais brandas, as lancinantes dores da alma atenuaram-se. Finda a arrumação, entregara-se às pesquisas com plantas, utilizando acervo de informações adquirido em suas viagens; depois, montou improvisado laboratório, onde se entregou à manipulação, descobrindo e catalogando espécies, estudando e descrevendo suas propriedades. Embora não pretendesse jamais abandonar o esconderijo ou levar ao conhecimento do mundo seus estudos, algo o impulsionava a dar-lhes continuidade e ele se entregava de corpo e alma às atividades.

Certa manhã, o sol não brilhou e o tempo nublado e as chuvas insistentes obrigaram-no a permanecer em casa. O fino chuvisqueiro transformou-se em pesado aguaceiro, encharcando a terra e avolumando a cascata, cujos sons agora lhe chegavam nitidamente aos ouvidos. Embora insatisfeito com a impossibilidade de explorar a mata, consolou-se em abandonar o corpo de elevada estatura sobre o improvisado leito, ficando a ouvir o barulho fustigante da chuva. Naquele dia, anos atrás, também chovera... Por isso voltara para casa...

..*

Chovera naquele dia, dez anos atrás, fazendo com que mudasse os planos de viagem, retornado ao lar. A tempestade parecia abalar os céus, tamanha a quantidade de azulados relâmpagos que rompiam as pesadas e plúmbeas nuvens. Temeroso, vendo altas árvores abatidas ao solo, qual frágeis arbustos, pela violência do vento, forçara a espavorida montaria a volver, prestamente seguido pelos servos, semelhantemente assustados, pois consideravam mau presságio prosseguir sob a revolta dos trovejantes céus.

Sob a chuva inclemente, os portões da luxuosa vivenda rural estavam escancarados. Chegara aos estábulos sem que ninguém aparecesse, entregando aos sobressaltados cavalariços o exausto animal.

– Onde estão os guardas dos portões?

– A chuva, meu senhor, os raios e os trovões... Assustaram-se, estão no alojamento! Um relâmpago derrubou a grande árvore junto à casa, e ela caiu fragorosamente sobre a fonte, aquela que adorais, destruindo-a completamente! Uma tristeza! Tão bonita! Ah, senhor, estamos paralisados com a fúria dos céus!

Compreendendo-lhes o temor, silenciara, dirigindo-se à ampla residência. Enquanto caminhava, sorria. Era muito bom estar em casa novamente, ainda que a frustrada viagem tivesse que ser novamente empreendida assim que a tormenta cedesse... Que felicidade saber que dispunha de um lugar onde se abrigar, que breve estreitaria nos braços a esposa jovem e linda, aquecendo-se em seu corpo cálido e perfumado. Passando pelo alojamento dos servos, constatara que os serviçais, inclusive os que o acompanhavam há pouco, já estavam instalados... Escutava-lhes as conversas, os latidos dos cães, o riso das crianças... O cheiro bom de comida aguçou-lhe o apetite. Estava com fome! Uma sensação de plenitude e paz assenhoreara-se dele... Sentia-se responsável pelo bem-estar daquelas criaturas...Servos sim, mas criaturas de Deus, como ele mesmo, a esposa, os filhos que um dia teriam. Filhos! Como os desejava!

Há alguns anos o pai, Naim, falecera, deixando-lhe as ricas e extensas propriedades. Sóbrio e austero, o velho judeu ensinara ao unigênito tudo sobre negócios, planejando colocá-lo à frente deles quando adulto. Avesso aos luxos e excentricidades que medravam no seio do povo judeu nos últimos tempos, decorrentes da influência dos conquistadores romanos, soubera preservar os valores e a moral ilibados, alicerçados em sólida crença no trabalho. O jovem fora enviado às melhores escolas, adquirindo cabedal de conhecimentos necessários a um homem dono de grande fortuna. O pai, rindo, costumava afirmar:

– Tiago, meu filho, escuta teu velho pai! Nada pior existe do que um homem que, ao abrir a boca, faz com que os outros desejem a surdez para não escutar as besteiras que ele diz! Estuda, pois, a fim de não incidires em tal erro. No mais, não há nada que trabalho árduo e boas intenções não resolvam.

Amava o pai, respeitando-o, reconhecendo-lhe as excelentes qualidades. Acolhia prazerosamente seus sábios alvitres no tocante às vastas terras e à extensa fortuna honestamente amealhada pela família. Assim, fora-lhe extremamente dolorosa a morte súbita do genitor, vitimado por fatal ataque do coração. Sentira-se só, saudoso, pois perdera mais que a simples figura paterna, certamente o melhor e mais sincero conselheiro e amigo. Dedicara-se ao trabalho com renovada ânsia, buscando superar a perda.

O tempo arrastava-se interminável... Então, ela aparecera em sua existência...

Naquela manhã, a carroça repleta de penduricalhos e adornada com coloridas sedas causara sensação entre os moradores da fazenda. O servo fora avisá-lo na plantação, onde pessoalmente dirigia os trabalhos da colheita, dizendo-lhe atabalhoadamente:

– Amo, chegaram os ciganos! Estão na entrada, aguardando permissão para levantarem acampamento nas proximidades do riacho. Uma só carroça passou pelos portões, a do chefe... Solicitaram a clareira, aquela perto da água, dizendo que ficarão poucos dias, até efetuarem os consertos nas carroças. Parece que algumas rodas estão soltas e uma delas foi de encontro a enorme pedra, quebrando o eixo... Estão indo para a cidade grande, senhor!

Ciganos! Muitos haviam passado por ali nos últimos anos... Geralmente não causavam problemas, limitando-se à leitura da sorte, à venda de objetos de cobre, algumas jóias e ilusão. Sorrindo, indagara do agitado servo:

– Parecem boas pessoas? São limpos e a carroça é bem conservada?

– Sim, amo! Com certeza!

Sob o olhar incisivo de Tiago, corrigira-se:

– Senhor, para falar a verdade, verdade mesmo, nem enxerguei direito isso que me perguntais... O chefe tem uma filha que é um beleza! Linda de verdade! Senhor, que olhos! Verdes como as folhas tenras da plantação... E os cabelos... Longos e negros, sedosos... Uma beleza, senhor, uma beleza!

Rindo da sincera ingenuidade do servo, aquiescera:

– Dize-lhes que estão autorizados a acampar em minhas terras, desde que não causem transtornos, mantendo distância. Além do mais, trata de refrear o entusiasmo, pois dispenso familiaridades de servos meus com jovens da caravana, ouviste? Não quero moça alguma iludida por tuas conversas e pelas dos demais. Entendeste?

– Senhor, jamais faríamos isso! Mas que ela é de tirar o fôlego, isso é!

Montando rapidamente no cavalo, o homem afastara-se a largo trote. O trabalho relegara ao esquecimento o ocorrido e, ao crepúsculo, retornando ao lar, avistara ao longe o acampamento. O som de risos e o cheiro de comida atingiram-no agradavelmente. Alguém, de bela e melodiosa voz, entoava plangente canção, acompanhada por instrumentos de corda. Não conseguia discernir as palavras, mas a tristeza da melodia sugeria dorido prantear de quem houvesse perdido a pessoa amada. Jamais se apaixonara por alguém, limitando-se a arroubos juvenis por uma ou outra moça, sempre preocupado com os estudos e o trabalho... Como seria amar? Será que algum dia isso aconteceria em sua vida? Meneando a bela cabeça, Tiago acreditava-se imune a tais sentimentos.

Alguns dias decorreram. Discretos, os ciganos ficaram nas cercanias do riozinho, abstendo-se de chegar junto à sede da propriedade. Mergulhado em trabalho, olvidara-os até aquele dia especialmente cansativo, repleto de problemas e decisões extremamente delicadas. A ausência do pai angustiava-o sobremaneira, pois sentia falta dos conselhos, da troca de informações, do relacionamento franco! Como era difícil decidir tudo sozinho, sem uma voz amiga para sugerir... Em casa, tratara de banhar-se, procurando aquietar os pensamentos, mal se alimentando à mesa, sentindo o coração apertado. Melhor dormir! No outro dia, certamente estaria bem melhor!

Deitado no leito confortável, em vão tentara conciliar o sono. O corpo extremamente cansado pedia repouso, mas a alma agitada recusava-se a relaxar. Depois de muito revirar na cama, terminara por abandoná-la, irritado com a incomum insônia, dirigindo-se às cocheiras, selando ele mesmo o animal predileto. Um bom passeio sob as estrelas devolver-lhe-ia a tranqüilidade e o sono... Ao longe, o som da música atraíra sua atenção. Os ciganos não haviam partido! Passaria por lá...

Inesperadamente curioso, cavalgara para os lados do regato. O ar puro da noite reanimava-o, o cheiro de mato e flores acalmava-lhe a inusitada ansiedade...

Rapidamente vencera a distância. As fogueiras iluminavam o acampamento. Contou as carroças. Sete. Agrupadas, uma delas em privilegiada e protegida posição, certamente a do chefe. Aproximara-se, sofreando o ardor do cavalo. Um grande caldeirão suspenso por correntes ocupava sólido tripé, cozendo lentamente, exalando delicioso cheiro. Sobre a relva, os ciganos dispunham-se em semicírculo, acompanhando com palmas e vozes a melodia dos instrumentos. Reconhecia aquela música: a mesma que ouvira no primeiro dia, quando autorizara a presença dos viajantes em suas terras. Mas onde estava a melodiosa voz que entoava a canção de amor? Um breve olhar bastara... A linda criatura dançava, iluminada pelas chamas. Pela descrição do servo, reconheceu-a de imediato.

– Deus de Israel, o pobre homem foi incapaz de descrevê-la a contento! Realmente, é de tirar o fôlego, de aprisionar o coração e subjugar a vontade!

A dança cessara repentinamente, bem como os instrumentos... A presença do senhor das terras exigia que lhe dispensassem atenção e reconhecimento. Um cigano de meia idade, moreno e alto, os cabelos grisalhos recolhidos à nuca, aproximara-se, saudando-o respeitosamente.

– Honrai-nos com vossa ilustre presença, senhor! Dai-nos a honra de vos assentardes conosco para a ceia! Vinde compartilhar de nossa comida e de nossa bebida! Somos humildes servos, depondo-vos aos pés nossos agradecimentos pela generosa acolhida.

Os olhos verdes do homem desmentiam a pretensa humildade, denunciando orgulho sob as reverentes palavras; seus gestos revestiam-se de dignidade. Apeando, o moço acedera, sendo confortavelmente instalado em macias e coloridas almofadas. A encantadora criatura perdera-se no interior da carroça principal, negando-lhe a oportunidade de conhecê-la. O cigano mostrara-se excelente anfitrião, entabulando com o jovem convidado interessante diálogo. Não mais podendo se conter, percebendo que teria de partir, Tiago ousara perguntar:

– Seria vossa filha a jovem que bailava?

Desconfiança e zelo brilharam nos olhos do cigano. Secamente, respondera:

– Sim. Minha única filha, Letícia, sobre a qual deposito meus sonhos de pai extremado e orgulhoso. Criei-a cercada de pessoas cultas e cuidei para que recebesse a melhor educação possível. Canta e dança primorosamente! Borda com perfeição... É muito prendada... E linda! A esta hora estará dormindo, pois conhece seu lugar...

Frustrado e triste, restara-lhe voltar à esplêndida e vazia casa. Adormecera rapidamente, embalado pela bebida que o chefe cigano o incentivara a tomar. Na manhã seguinte, tudo parecera distante, mas a imagem da moça persistia em suas retinas. Monologava:

– Estou ficando louco, vendo coisas à luz da lua! Deve tratar-se de pobre criatura, a quem o escuro da noite e o encanto das labaredas emprestaram misterioso brilho... Durante o dia, será comum como todas! Ou será que não?

Mal amanhecera e já estava a caminho do riacho. Apeara a relativa distância, levado por súbito impulso, aproximando-se a pé do acampamento. Estava imerso em profundo silêncio, dormiam todos. Envergonhado, sentira-se um intruso, pessimamente educado. O som da cascata próxima convidara-o a aguardar por hora mais conveniente junto às águas cristalinas que, despencando das altas formações rochosas, constituíam encantadora bacia. Grandes pedras cercavam o lugar, constituindo naturais plataformas e pontos de descanso. Para sua grata surpresa, sobre elas, envolta em delicada camisola branca, a jovem entregava-se à meditação, alheia à extasiada presença de Tiago. Acabara de abandonar as águas, os cabelos escorriam e o corpo molhado umedecia o tecido, delineando-lhe as formas. Deitada sobre enorme e escura rocha, parecia adormecida. Evitando assustá-la, o moço quedara-se imóvel. À luz nascente da manhã, sua beleza surpreendia-o uma vez mais. Observava-lhe o talhe longo e flexível, as feições delicadas, os longos cabelos escuros, os pés e mãos delicados... Linda!

Relutante, afastara-se, respeitando-lhe a intimidade, voltando à estrada. Agora todo o acampamento se agitava, as mulheres preparando a primeira refeição, as crianças correndo e rindo e os homens aguardando serem servidos. Começara mais um dia. A jovem retornava, envolta em colorido manto, recolhendo-se à carroça. Após algum tempo, vestindo saia florida e decotada blusa branca, ornada com correntes de ouro e brincos de argola, entregava-se ao desjejum, conversando alegremente. Tiago percebia que os consertos nas carroças se ultimavam, concluindo que brevemente partiriam. Não poderia deixá-la ir! Um sentimento profundo invadira sua alma... Jamais se sentira assim, nenhuma mulher despertara tamanho interesse, a ponto de a dor da possível perda refletir-lhe no corpo, como se o peito arrebentasse de angústia!

O chefe cigano ficara surpreso com a volta do rico senhor. Perspicaz, acompanhava-lhe a direção dos olhares e temia pela integridade da única filha. Nas constantes andanças pelo mundo, acostumara-se a conviver com a beleza estonteante da jovem e o que despertava nos homens. Para falar a verdade, diversas e muitas vezes precisara afastá-la dos olhares e intenções cobiçosos, e nem sempre os métodos haviam sido pacíficos. Acompanhando o olhar de Tiago, deparara com a figura esbelta da filha. Surpreendido e encabulado diante da súbita aspereza no tratamento, rapidamente o rapaz entendera as razões daquele pai, apressando-se em tranqüilizá-lo:

– Senhor, não me compreendais mal! Vossa filha despertou em mim sentimentos de tal profundidade e grandeza que se torna impossível olvidá-la. Apesar de prematuro, pressa imposta por vossa iminente partida, ouso fazer o pedido: dai-me a honra de desposá-la. Sabeis que os bens de que disponho permitir-me-ão oferecer-lhe vida de rainha e o meu amor garantirá seu bem-estar. Imploro-vos a permanência por alguns dias a mais a fim de que possamos conhecer-nos e, se o coração dela assim o desejar, casaremos...

Enquanto o jovem expunha suas intenções, o cigano meneava a cabeça em franco sinal de desagrado. Ainda assim, ouvira-lhe as palavras com educada reserva, acabando por explicar:

– Nosso povo conhece muito bem seu lugar, honrado senhor! Sabemos que essa mescla de culturas raramente resulta em coisa boa! Fomos criados livres, percorrendo as estradas, cantando e dançando. Uma casa seria para nós cruel prisão! Causastes-me surpresa e emoção, pois pela vez primeira um estrangeiro se dirige à minha filha com amor e respeito. No entanto, continuo a dizer que ela não se adaptará a vosso mundo, correndo o risco de sentir-se infeliz. E uma mulher infeliz, nobre senhor, uma mulher infeliz é capaz de atitudes imprevisíveis! Esquecei, buscai entre as de vosso povo aquela que vos tornará ditoso. Escutai-me!

– Senhor, permiti que nos conheçamos! Se ela me rejeitar, conformar-me-ei.

Conquanto insatisfeito, o pai de Letícia terminara acedendo e os dois jovens iniciaram o ritual de conhecimento, sob as zelosas vistas das mulheres e os relutantes olhares dos homens. Encantada com a atenção do rapaz, com a casa luxuosa e as extensas propriedades, a moça julgara-se enamorada. Como não amá-lo, se era bonito e saudável, gentil e rico? Um entristecido pai entregara-a em casamento ao estrangeiro. Maus presságios oprimiam-lhe o coração; talvez tivesse cometido o erro de mimá-la em demasia, fazendo-a crer que o mundo girava à sua volta e o sol somente para ela brilhava... Talvez...

Os primeiros tempos foram repletos de alegria para os jovens. Fascinada com sua nova vida, rapidamente a moça abandonara os costumes de sua raça, aceitando os do esposo com facilidade. Perdidamente apaixonado, Tiago depusera-lhe aos pés tudo o que o sentimento e a fortuna poderiam proporcionar. Roupas, jóias, perfumes, uma ciranda de desejos satisfeitos que a absorviam continuamente. Depois, sentindo-se solitária, insistira com o jovem esposo para que freqüentassem a sociedade e recebessem na luxuosa vivenda. Rindo, sentada em seu colo, dizia-lhe:

– Para que me servem tantos vestidos lindos e jóias tão preciosas se não me possibilitas exibi-los?! Quero ver os olhos das mulheres faiscando de inveja, pois sou imensamente feliz tendo-te como esposo... E os homens, os homens, meu amor, cobiçarão a esposa linda que tens!

Doce e persuasivamente, convencera-o... Embora contrariado, concordava em acompanhá-la às festas, onde sua beleza exótica se sobressaía, provocando admiração, inveja, ciúme, despeito. Tiago constrangia-se com certas atitudes da linda cigana, desejando-a mais discreta e pudica, pressentindo problemas e descontentamentos futuros. Amiúde, as palavras do cigano voltavam-lhe à mente, angustiante previsão... As recepções, os passeios, os eventos da mais variada ordem sucediam-se num interminável desfilar de futilidades. Profundamente entristecido com as facetas do caráter da amada, desconhecidas e encobertas durante o breve período de namoro, intentava alertá-la, alicerçado nos ensinamentos recebidos do falecido pai, a quem recorria nos momentos de maior angústia, no silêncio do quarto ou nas imensidões dos férteis campos cultivados. O intenso ritmo de trabalho requerido pelas inúmeras propriedades determinou que Tiago colocasse um freio na febre de festas da jovem e linda esposa:

– Tens que entender, querida, pois sou responsável pelo patrimônio do qual advém o conforto e a vida de luxos que temos desfrutado! Achas que, se não der continuidade ao que meu pai nos legou, o dinheiro continuará brotando, como fonte inesgotável? És muito criança ainda e não podes aquilatar o trabalho por detrás dos bens, desta linda casa, das inúmeras propriedades... Esgotando-me em recepções sem fim, em conversações vazias e desprovidas de propósitos, arriscamo-nos a tudo perder. Como posso levantar ao nascer do dia para percorrer as plantações e gerir corretamente os negócios se acabei de recolher-me ao leito após exaustiva noitada?!

– Queres prender-me, atar-me a esta casa, privar-me da companhia de pessoas e amigos que me são caros? Se não podes ir, meu senhor, permite-me continuar a freqüentar as festas sozinha, meu senhor! Garanto que me comportarei e nada terás a reclamar... Não agüento esta prisão, bem sabias que meu povo é livre para dançar, cantar e viver!

E as lágrimas desciam, entremeadas de sentidos soluços, minando a resistência do jovem e apaixonado esposo, Bem no fundo de seu coração terno e leal, a razão dolorosamente sinalizava a possibilidade da perda! Então, as conveniências pessoais e o bom senso eram deixados de lado, a rusga doméstica esquecida, os desejos da linda Letícia satisfeitos. Como negar algo?!

Verdadeiro milagre, pelo menos assim pareceu a Tiago, um novo fato auxiliá-lo-ia a resolver o problema. A volta de antigo e estimado companheiro de infância, Elieser, rapaz alegre e comunicativo, a quem considerava um irmão, lançara novas luzes sobre o impasse. Acompanhada de alguém confiável e ligado à família, seria admissível que a esposa continuasse sua festiva maratona, eximindo-o da penosa obrigação de acompanhá-la! Suspirara aliviado! Além do mais, exigiria que o rapaz a protegesse dos mais afoitos, salvaguardando-lhe a integridade física e emocional. Aliviado, constatava que a esposa e o amigo do coração estabeleciam profundos elos de amizade, reforçados pela identidade de interesses. O temperamento vivaz e despreocupado do jovem condizia com o da moça e Tiago julgava-os crianças, alheias às realidades exaustivas da vida, às necessidades materiais e espirituais. Abrira, assim, as portas do lar ao amigo de infância, acomodando-o no melhor aposento, dispensando-lhe o mesmo tratamento do passado, quando o jovem se hospedava na casa, tratado como filho por Naim, inexplicavelmente ligado por fortes laços afetivos ao companheiro do filho. O velho senhor deleitava-se com suas histórias e complacentemente relevava sua indolência; indubitavelmente, nada se podia dele esperar em termos de responsabilidade, mas, em uma reunião, como brilhava o jovem! As pessoas cercavam-no, encantadas com sua alegria e vitalidade. Embora inconseqüente, o coração bom e leal conquistava amigos. E as mulheres, as mulheres adoravam-no, fascinadas pelo físico atraente e pelas palavras sedutoras. Rindo-se, pai e filho consideravam-no pessoa da família, conquanto estranhassem as situações em que se metia, das quais escapava com habilidade e notável bom humor.

Elieser afastara-se há anos da família de poucos recursos, caindo no mundo em busca de aventuras e fortuna. A sorte granjeara-lhe alguns bens, rapidamente dilapidados em festas e na companhia de camaradas tão despreocupados quanto ele. O acolhimento na casa do amigo de infância fora providencial, permitindo-lhe economizar os minguados recursos restantes. Além do mais, acompanhar a linda esposa do jovem Tiago às recepções constituía tarefa imensamente agradável, sobretudo pela afinidade de pensamentos e gostos e semelhante sede de viver.

Eventualmente, Tiago ainda tentava alertar a esposa, mas, ao verificar a inutilidade de seus esforços, resultando sempre em discussões e choros, acomodara, esperando que o tempo constituísse o melhor conselheiro e Letícia cansasse das ilusões do mundo. Almejava filhos, confiando que a vinda de crianças a acalmaria, direcionando-a ao lar e seus deveres dignificantes.

Naquele dia, ao voltar inesperadamente da viagem, a verdade desabara-lhe sobre a cabeça, cegando a razão e calando o amor. Recordava-se de cada detalhe doloroso como se dez anos não houvessem decorrido...

Sorrindo, continuara a correr debaixo da chuva incessante. A imagem da esposa quase menina povoava-lhe a mente... Letícia! A alegria de estar em casa fê-lo girar sob a chuva, os braços estirados em direção ao nublado céu, o rosto exposto às pesadas e gélidas bátegas de água. Amava-a, não obstante desejar que diferente fosse seu comportamento e sua visão da vida. Apreciaria fosse menos afeita a diversões, mais ocupada com ele e a casa... Filhos, que ela se recusava a ter, seriam o complemento de sua felicidade... Eram tão diferentes! Mas, apesar de tudo, não entendia a vida sem seu riso alegre e sua faceirice. Subitamente, debaixo de uma das árvores, pareceu-lhe ver a figura do pai; assustado, firmara o olhar e a imagem fluida desvanecera-se lentamente, os olhos tristes do pai fitando-o...

– Estarei sonhando, meu Deus?! Que estará acontecendo?! Deve ser toda esta tempestade, a chuva, os raios e os trovões!

Uma estranha angústia constrangia-lhe o peito. Tratara de afastar energicamente os presságios, adentrando o vestíbulo às escuras, livrando-se do manto e do calçado encharcados e sujos de lama. Nenhum serviçal à vista... Reclamando baixinho, subira silenciosamente as escadas que levavam ao andar superior, penetrando no amplo e luxuoso quarto, envolto na penumbra do entardecer, acentuada pelas condições do tempo.

No leito desfeito, protegido por diáfanas cortinas, a esposa amada fitara-o surpresa e amedrontada, buscando cobrir a nudez com os alvos e amassados lençóis. Seu melhor amigo, aquele em que sempre confiara e a quem estimara como irmão, compartilhava com ela o leito em inequívoca atitude.

A tempestade deixara de estrondear lá fora, cedendo lugar à tempestade de emoções e sentimentos que lhe dilaceravam a alma sensível: desespero, desilusão, vergonha, dor, orgulho ferido, mágoa...

Os lençóis manchados de sangue confirmavam a perda do controle. O punhal que carregava à cintura, habitualmente usado para os misteres do campo, transformara-se em letal arma, dilacerando as carnes dos amantes. Consciente, defrontara-se com a cruel realidade:

– Meu Deus, que fiz eu? Tirar a vida dos dois aliviará a dor do amor não correspondido e da perda? Por que, meu Deus, cometi tal insensatez? Por que, se a amo tanto, não permiti sua felicidade longe de mim? O remorso e a vergonha nos olhos de Elieser e Letícia não seriam suficientes para olvidar a afronta e deixá-los ir?

Embora soubesse que facilmente o eximiriam da culpa, repassando aos amantes o ônus do erro e do que considerariam justo castigo, sancionando o ato como reparador da honra aviltada ao costume da época, a dor da perda da esposa amada e do amigo pesara-lhe insuportavelmente.

Precipitara-se escada abaixo, rumo às cocheiras, onde retomara o cavalo, ainda arreado e com os alforjes da frustrada viagem, das mãos do servo, disparando, em meio à chuva, para os portões, perdendo-se na tormenta.

Sabiam, todos sabiam, menos ele! Lera a pena nos olhos do

cavalariço! Os demais deixaram-se ficar no canto, olhos baixos, como que envergonhados por ele!

Perambulara pelas estradas durante dias, parando somente ao comando do corpo extenuado e faminto, sob pena de finar-se, buscando o abrigo de singelas hospedarias ou sob as árvores, dando sossego momentâneo ao cansado animal. Experimentava um turbilhão de pensamentos e emoções que lhe desintegravam o habitual equilíbrio. Sua alma nobre e gentil oscilava entre o perdão e o ressentimento. A cabeça febril alinhava fatos, juntando incidentes e acontecimentos dos últimos tempos, acabando por derrubar o altar em que colocara a esposa amada. As palavras do cigano repetiam-se continuamente, rememoradas com obsessiva insistência e suas ponderações martelavam-lhe os ouvidos. Pressentira ele o infausto desfecho? Ou, conhecedor das virtudes e defeitos da jovenzinha, adivinhara o triste futuro do relacionamento desigual e de almas não afins?

Muito andara. Em desesperada busca do nada... Os alforjes, ricamente aprovisionados com dinheiro para a viagem de negócios que não se concretizara, supriram-lhe as necessidades subitamente humildes. Um dia, após abrigar em modesta hospedaria o animal, colocara aos ombros as sacolas, continuando a percorrer a solitária estrada a pé. Estavam perto de pequenina aldeia, que ele ultrapassara durante a noite, à luz da lua e das estrelas, evitando qualquer contacto com humanos.

Jamais soubera o motivo de tal comportamento, guiado por uma embotada intuição, em meio à dor surda que ameaçava arrebentar-lhe o peito, o coração acelerado, a respiração opressa. Dias depois, já bem afastado da aldeia, exausto e faminto, adentrara a mata em busca de local de descanso, guiado por invisível mão, terminando por encontrar a gruta, perdida entre espessa vegetação. O interior fresco e silencioso acalmaria as atrozes dores da culpa e da perda que lhe incendiavam a alma... As paredes frias poderiam protegê-lo das intempéries... O corpo, maltratado pelas asperezas da viagem e pelo sofrimento do espírito, vendo-se subitamente relaxado, somatizara as angústias na forma de uma febre alta e contínua que o prostrara ao solo. Febril, em delírios chamando pela mulher amada, sozinho e desesperado, tivera como dedicado enfermeiro, embora seus olhos não pudessem vê-lo, o pai, espírito amoroso que o auxiliava na hora de extrema aflição e falência física, acompanhado por outros benfeitores, penalizados com a situação do jovem, trabalhando espiritualmente por seu restabelecimento. A febre abandonara-o, deixando em seu lugar uma criatura emagrecida, faminta, com novas expectativas existenciais. A doença obstara os planos suicidas de Tiago, impedindo um mal maior.

Principiara a fase de recuperação. Embora não olvidasse o acontecido, Tiago aprendera a conviver com a realidade cruel, anestesiado e só.

O arrependimento acompanhava-o, considerando que deveria tê-los deixado livres. Como os matara, jamais saberia... Um lapso negro e profundo fora estabelecido, relegando a sombria e inexpugnável zona os acontecimentos finais do fatídico dia. Protegia-se a alma da enormidade do ato perpetrado... Piedoso esquecimento!

Continuara amando-a, compreendendo que o sentimento verdadeiro e sincero independe das convenções sociais e dos erros, sobrelevando-se incondicionalmente acima da vida e da morte. Por muito amar, conseguia entender a paixão do amigo, perdoando-lhe a traição, reprovando-se pelo ato de retirar sua vida, direito inalienável e adstrito aos desígnios de Deus. Inconscientemente, punia-se com a solidão e o desterro forçados.

***

Em desespero, Tiago bradou:

– Meu Deus, pudesse eu consertar os erros, reparar o passado! Olho por olho, dente por dente... Essa é a lei de meus ancestrais! Todos esperariam de mim força e coragem para assumir com orgulho o que fiz... No entanto, meu coração pede muito mais do que esta lei bárbara! Ela não vai trazer de volta Letícia... e Elieser...

Fora, a chuva continuava a cair. Os soluços dilaceravam-lhe o peito forte, as lágrimas desciam incontroláveis, a solidão pesava dolorosamente. Estranhamente, percebeu vozes. Impossível! Mais estranho ainda, elas aproximavam-se cada vez mais da oculta gruta, ameaçando-lhe a segurança e o sigilo!

Aquietou-se sobre o rústico leito, ponderando a possibilidade de ser achado ali. Remota demais! Os estranhos não se arriscariam a escalar a íngreme e escorregadia entrada, enlameada pela chuva. Além de tudo, ninguém diria que acima existisse a caverna... Voltou os olhos apreensivos para o fogo, temendo que a tênue fumaça alertasse os viajantes. Estavam apagadas as labaredas e somente as derradeiras brasas brilhavam, mantendo aquecido o caldeirão de caldo. Suspirou aliviado! Agora, contudo, podia discernir a conversa:

– Mestre, aonde pretendes chegar?! É perigoso, as pedras podem rolar e nos machucaremos... Não há nada aí, Senhor, a não ser arbustos!

O homem assomou calmamente à entrada da gruta. Seus cabelos, molhados pela chuva, escorriam pelos ombros; as vestes estavam enlameadas e a barra pesava contra as pernas fortes; os pés calçados com rústicas sandálias estavam igualmente molhados... De um pulo, Tiago acendeu a candeia e pôde vê-lo claramente. Quem seria? Ele sorria com agrado, como se o conhecesse e viesse visitá-lo, diferente de um intruso a solicitar abrigo, semelhante a um amigo que chegasse de longa viagem e fosse esperado... Surpreso, intuiu que Ele se dirigira ao seu esconderijo de forma premeditada, planejada... Não estava ali por acaso! Estranhamente, compreendeu que o aguardava. Somente então notou atrás dele simpática criatura, igualmente molhada, esperando, tiritante de frio.

A razão mandava que se livrasse deles. Contudo, em silêncio buscou alguns panos para que se enxugassem e roupas suas, limpas e secas. Enquanto os dois homens mudavam as vestes, aprestou-se em atiçar o fogo, acrescentando alimentos ao caldo que ali fervia, reforçando a refeição.

Dez anos solitários, sem qualquer contato com humanos! E ei-los, surpreendentemente calmos, trocando-se em seu refúgio, prestes a comer de sua comida...

Não lhe ocorreu qualquer indagação. Tudo parecia perfeitamente normal...

O homem assentou-se à tosca mesa, recebendo com prazer a tigela de bom e grosso caldo, levando-o aos lábios após agradecer. Sua voz era sonora e suave, um bálsamo para os ouvidos e o coração. Depois, apresentou-se, declinando apenas o nome, abstendo-se de maiores comentários:

– Eu sou Jesus.

Virando-se para o jovem que devorava a sopa com indisfarçável agrado, sorriu, acrescentando:

– Nosso jovem amigo atende pelo nome de João.

Jamais ouvira d'ele falar. Era um estranho sem dúvida, mas aquele estranho olhava-o bondosamente, como se intimamente conhecesse seus segredos e ansiedades. Inexplicavelmente, não sentiu que Ele estivesse devassando sua intimidade, parecendo-lhe natural que assim fosse. Calado durante longos anos, recalcando a dor e o remorso, simulando uma calma inexistente, subitamente viu-se abrindo o coração, pormenorizando o acontecido, relatando à compreensiva criatura detalhes, falando sobre o amor, a mágoa, o remorso, a saudade, a desilusão, o orgulho ferido, a vergonha, o arrependimento...

– Ah! Senhor! Não podeis imaginar... Arrepender-se de algo e não poder consertar o erro! Se minha vida resolvesse, dá-la-ia sem pensar em troca da vida dos dois! Erraram sim, mas a voz de minha consciência alerta-me diariamente que meu erro foi maior, pois matei. Que amor é este que não conseguiu entender e perdoar, esquecer e deixar viver... Estarei errado? Obedecendo aos preceitos de meu povo, faria mais, muito mais do que matá-la no leito, teria arrastado Letícia pelas ruas, humilhando-a em praça pública, entregando-a para ser apedrejada. A ele, teria o direito de matá-lo como a um cão selvagem e louco... Não sei, não sei... O remorso comprime minha alma... Encontro-me em dilacerante conflito entre os costumes e o coração...

O homem e seu companheiro, rústica e simples criatura, escutavam em silêncio. Então, Jesus compreensivamente lhe disse:

– Ouviste o que foi dito: olho por olho, dente por dente. Eu, porém, recomendo: oferece a outra face. Erraste sim, na hora do desespero, mas felizmente consegues discernir o certo e o errado... Sentes a necessidade de reparação... Escuta-me e asserena teu coração. O Pai jamais abandona uma de suas criaturas, para tudo há conserto... Para tanto, é necessário superar-se, evoluir...

As palavras do Mestre caíram como bálsamo nas feridas da alma de Tiago. Ouvindo-o, compreendeu que Ele o buscara intencionalmente, no intuito de ajudá-lo. As lágrimas voltaram a cair, anos e anos de desesperança foram-se. Recomeçar. Acreditar. Esperar.

– Eu sou o caminho, a verdade e a vida...

O Rabi falou-lhe sobre sua missão de amor, a Boa Nova, como Ele a denominava. Pacientemente, transmitiu-lhe sábios e justos conceitos. Tiago reconhecia-se em débito com a Divina Lei, confessando suas angústias ao novo amigo. Sorrindo bondosamente, Jesus incitou-o a trabalhar junto aos sofredores, esclarecendo:

– Para que serve o sofrimento se dele nada extrairmos em proveito de nossa evolução? Que adianta forçada segregação, a título de castigo, se necessitamos das coisas do mundo e das pessoas para o intercâmbio que viabiliza as mudanças no ser, sem as quais estacionaríamos? Engana-se aquele que crê em equilíbrio à base de solidão. Graças a Deus, aliaste ao teu exílio o trabalho, dedicando-te aos tesouros ocultos nas plantas, verdadeiras bênçãos no alívio dos males físicos e emocionais. É chegada a hora de superar dores e mágoas, lançar-se à luta, adentrar as carências dos irmãos, deixar de lado o passado. Enquanto estiveres voltado somente para teus problemas, permanecerás amargurado, infeliz. Julgas que somente tu foste traído? Eu te digo, em verdade, que não há uma única criatura sobre este planeta que não tenha sentido, de uma forma ou de outra, os aguilhões da deslealdade! O orgulho impede as pessoas de aceitarem o inevitável, levando-as a atos insanos, dos quais muito se arrependerão depois.

Docemente completou:

– Não deixes que a dor te impeça de amar e espalhar este sentimento a quantos de ti se acerquem... Verás que a mágoa, o remorso, a saudade, tudo se diluirá na alegria de servir. Perdoa e esquece. Repara os atos impensados e danosos com amor. O amor cobre a multidão dos pecados e possibilita a paz!

Levantando-se, o Mestre percorreu com os olhos claros e serenos os potes que continham as plantas, resultado de longos e incessantes anos de trabalho. Novamente voltado para Tiago, afirmou:

– Aqui está guardada a cura de muitos males, meu amigo...

Choveu durante todo o dia. À noite, um céu surpreendentemente pontilhado de refulgentes estrelas e enorme lua sinalizavam a possibilidade de um dia seguinte claro e ensolarado. O visitante, comentando o fato, disse-lhe que apreciaria sua presença entre Ele e seus discípulos durante algum tempo, acompanhando-os nas peregrinações, observando e aprendendo. Mais tarde ele entenderia a tarefa para a qual estava sendo preparado... Todavia, soubesse ele aquilatar a importância e a responsabilidade do chamado, pois muitos eram os chamados, mas poucos os escolhidos.

Recusar como? Anda não entendia muito bem a magnitude da situação, contudo queria segui-lo. Sentia que, conhecendo Jesus, jamais poderia afastar-se. No entanto, os resquícios de dor e os profundos traumas decorrentes dos acontecimentos culminados com a morte da esposa amada e do melhor amigo, a quem considerara irmão, afligiam-no. Intenso medo agitava-lhe a alma, fazendo-o repelir a aproximação de pessoas. Os anos passados na solidão exacerbaram-lhe as animosidades, opondo sérias barreiras à humanidade; repugnava-lhe a idéia de relacionar-se com seus semelhantes; a tranqüilidade e a singeleza da mata e seus habitantes selvagens eram-lhe preciosos. Então, atreveu-se a perguntar ao amigo, que, lendo em seu espírito as dúvidas e receios, pacientemente aguardava sua manifestação:

– Rabi, não seria melhor se eu aqui permanecesse? Agora que conheço vossa redentora palavra, sinto que minh'alma pouco a pouco se acalma e a paz certamente voltará. Não desejo envolver-me com outras pessoas. Sei que a maioria delas, sua totalidade praticamente, vive o momento, julga, tece considerações, desama e condena. Que farei entre elas? Se minhas plantas e meus modestos conhecimentos têm alguma utilidade, disponho-me a transferi-los, sem ônus algum, a quem desejar com eles atenuar a dor humana... Eu, Senhor, apenas desejo quedar-me em paz, no seio da mata amiga, em meu silencioso refúgio!

Lágrimas escorriam pelo rosto de Tiago e seu corpo todo tremia, resultado da comoção do momento e das emoções recalcadas desde o triste ocorrido. O Mestre olhou-o e compreendeu. Divino terapeuta, buscava nos conteúdos conscienciais o cerne dos problemas, aquilatando-os e estabelecendo ações curativas. Entendeu-lhe o pavor, tantos o tinham, fugindo para não encarar a realidade, temendo amar, receoso de novas desilusões. Ternamente abraçou o homem forte e viril, subitamente transformado em indefesa criança diante das dolorosas experiências evolutivas. Então, consolou-o:

– Ainda dói muito, não é, meu irmão? Além da traição, do remorso, do arrependimento, tens que admitir o medo de novas decepções, novas dores, novos padecimentos... Tudo se resolverá quando aprenderes a amar, acima da carne e dos sentimentos pessoais, sem nada exigir, somente doando, sem nada esperar. Leio em tua alma que te envergonhas do amor que não abandonou teu coração, embora vilipendiado pela infidelidade, influência do orgulho e do egoísmo que habitam na criatura humana, impedindo-a de ver claramente. Terias a lamentar se teu amor fosse tão pequeno que se evaporasse sob as sombras da decepção. Se ele persiste, resta educá-lo e aperfeiçoá-la para que atenda aos requisitos do verdadeiro amor, aquele que um dia unirá todos os seres, irmanando-os.

Sorrindo, continuou:

– Nesse dia, ninguém fará ao outro aquilo que não desejar para si mesmo, e todos farão o melhor, numa ciranda infinita de amor, em perfeita comunhão com o Pai.

Fitando o pensativo Tiago, que não entendia muito bem os elevados conceitos sob a singeleza aparente de suas palavras, colocou:

– Já pensaste no que teria acontecido com tua amada Letícia e seu companheiro de adultério? Por acaso seus espíritos terão deixado de existir por estarem privados momentaneamente de um corpo físico? Achas que a vida termina no momento em que o corpo se queda e a lápide de um túmulo se fecha?

Os esclarecedores temas referentes à vida eterna, imortalidade do espírito e reencarnação centralizaram a conversa brilhantemente conduzida pelo Rabi. Seu discípulo, o mais jovem de todos, escutava-o sem se cansar da Verdade repetida tantas e tantas vezes, sob diferentes prismas, veladas algumas, escancaradamente abertas outras, para os que estavam aptos a ouvir e entender.

Suavemente, Jesus completou:

– Vergonha de amar? Jamais! Ambos precisam de teu amor, muito mais do que suspeitas, ponte abençoada de redenção que os resgatará das regiões de sofrimento para os redutos de auxílio fraterno. Mas sem os amargosos travos de ressentimento, os sombrios ressaibos de orgulho ferido, os exacerbados ciúmes. Amor, na sua mais pura acepção, incondicional, luminoso, bálsamo para as dores da alma... Bem sei que ainda não o tens desta forma, contudo, à medida que te esclareceres, praticando com todas as criaturas de Deus, um dia conseguirás!

Pela primeira vez em muitos anos, o sono foi-lhe calmo e reparador. Estranha emoção, misto de alegria e expectativa, animava-lhe a alma. O remorso acerbo fora substituído pela consciência ponderada do erro e suas possibilidades reparatórias, através do trabalho junto aos semelhantes e às vítimas de seu desatino, nas esferas espirituais.

Amor e caridade, dissera o Mestre. Perseverança, acrescentara, prevendo as dificuldades do caminho de estreita porta.

A luz da manhã acolheu-os esplendorosa. A mata toda se animava após a chuva do dia anterior. Jesus, vestido com as roupas agora secas mas ainda enlameadas, desceu o caminho ainda escorregadio com agilidade de menino, auxiliando o discípulo nos trechos mais perigosos, rindo e expondo com prazer o semblante aos raios do sol.

Atrás, sobraçando o cesto de vime com a refeição que o Mestre insistira em fazer mais tarde, à beira do caminho, em lugar de especial beleza, seguia o novo companheiro de aprendizagem, ansioso e feliz.

Surpreendentemente, Jesus evitou a aldeia próxima, seguindo além. Profundo conhecedor da natureza humana, detectava a necessidade de mais alguns dias para que o novo amigo se acostumasse à situação. Para que forçá-lo inutilmente, talvez desperdiçando preciosa oportunidade?

Pacientemente, os discípulos aguardavam-no em casa de amigos. Acostumados à invulgar maneira de o Mestre deliberar e agir, não questionavam, pois a experiência lhes ensinara que Ele sabia além de seus restritos julgamentos. Assim, vendo-o chegar com o homem alto e calado, alegraram-se. Mais um para auxiliá-los no futuro, quando o amado partisse... Quis o Mestre que o primeiro contacto do recluso fosse com pessoas que já o conheciam, minorando os efeitos dos primeiros impactos. Naqueles homens simples e rudes, imbuídos de sérios e elevados propósitos, o rapaz detectou a força de vontade em aprender para auxiliar, a fé raciocinada, alicerçada na razão e na verdade, e, principalmente, a humildade. Amorosamente acolhido, sentiu-se reintegrado ao gênero humano, podendo novamente desfrutar de fraterno companheirismo.

Logo se aprestaram em seguir adiante, pois as massas esperavam-no ansiosamente. O terreno acidentado que antecedia a praia distraiu Tiago das preocupações com as pessoas que julgava teriam de enfrentar. Do alto, finalmente puderam ver as claras areias que se espraiavam abaixo, beijadas pelas espumantes e alvas franjas das águas e pelo sol ardente. Jesus tomou-o pelo braço, apontando a multidão ali concentrada:

– Vês, Tiago? Vês aquelas pessoas? Olha bem para elas, meu irmãozinho! Com os olhos da alma...

Como as ondas do mar, extensas levas de gentes encaminhavam-se para um ponto, onde grande formação rochosa formava natural tribuna.

– Rabi, a maior parte está doente! Que fareis para atendê-las? São muitas, muitas! Quereis saber o que vejo? Dor, sofrimento e abandono, pois é evidente que ninguém legalmente constituído está preocupado com suas misérias! Vivi sempre nas férteis terras de meu pai e nelas estabelecemos justa política social. Ninguém jamais passou fome e as doenças eram tratadas, embora fossem poucas! Fomos abençoados, todavia jamais nos demos conta disso! Agora, depois de vossas explicações, entendo o porquê de tanto sofrimento, mas também compreendo que me cabe cota de contribuição pessoal para minorá-lo!

Sorrindo satisfeito, Jesus complementou:

– Ótimo! Estabelecer comparações constitui o início da verdadeira compreensão... Terás que esclarecer, levando-lhes as verdades da Boa Nova, sem as quais voltarão a incidir em erro e novos tormentos hão de advir, frutos da incúria e da ignorância. Não deves esquecer nunca que somente a evolução espiritual livrará as criaturas da dor. Enquanto isso, trataremos de ajudá-las a carregar seus fardos, aliviando-as.

Sorrindo, indagou:

– Ainda tens medo delas? Não te farão mal algum; antes esperam de ti o bem... Abre teu coração e doa de teu amor, sem esperar nada em troca. Assim, jamais te ferirás, pois não criastes expectativas em relação ao outro... Viverás em paz, em equilíbrio!

O antigo exilado do mundo para sempre se lembraria daquele

contacto de Jesus com a multidão. Subindo à pedra, o Mestre falou, e sua fala penetrou os corações, ali deixando preciosas sementes que germinariam na hora exata, dando frutos e novas sementes. Quem o ouvia uma vez, não importasse quão duro e insensível fosse, novamente o reencontraria, nos recessos da alma, no tempo oportuno. Nada seria perdido, segundo as infalíveis leis divinas, em um contínuo processo evolutivo.

Aos poucos, sempre acompanhando Jesus e aprendendo, resgatou o antigo homem que havia dentro de si, liberando os sentimentos e emoções de nobre essência sufocados pelo triste episódio. E eles fluíram intensamente, permitindo serem compartilhados com os que careciam de seu apoio.

Uma pergunta que se fizera muitas vezes, na solidão da gruta e suas cercanias, voltou-lhe à mente e ele repassou-a ao amigo:

– Mestre, por que, mesmo em surdo desespero, rejeitando a aproximação de qualquer ser humano, dediquei-me a aprender sobre as plantas e seu poder curativo, a ponto de viajar para adquirir material e compêndios que possibilitassem estudos mais acurados? Passei anos vasculhando as matas, analisando e catalogando espécies, reconhecendo e testando suas propriedades, entendendo as plantas como verdadeiro presente do Pai, oculto aos leigos, que poderia salvar vidas e minorar dores? Por que, se eu me recusava ao encontro com meu semelhante?

– Nada acontece ao acaso, Tiago! O homem, na sua pequena condição evolutiva, costuma atribuir à sorte e à eventualidade os acontecimentos além de sua visão e entendimento, olvidando que, acima de tudo, paira a vontade de um Pai amoroso e justo, que jamais o desampara e que sabe ler nas entrelinhas da vida as intenções e as possibilidades de cada um de seus filhos.

Esta é a tua tarefa! Não importam os percalços do passado! Vai, ampara os que padecem de dor física e emocional... Usa, para tanto, tuas poções, ungüentos, tisanas... Mas, acima de tudo, faze com que sejam acompanhados do remédio mais importante: a palavra do Pai. Serão o caminho através do qual difundirás a Verdade, ajudando-me a estabelecer sobre a Terra um mundo melhor. Vai, é chegada a hora de separarmo-nos... Breve, ir-me-ei; deixarei, contudo, a obra em boas e leais mãos. Uma vez mais virei a vós todos quando, após a consumação, retornarei e chamarei a mim os que continuarão a obra de meu Pai. Entenderás na hora certa! Até lá, trabalha incansavelmente e com amor na Seara divina.

Na falta de outro destino, Tiago retornou à mata. Não se lembrara de perguntar ao Mestre para onde deveria seguir, intuindo o rumo dos passos que deveria tomar. A gruta estava intocada, ninguém a descobrira, tudo estava em perfeita ordem. A um canto, as vestes suas que Jesus envergara... Cuidadosamente, recolheu-as de sobre o assento, guardando-as com reverente carinho em lugar seguro. Seriam a recordação do dia em que o estranho adentrara-lhe a casa, afastando as sombras e a dor. Recolheu-se ao leito, sentindo que o amor rompera os diques da indiferença e do egoísmo, conclamando-o ao trabalho. A seara de Jesus exigia ação, mudança!

Naquela manhã luminosa do mês de maio, a aldeia conheceu o morador da gruta. Surpreenderam-se quando ele declarou que habitava na mata, em caverna desconhecida de todos. As suspeitas abrandaram-se ao perceberem a bondade expressa na mansuetude dos gestos e atitudes. O moço nada disse a respeito de Jesus, intuindo ser demais tanta novidade para um só dia. Hora exata, momento certo, assim dissera o Mestre... Retornando, ao passar por humilde casebre, o pequenino animal ferido chamou-lhe a atenção. Estava largado a um canto, à sombra da parede da casa, evidentemente ferido. Agachou-se e cuidadosamente o examinou, acabando por envolvê-lo no manto, sob os olhares desconfiados e esperançosos da criança:

– Um grande cão, o de nosso vizinho, pegou-o, senhor! Nada pudemos fazer! Está morrendo...

– Calma, menino! Talvez possamos dar um jeito...

O menino seguiu Tiago até a gruta, sem ser chamado, em tácito e mudo acordo, maravilhando-se com o esconderijo e com os misteriosos potes. O homem cuidou do cãozinho, enfaixando-o com tiras de linho embebidas em um ungüento de cheiro estranho e agradável, semelhante ao odor da mata em dia chuvoso. Depois Tiago impôs as mãos e orou, solicitando as providências do Alto para a criaturinha necessitada, também inserida na extensa cadeia evolutiva universal.

Rapidamente, tornou-se conhecido naquelas paragens, onde médicos eram privilégio dos abastados e as autoridades somente se lembravam do povo para os impostos. Sua presença bondosa e justa representava pequeno foco de luz. Buscavam-no para as dores do corpo e da alma, como sabiamente previra Jesus, e a palavra do Mestre difundiu-se, provocando mudanças, pacificando os seres. Em decorrência, melhor saúde física e hábitos mais salutares de vida. Breve, das aldeias vizinhas vinham vê-lo. A gruta deixou de ser refúgio, transformando-se em concorrido local de tratamento e evangelização. Não perdeu a beleza agreste, pois o Eremita, como o chamavam agora, exigia respeito à natureza, alertando-os sobre mínimas destruições e abusos que acarretassem a escassez de plantas medicinais. Respeitosamente, ouviam-no e aprendiam. À noite, quando todos se iam, na solidão da grande caverna, sobre o leito de folhas, extenuado pelas atividades incessantes do dia, pensava em Letícia, a mulher amada, e em Jesus.

Um dia Tiago recebeu o chamamento! Chovia a cântaros e o povo não o procurara, conhecendo as dificuldades do escorregadio caminho. Foi então que o viu, luminosamente enquadrado na abertura da rocha. Jesus nada disse, mas ele sentiu que deveria ir ao encontro dos discípulos para a preparação final.

Mais uma vez, as palavras do Mestre cumprir-se-iam. Muitos compartilharam de sua derradeira presença, espalhando-se pela Terra, difundindo a Boa Nova, plantando sementes que germinariam em tempos e épocas diversas, mas sempre viáveis.

Não perguntou o que deveria fazer quando o Mestre definitivamente partiu, pois sabia que os moradores das imediações da gruta ansiosamente aguardavam seu regresso, saudosos da palavra de Jesus e de seus remédios e conselhos.

Retornou.

Nas noites solitárias, esperava e confiava. Um dia, o Mestre afirmara, reencontrar-se iam, ele e a amada, para uma nova existência juntos. Talvez Elieser acedesse em reencarnar como filho... Quem sabe... Então, adormecia tranqüilamente... Afinal, Jesus jamais se enganara ou mentira!

Trabalhar e confiar.

Depoimento

Durante anos, após o desmoronar do ilusório relacionamento afetivo que eu considerava o centro de minha existência, vivi naquela gruta, escondido do mundo, perdido em mim mesmo, esforçando-me desesperadamente para soterrar nos recônditos da alma dilacerada os dolorosos episódios que culminaram em sangue e morte. Doía-me a perda da mulher amada e a daquele a quem considerara como irmão, não obstante a diversidade consangüínea. Em vão me negava ao sentimento de continuar a amá-los, por considerar que fora por eles traído... Censurava-me pelo desatino daquela hora, relembrava a ira insana, a cegueira, a fúria devastadora... Questionava-me, colocando em xeque os valores, as tradições, as crenças! Por que não os deixara ir? Por que tanto apego? O amor seria isso?!

Afastei-me voluntariamente do convívio com a Humanidade, sentindo-me o último dos mortais. Temia perguntas, explicações... Transferi a hipotéticos estranhos as atitudes e posturas de cobrança que, na realidade, estavam em mim mesmo, corroendo-me a alma, destruindo-me dia após dia, em um morrer lento e agoniado. Não houvesse o Mestre irrompido gruta adentro naquela manhã chuvosa, continuaria no improdutivo processo de autodestruição.

Jesus! Sol em meio às brumas e tempestades! Calor e ternura fraternos que me descerravam a encarcerada alma, possibilitando real visão, sem os constritivos remorsos, permitindo o autoperdão indispensável à saúde física, mental, emocional... Com o Mestre, vislumbrei o Amor, primeiramente voltado a mim mesmo e depois aos meus semelhantes, aprendendo a respeitar as naturais limitações humanas e com elas conviver equilibradamente, sem cobranças, sem apegos.

Jesus! Secou-me as lágrimas, ouviu-me como irmão, partilhou da dor, tornando-a mais leve, mais suportável... Lá fora, a chuva caía em bátegas, o vento açoitava as paredes de pedra da gruta, túmulo onde pretendera enterrar-me em vida. Sobre nós, o silêncio e o olhar compadecido de João, o mais novo de seus discípulos, quase menino... Vida futura, reparação dos erros, reencarnação, reencontro! Esperança, perdão, trabalho em prol de indispensável recomeço... E Amor, Amor incondicional!

Em meio a todos aqueles preceitos revestidos de luz e sabedoria, lendo em meus pensamentos a saudade de Letícia, a compreensão, a promessa doce e consoladora:

– Verás Letícia novamente, tereis a oportunidade de reconciliação... Não a julgues! Não tentes matar em teu coração o amor por ela; ao contrário, procura dar a esse sentimento a excelência do verdadeiro Amor, nada esperando, nada cobrando...

Sentindo-me o remorso em relação a Elieser, complementava:

– Ele também volverá, obedecendo às impositivas leis do reajuste, pois sua consciência cobra o erro praticado contra quem sempre nele confiou... Exercitará o amor, jamais fazendo a outrem o que não desejar para si... Paciência!

Sentindo-me a tristeza, Jesus esclarecia ainda:

– Crês não estarem arrependidos do mau passo que ocasionou uma tragédia, possivelmente evitada caso houvessem se portado diferentemente? Crês que não se preocupam contigo, aumentando seus sofrimentos, em flagelador remorso a consumi-los? O erros, Tiago, constituem prerrogativa do ser em evolução e devem ser encarados com menos rigor, com mais compaixão, sempre tendo em vista que não incluem, necessariamente, a intenção de ferir o outro. Na maioria das vezes, e este é o caso de Letícia e Elieser, decorre da infantilidade, da inconseqüência. Faze a tua parte, retorna ao mundo, deixa que as leis naturais conduzam o processo de acerto e tudo se resolverá no tempo certo e exato.

Muitos passaram por mim no ministério ao qual me dediquei, todos à procura de alívio para as dores do corpo e da alma... Eles foram os instru-

mentos através dos quais exercitei o amor incondicional., nada esperando, sem apegos, sem cobranças. Fácil? Jamais! Árduo caminho de recomeços, de quedas e levantares, contínua aprendizagem. Então, as dores foram amenizando, as mágoas dissolveram-se, deixei de buscar no outro a felicidade, encontrando-a em mim mesmo, construindo-a na amorosa rotina dos dias, na caridade... A paz passou a conviver comigo... Permiti que a palavra de Jesus fluísse de meus lábios, derramando-a pelos caminhos que trilhei. Foram longos anos de trabalho... Ao desencarnar, nada restara do Tiago de outrora: tornara-me um velhinho frágil de corpo e robusto de alma, ainda a lidar com as plantas e com a redentora mediunidade, convivendo com os que haviam partido e repassando aos vivos o que vivenciara no longo trajeto percorrido desde aquele dia na gruta. Com toda a certeza, posso afirmar que aprendera a amar um pouquinho melhor!

Tiago

Jesus

Amanhecia.

Há muito a mulher esperava... Haviam lhe dito que Jesus, o Messias, estaria naquela praia, mas as horas passavam e o Rabi não chegava. As lágrimas desciam pelas pálidas faces e ela em vão intentava secá-las com a fímbria das vestes.

Perambulando pelas úmidas areias, a moça murmurava de si para si:

– Que farei, meu Deus, que farei? Jesus representava a última de minhas esperanças, o derradeiro alento para as dificuldades que tenho enfrentado sozinha, sem o apoio de ninguém! Disseram-me que aqui Ele estaria... Devo ter-me enganado de local... Pudera! Minha cabeça não pensa, sinto-a cheia, repleta... Repleta de nada...

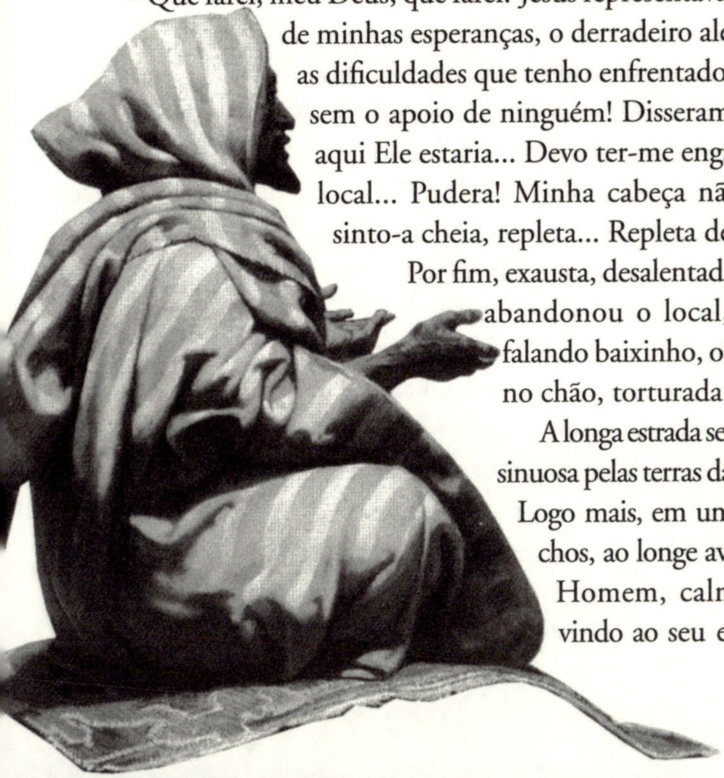

Por fim, exausta, desalentada, a moça abandonou o local, sempre falando baixinho, olhos fixos no chão, torturada alma.

A longa estrada serpenteava sinuosa pelas terras da Galiléia. Logo mais, em um dos trechos, ao longe avistou um Homem, calmamente vindo ao seu encontro.

Temerosa, foi diminuindo o passo, até que estacou, olhando para trás e para frente vezes inúmeras, como se estudasse o que faria no caso de uma surpresa desagradável.

O Homem continuava caminhando, cada vez mais perto, mais perto...

Os olhos de Miriam prenderam-se naqueles claros olhos, mergulhando nas azuis profundezas dos fulgurantes cristais, subitamente calma, não mais o temendo, ansiando sim por sua presença, sentindo que finalmente encontrara o Messias!

Com melodiosa voz, Ele disse:

– Estás a procurar-me? Que desejas?

Uma história de dores e decepções semelhante a muitas... Quantas ouvira assim!

Miriam expunha sua alma ao Rabi e Ele escutava simplesmente, permitindo-lhe falar, totalmente voltado para o relato, assentindo vez por outra, quando ela ansiosamente indagava:

– Estais entendendo, Mestre?

Finalmente calada, Miriam aguardava...

As palavras de Jesus pareceram-lhe comuns conselhos... Recomendava-lhe amor ao próximo, paciência, tolerância, renúncia...

– Mestre, mas desejo ser feliz! Assim, somente estarei tolerando as pessoas, adiando minha felicidade. Quero ser livre, buscar caminhos diferentes...

Jesus estendeu a destra, tocando suave e compreensivamente o trêmulo ombro ... Havia decepção nos olhos da moça... Esperava outra coisa daquele homem de quem diziam maravilhas! Não fazia milagres?! Então! Seria muito fácil fazê-la feliz!

A moça volveu sobre seus passos. Aquele homem tão belo, envolto em estranha luz, certamente não a entendia! Inútil insistir...

Os séculos decorreram...

Estamos no Brasil...

A Miriam da Galiléia dos tempos de Jesus ainda anda em busca de Jesus, trilhando variados caminhos, acreditando encontrá-lo nos templos, nos rituais, nos sortilégios, perseguindo a felicidade, julgando-a presente nas coisas, nas demais pessoas, nas ilusões do mundo... Anônima entre os que percorrem as ruas, ela sonha com uma vida diferente. Seus olhos encontram os olhos claros no grande *out door,* demorando-se no fascínio daquele olhar... As letras imensas informam:"Eu sou o caminho, a verdade e a vida." Uma saudade imensa toma conta de seu coração, uma sensação de que poderia ter sido de outro modo... Ela só não sabe como... Os olhos do mestre parecem dizer-lhe:

– Calma... Um dia, não importa quando, compreenderás! Teu coração abrir-se-á qual flor aos raios de sol, sem esforço, sem constrangimentos... Até lá, minha irmãzinha, prosseguirás buscando, construindo, no tempo próprio, teus alicerces evolutivos. Eu estarei esperando enquanto aprendes a lição mais importante: amar!

O doce fascínio do Amor!

Por amor, os mártires desceram aos circos romanos em cânticos de louvor, desdenhando da morte sangrenta, afrontando a incompreensão dos tempos... Por amor, persistimos nos embates reencarnatórios, aprendendo e ensinando, traçando caminhos que passam pelos ensinamentos do Mestre muito amado. Negando-o, ainda assim estamos sob seu doce e leve jugo... Ele não nos obriga a nada, não nos prende; ao contrário libera-nos para as conquistas do ser, inapelavelmente ligadas aos múltiplos erros e acertos.

O doce fascínio de Jesus!

Leon Tolstói

Impressão:
Prol Editora Gráfica
(Barueri, SP)